오늘보다 내일 더 부자가 될

_____님께 선물합니다.

서른 살,
경제 공부

서른 살, 경제 공부

2024년 11월 27일 초판 1쇄 발행
2025년 2월 19일 초판 2쇄 발행

지은이 | 손희애
펴낸이 | 이종춘
펴낸곳 | (주)첨단

주소 | 서울시 마포구 양화로 127 (서교동) 첨단빌딩 3층
전화 | 02-338-9151
팩스 | 02-338-9155
인터넷 홈페이지 | www.goldenowl.co.kr
출판등록 | 2000년 2월 15일 제2000-000035호

본부장 | 홍종훈
편집 | 문다해
교정 | 김윤지
디자인 | 섬세한곰, 조수빈
사진 | 조경민(@valvey_film)
전략마케팅 | 구본철, 차정욱, 오영일, 나진호, 강호묵
온라인 홍보마케팅 | 신수빈
제작 | 김유석
경영지원 | 이금선, 최미숙

ISBN 978-89-6030-640-0 03320

황금부엉이에서 출간하고 싶은 원고가 있으신가요? 생각해보신 책의 제목(가제), 내용에 대한 소개, 간단한 자기소개, 연락처를 book@goldenowl.co.kr 메일로 보내주세요. 집필하신 원고가 있다면 원고의 일부 또는 전체를 함께 보내주시면 더욱 좋습니다. 책의 집필이 아닌 기획안을 제안해주셔도 좋습니다. 보내주신 분이 저 자신이라는 마음으로 정성을 다해 검토하겠습니다.

돈을 더 벌고 많이 불리고 싶어서

서른 살,
경제 공부

손희애
(유튜브 '개념있는 희애씨')
지음

홍춘욱
(이코노미스트)
감수

BM 황금부엉이

출근 시간부터 퇴근 시간까지 각 시간마다 마주치는 일상 속에서 경제 공부를 한다는 아이디어는 저도 오래 전부터 가지고 있었습니다. 그러나 아침의 시작을 커피로 시작하는 저는 커피를 공부하다 그만 지쳐 버렸죠. 제 스타일대로 수많은 자료를 조사해서 심층 분석한 책은 독자가 피곤해 할 것 같았기 때문입니다.

그러던 차에 손희애 작가가 쓴 원고를 접하고는 아주 감탄했습니다. 경제 공부 초보자가 알고 싶어 하는 지식을 신중하게 고른 후 이걸 일상사와 적절하게 접목한 솜씨가 아주 탁월했기 때문이죠. 특히 금리의 결정 과정을 설명하는 대목에서는 무릎을 탁 치면서 읽었습니다.

아주 예전부터 수많은 철학가와 종교인은 돈을 빌려주고 이자를 받는 행위를 격렬하게 혐오했습니다. 성 아우구스티누스는 "고리대금업으로 가난한 사람들이 죽도록 내버려 두느니 부자들의 재산을 훔치는 편이 낫다."라고 이야기했습니다.° 또 토마스 아퀴나스는 "돈은 스스로 재생산되지 않는다."라고 이야기했죠.

° 에드워드 챈슬러, 『금리의 역습』, 2023

그러나 이들의 주장에는 한 가지 흠결이 있습니다. 그것은 바로 돈을 교환의 수단으로만 생각한 것이죠. 이 대목에서 손희애 작가의 말을 청취해 보겠습니다.

한창 코로나19 팬데믹이 지속되고 있을 때 해외여행 길이 모조리 다 막혔던 거 기억나시나요? 사람들은 해외여행을 못 떠나는 아쉬움을 달래기 위해서 제주도로 향했어요. 덕분에 제주도 관광사업은 초대박이 났죠. (중략) 그중 무엇보다 렌터카 대여 가격은 눈을 의심하게 할 정도였어요. 비수기에는 하루에 9,900원까지도 내려갔던 렌터카 비용이 10만 원을 넘어서는 상황이 벌어졌거든요. 제주도를 찾는 관광객 수가 폭발적으로 늘어나면서 렌터카 업체들이 배짱 장사를 한 거예요. (중략)

금리도 핵심은 같아요. 이렇게 렌터카를 빌릴 때 대여 비용을 내는 것처럼 돈도 빌려 쓸 때 사용료를 내요. 예를 들어 제가 친구에게 100만 원을 일주일 동안 빌려준다고 가정해 볼까요? 친구에게 돈을 빌려주지 않았더라면, 저는 100만 원으로 맛있는 음식도 사 먹고 예쁜 옷도 새로 사 입고 저를 위한 소비를 할 수 있었을 거예요.

그런데 저는 이 돈을 제가 쓰는 대신 친구에게 빌려주었기 때문에 이 기간에 아무것도 할 수가 없어요. 바로 이 '시간'에 대한 보상으로 '금리'를 책정해서 '대가'를 받는 것

으로 생각하면 편해요. 혹여나 친구가 돈을 갚지 않을 수
도 있잖아요? 불안한 마음도 이자로 계산해요. 돈에 값을
매겨 이자를 받는다는 건 최악의 상황을 감수한다는 의미
도 포함돼 있어요.

- 본문 59~61쪽 중에서

손희애 작가의 설명이 잘 알려 주듯, 남에게 돈을 빌려줄 때
는 두 가지 비용이 발생합니다. 하나는 자신이 다른 곳에 쓸 수
있는 돈을 빌려주는 데 따른 기회 비용이 생긴 것이고, 다른 하
나는 혹시 돈을 못 돌려받을 수 있다는 불확실성이 심리적인 고
통을 주기 때문입니다.

특히 후자의 고통은 정말 문제가 됩니다. 손희애 작가의 말을
좀 더 인용해 보겠습니다.

채권은 만기에 돈을 안전하게 받을 가능성이 높을수록
금리가 낮아요. 그래서 보통 국채의 금리가 가장 낮은 편
이에요. (중략) 기업 사이에서도 더 믿을 수 있는 기업과
상대적으로 신뢰도가 낮은 기업으로 나눌 수 있겠죠. 돈을
빌리는 기업의 신용도가 높다면 금리가 낮게, 상대적으로
신용도가 낮다면 금리가 높게 책정되는 편이에요. 친구 관
계에서도 내가 평소에 친구에게 빌린 돈을 잘 갚고 거짓말
도 하지 않는 등 신뢰가 잘 쌓여 있다면 수월하게 돈을 빌

릴 수 있잖아요. 반면에 돈을 안 갚은 전적이 있다면 신뢰가 낮아졌을 거예요. 당연히 이자를 주는 조건과 설득이 있어야 돈을 빌릴 수 있겠지요.

- 본문 198~199쪽 중에서

친구들에 대한 비유가 가슴에 쏙 들어왔습니다. 참고로 조선 후기, 양반 가문에서 쌀을 빌려줄 때 이자율이 50~70%에 달했다고 합니다. 이렇게 높은 금리를 받은 이유는 '야반도주'의 위험이 컸기 때문일 것입니다. 수년 전 대히트를 쳤던 드라마 <추노>에서도 비슷한 일이 나오죠. 국가의 행정력이 낮고 상대방에게 신뢰가 낮을 때 사람들은 높은 금리를 부과함으로써 매우 높은 확률로 발생할 위험에 대비하고자 했던 거죠.

추천사가 너무 길었네요. 이자부터 시작해서 부동산까지 우리가 흘려보내던 일상에서 재미있는 경제 지식을 얻을 수 있는 책인 『서른 살, 경제 공부』를 강력 추천합니다. 좋은 책 쓰느라 고생한 손희애 작가에게도 감사하다는 말씀 전합니다.

2024년 10월 28일
이코노미스트 홍춘욱

세상에 돈 싫어하는 사람이 있을까요. 많은 사람이 돈을 더 벌고 싶어서, 돈을 잘 불리고 싶어서 아등바등 발버둥 치고 있어요. 저라고 다를 리 없었어요. 특히 어릴 적 기초생활수급자로 살았던 환경 탓에 저에게 돈은 늘 목마름의 대상이었습니다.

그런데 지금은 달라요. 단순히 아끼고 모으던 저축을 넘어 다양한 금융 상품에 가입해서 활용할 줄 알게 되었고, 나아가 경제 흐름을 읽을 줄 알게 되면서 '내 삶도 달라질 수 있다'고 피부로 느꼈거든요. 그렇다고 제가 부자가 됐다는 얘기는 아니에요. 세상을 볼 줄 아는 눈을 갖게 됐다는 말이지요. 그리고 앞으로 제가 무엇을 어떻게 해야 할지 안다는 거고요.

특히 우리 인생에서 '서른 살'이라는 나이가 주는 의미는 얼마나 큰가요. 어린 시절 막연한 생각으로 큰 어른이라고 여겼던 나이, 내 손으로 돈을 처음 번 후로 나이의 앞자리 수가 바뀌는 시점, 무엇인가 이루었어야 할 것 같은 일종의 관문으로 여기잖아요. 그래서인지 2030세대가 주를 이루는 제 유튜브 채널에는 '서른 전에 해야 할 것'에 대한 질문이 유독 많답니다.

하지만 이 책을 읽는 여러분은 그런 막연한 아쉬움을 가벼이 떨쳐 버리실 수 있을 거예요. 아직 20대라면 서른 살이 되기 전에, 서른 살 언저리라면 더할 나위 없는 적기로, 서른 살을 넘겼다면 더 시간이 흐르기 전에 알아 두어야 할 경제 개념들을 이 책에 꾹꾹 눌러 담았거든요. 경제 공부라고 해서 겁먹을 필요 없어요. 앞으로 책에서 지겹도록 강조하겠지만 '삶=경제', 즉 우리 일상 속 하루하루가 모두 경제니까요.

책은 하루 일과 순서대로 아홉 파트로 나뉘어요. 아침 6시부터 밤 12시까지 평범한 우리가 그려 가는 하루가 이 책에 '경제'라는 이름으로 다 담겨 있죠.

● AM 6:00 파트에서 다루는 '경제'는 제가 매일 아침에 보는 신문을 떠올리면서 썼어요. 경제기사를 읽으면서 물음표가 생겼던 포인트가 뭐였는지 기억을 되짚어 봤고요. 특히 '누구나' 알고 있다고 착각하지만 '대부분'이 잘 모르고 있는 경제와 금융의 차이, 경기의 정확한 의미, 우리나라 신문에서 미국 경제 소식을 게재하는 이유 등을 중점으로 다루었어요.

● AM 8:00 '금리' 파트는 생각만 해도 숨이 막히는 출근길 지하철 풍경으로 시작해요. '대출금리 올랐으니까 오늘도 열심히 일하자!', '기준금리 올라서 내 집 마련 더 힘들어지겠네' 같은 생각이 사람들 머리 위에 둥둥 떠다니는 것처럼 느껴질 때가 많았거든요. 이 파트를 읽다 보면 우리 선택이 '금리' 때문에 결정되는 경우가 꽤 많다는 것을 알게 될 거예요.

● AM 9:00 파트에서 다루는 '고용'은 경제 공부를 처음 시작하는 사람이 가장 많이 놓치는 내용이에요. 실제 경제에서 고용은 비중도 크고 중요한데 어디까지나 개인 문제라고 치부해 버릴 때가 많거든요. 특히 우리나라에서는 심각한 문제인 '인구'도 고용과 직결되는 경제 문제라는 것을 아는 사람은 많지 않죠.

● AM 11:30은 하루 중 '물가'가 가장 크게 체감되는 시간대예요. 물가가 정확하게 뭔지는 몰라도 점심식사 후 계산할 때마다 '살기 팍팍해졌다'는 생각을 절로 하게 되는데요. 이 파트에서는 물가가 오르고 내릴 때 우리 주머니에서 나가는 돈의 액수가 어떻게 왜 달라지는지 알아볼 거예요. 물가를 잡으려고 나라가 온갖 정책을 동원하는 이유도 알 수 있죠.

● 배도 부르고 슬슬 지치는 PM 3:30은 증권 얘기로 그려 냈어요. 이 파트에서는 주식과 채권을 중점으로 다루면서 경제에서 증권이 어떤 역할을 하는지 주로 얘기해요. 많은 사람이 증권을 그저 재테크 수단으로만 여기는데요. 증권이 경제를 어떻게 움직이는지 알면 깜짝 놀라실 거예요.

● PM 6:00와 PM 8:00 파트에서는 각각 외환과 무역을 공부할 거예요. 1년 내내 환율은 거들떠보지도 않다가 유일하

게 관심을 가질 때는 바로 해외여행을 앞두었을 때죠. 환율은 각 나라 통화의 힘을 나타내는 지표라서 결코 홀대를 받을 존재가 아닌데도 말이에요. 또 무역은 우리나라를 먹여 살리고 있는 주 종목이니 그 중요도는 말하자면 입만 아프고요. 환율과 무역은 연관성이 깊으니 연속해서 보시는 걸 추천해요.

● "떨어지기는 할까?" 한숨이 절로 나는 부동산 얘기는 PM 10:00 파트에서 다루어요. 집값은 왜 늘 이렇게 비싼지, 부동산 가격을 움직이는 요소들은 뭐가 있는지 하나씩 알아볼 텐데요. 같이 공부하다 보면 앞으로 내 집 마련을 위해서 어떤 것들을 중점으로 체크해야 할지 윤곽이 잡힐 거예요.

● 마지막 파트에서는 하루를 마무리하는 것처럼 앞서 다루지 않은 '경제지표'를 한 번에 정리해요. 경제기사에서 지겹도록 얘기하는 GDP, 신용등급, %와 %P의 구분, 우리 일상에서 경제를 점칠 수 있는 지표도 소개해요. 마지막까지 재미있는 예시를 한가득 넣어 두었으니 하나도 놓치지 마세요!

자, 이제 경제 공부를 같이 시작해 볼까요? 미리 축하드려요. 책 마지막 장을 덮음과 동시에 여러분이 바라보는 세상은 달라져 있을 거예요. 그 시작을 함께해서 진심으로 영광입니다.

CONTENTS

3장
/
AM
9:00

3,000시간으로 만들어 낸 대한민국

6장

/

PM
6:00

퇴근하고 일본에서 우동 한 그릇?

9장
/
**AM
00:00**

당신의 하루에 안부를 묻는 경제지표

1장

/

AM
6:00

하루 3만 5,000번의 선택, 경제란 무엇인가

굿모닝, 좋은 아침이에요! 오늘은 몇 시쯤 일어났나요? 전 오늘도 시끄러운 알람시계를 겨우 끄고 침대 밖으로 나왔어요. 나이가 들어갈수록 아침잠이 적다는데 아침마다 이렇게 힘든 걸 보면 전 아직 한창인가 봐요. 눈을 비비며 현관에 손만 빼꼼 내밀어서 오늘의 신문을 챙기고, 커피로 정신을 깨우면서 하루를 시작했습니다.

언젠가부터 미라클 모닝, 이른바 알찬 모닝 루틴이 많은 사람들의 관심사로 자리하고 있죠. 서로 기상 시간을 공유하는 온라인 커뮤니티는 셀 수도 없고요. 출근 전에 만나서 새벽 공기를 마시면서 함께 달리는 러닝크루 모임도 있어요. 유명한 사람들이 한 명언을 필사하거나 그 사람들이 하는 모닝 루틴을 따라

하는 활동도 빼놓을 수 없겠네요.

전설적인 투자자 워런 버핏은 매일 아침 6시 45분에 눈을 떠 제일 먼저 신문을 읽는다고 해요. 테슬라의 CEO인 일론 머스크는 7시에 일어나 30분 정도 중요한 이메일을 훑어보면서 하루를 시작한다고 하고요. 사람들의 마음을 울리며 많이 필사되고 있는 문구 중 하나는 "어딘가에 도달하기 위한 첫걸음은 일단 지금 서 있는 자리에 머물지 않겠다고 결심하는 것이다."인데요. 세계적인 금융기업 JP모건 체이스의 설립자이자 미국 경제의 영웅이라고 불리는 J.P. 모건이 남긴 말이에요.

사람들이 모닝 루틴의 교과서처럼 여기는 유명 인사들의 공통점을 꼽는다면 '부자'라는 점을 빼놓을 수 없을 거예요. 열정과 에너지가 가득 찬 바쁘다 바빠 현대사회에서는 아침잠을 줄이고 뭔가를 한다는 것 자체가 '잘 먹고 잘 살겠다'는 의지가 강하게 투영된 거라고 볼 수 있죠. 습관이 되어서 당연한 일상인 듯 보여도 결국은 나에게 더 유리한 결과를 가져다줄 선택을 했다고 볼 수 있어요.

눈치채셨나요? 신기하게도 이 모든 것은 경제와 연결되어 있죠. "이불 밖은 위험해."라는 말을 비웃기라도 하듯, 안락한 침대 대신 차가운 책상 앞을 선택한 건 우리가 '경제적인 동물'이기 때문이에요. 자 그럼 지금부터 우리의 소중한 아침잠 30분을 앗아 간 경제란 대체 뭔지 자세히 알아볼까요?

파리의 제빵사 '라스네르'는 증권가 직원들이 일하면서도
편하게 먹을 수 있도록 휘낭시에를 만들었다.
당시 증권가 직원들은 양복을 깔끔하게 유지해야 했기에,
먹다 보면 손에 크림이 묻거나 부스러기가 떨어지는 간식들보다
인기가 많았다.
복잡한 일상에는 단순함이 답일 수도 있다는 깨달음.
나는 휘낭시에를 먹으며, 이십대에서 삼십대로 넘어가는
과정 역시 그렇지 않을까 생각해 본다.

경제란 무엇일까?

인간은 하루에 사소한 선택까지 대략 3만 5,000번 선택한다고 해요. 하루에 이렇게 많은 선택을 하는 게 가능한가 싶으시죠? 저도 처음에는 그랬는데, 가만 생각해 보니 그럴 수도 있겠구나 하고 고개를 끄덕이게 되더라고요. 아침에 눈을 뜨는 순간부터 잠을 청할 때까지 매 순간을 한번 떠올려 보세요.

알람 소리를 듣고 '바로 일어날까 아니면 5분만 더 잘까?', '아침 식사는 제대로 차려 먹을까 아니면 우유로 대신할까?', '지하철을 탈까 아니면 택시를 탈까?', '오후 반차를 쓸까 아니면 말까?', '저녁에 헬스장을 갈까 아니면 말까?'. 벌써 나열한 것만 해도 다섯 가지예요. ㅋㅋ TMI로 저는 이 글을 쓰면서 '야식으로 라면을 끓여 먹을까 아니면 말까?'를 고민하고 있어요.

자 그러면 이제 슬슬 일상에서 경제를 찾아볼까요? 저는 오늘 오후에 배가 고파서 베이커리에서 소금빵 하나를 사서 따뜻한 아메리카노와 함께 먹었어요. 시간이 없다는 핑계로 베이커리를 그냥 지나칠까 말까를 고민하다가, 그냥 갔다가는 배고파서 일을 제대로 못할 것 같더라고요. 베이커리 안에서도 소금빵 말고 선택지가 너무 많았어요. 소시지 빵, 베이글, 휘낭시에 등 요즘 맛있는 빵이 너무 많아서 선택 장애가 오기 십상이에요. 아! 그리고 결제할 때 통신사 포인트 사용하는 것도 잊지 않았어요. 어플 켜는 게 귀찮아서 할인을 포기할까 아주 잠시 망설이 기는 했지만, 짠테크 실천을 선택했죠.

제가 베이커리에서 지불한 돈은 9,600원. 이 돈은 제 손을 떠났을 뿐이지 세상에서 아예 사라지는 돈은 아니에요. 베이커리 매출에 포함되죠. 베이커리 사장은 제가 지불한 돈과 다른 매출을 합쳐서 제 아메리카노를 만들어 준 직원에게 급여를 주고요. 내일 만들 빵 재료로 밀가루와 계란도 구매할 거예요. 가게가 베이커리 사장의 소유가 아니라면 가게 월세도 내야겠죠. 월세를 받은 임대인은 임대 소득에 대한 세금을 정부에 내게 되고요. 제 손을 떠난 9,600원은 이렇게 돌고 돌아 언젠가 다시 제 수입으로 들어올 수도 있을 거예요.

한편 애플에서 또 새로운 아이폰이 출시됐다고 가정해 보죠. 애플은 이 신제품을 세상에 내놓기 위해서 엄청 많은 직원을 고용하고, 신기술을 개발하고 또 제품을 생산하려고 어마어마한 양의 부품도 구입했을 거예요. 때로는 사람이, 때로는 기계가 부품을 조립하면서 아이폰을 만들었을 거고요. 그 과정에서 직원들은 급여를 받고, 애플은 신기술 개발에 큰돈을 투자금으로 쏟아부었겠죠.

아이폰이 공장 밖을 나오는 순간부터 세계 각국의 소비자들은 신형 아이폰을 구매하고 SNS에 인증도 해요. 막대한 수입을 얻은 애플은 수입의 일부를 정부에 세금으로 내죠. 삼성, LG, 테슬라, 마이크로소프트 등 내로라하는 기업과 우리 같은 개인 그 누구도 세금을 피할 수는 없으니까요.

이제 세금을 걷은 정부가 움직일 차례예요. 거둬 간 세금으로 나라 살림을 꾸려 가요. A 도시와 B 도시를 직접 잇는 도로가 없는 상황이에요. 다른 도시들을 거쳐 빙 둘러 가야 하는 비효율적인 문제를 해결하기 위해서 고속도로 건설을 결정해요. 새 고속도로를 깔려면 많은 인력이 필요하겠죠. 이 과정에서 새로운 일자리가 창출되고 건설하는 데 막대한 자재가 들어가겠네요. 기존에 없던 도로가 생기면서 인근 동네의 부동산 가격은 들썩이기 시작해요.

사소한 것에서 세상이 움직이는 것, 이 모든 게 경제예요. 우리 개개인이 하루 안에 하는 3만 5,000번의 선택과 그 선택이 만들어 내는 결과. 그 결과로 이어지는 또 다른 결과. 여러분이 지금 보고 있는 책, 사용하고 있는 스마트폰. 여러분이 고개를 들면 눈앞에서 벌어지고 있는 상황들. 보이지 않는 곳에서 일어나고 있는 일들. 어느 것 하나 경제와 동떨어진 게 없어요.

경제는 결국 선택에서 시작돼요. 사람들이 갖고 싶어 하는 것과 하고 싶은 것에 대한 욕망은 끝이 없고, 그걸 충족시켜 줄 돈과 시간 같은 자원은 한정되어 있잖아요. 그래서 여러 선택지 중에서 '어떤 걸 골라야 나에게 가장 유리할까?'를 고민하게 되고, 여기에서 경제가 출발해요.

제 허기를 달래 주었던 소금빵, 아메리카노와 여러분이 새로 구매한 스마트폰은 '재화'라고 불러요. 우리가 원하는 걸 만족시켜 주는 모든 물건이 재화에 해당하죠. 반면에 제가 이른 아침에 집 밖을 나서면서 깨끗한 도로를 걸을 수 있었던 건 환경미화원의 비질이 있었던 덕분이었어요. 아메리카노를 마실 수 있었던 것도 베이커리 아르바이트생이 커피를 만들어 준 덕분이죠. 이런 행동은 우리에게 만족을 안겨 주지만 형체가 없잖아요. 눈에 보이지 않는 사람의 노동을 경제학에서는 '서비스' 혹은 '용역'이라고 불러요.

우리가 돈을 벌고 쓰는 '경제활동'을 하는 건 결국 이 재화와 서비스를 얻기 위해서죠. 먹고 싶은 음식을 먹고, 살고 싶은 집에서 살기 위해서 또 다른 재화를 만들고 또 다른 서비스를 제공하는 행위를 반복하죠. 이런 경제활동의 대상이 된다고 해서 재화와 서비스를 합쳐 '경제객체'라고 불러요. '경제학'은 이 같은 선택들이 반복되는 사회현상을 분석하는 학문이에요.

경제활동에서 '누가'를 맡고 있습니다

그럼 "경제활동을 하는 건 누구지?"에서 '누가'를 맡고 있는 사람은 누구일까요? 우리 모두예요.

앞서 제가 허기를 달래려고 소금빵이랑 아메리카노를 사 먹었잖아요. 저는 이걸 사 먹을 돈을 벌기 위해서 지난달에 유튜브 영상 4개를 만들고, A 기업에 신입사원 경제 강의를 다녀왔어요. 통장에 들어온 돈으로 소금빵도 사 먹고 OTT 구독료도 냈죠. 여러분도 아르바이트를 하거나 직장을 다니면서 수입을 얻고, 그 돈으로 갖고 싶은 물건을 사거나 누리고 싶은 서비스에 돈을 지불하고 계실 거예요. 엄카를 썼다고 해도 결국 사용하게 된 돈도 엄마가 열심히 일해서 벌어온 수입이죠.

일반 가정을 모두 통틀어서 '가계'라고 부르는데요. 뉴스에서 '가계대출'이라는 어휘를 많이 사용하잖아요. 가계가 곧 우리니까 '개인들의 대출'을 얘기하고 있다고 생각하시면 돼요. 우리는 돈을 벌기 위해서 기업에 취업하고, 일터에서 노동력을 제공하고 그 대가로 수입을 얻죠. 그리고 그 수입으로 생활비를 충당하고 쇼핑도 하고 문화생활까지 즐겨요. 즉, 가계는 '생산요소의 제공자'인 동시에 '소비의 주체'이기도 해요.

흠, '생산'이라고 하니까 공장에서 물건을 만드는 모습이 가장 먼저 떠오르실 수도 있어요. 경제에서 생산은 꽤 광범위해요. 실제로 물건, 즉 재화를 만들어 내는 건 당연히 포함이고요. 재화나 서비스의 가치를 기존보다 높이는 행위, 유통, 보관하는 활동도 모두 생산에 해당해요. 예를 들어 가게에 방문해서 짜장면을 사 먹을 때는 5,000원인데, 배달을 시켜 먹을 때는 500원이 추가된다면 배달 서비스가 가격에 반영된 거잖아요. 따라서 배달은 생산활동에 포함되고요. 쉽게 생각해서 우리가 돈을 벌기 위해서 하는 행위는 모두 생산활동이라고 보면 돼요.

'소비'는 재화를 사거나 서비스를 누리기 위해서 대가를 지불하는 건데요. 소비는 경제의 기관차라고 불려요. 동력장치가 달려 있어서 다른 칸을 다 끌고 갈 수 있는 차량을 기관차라고 하는데요. 소비가 활발해야 경제에 돈이 돌아갈 수 있어서 이런 별명이 붙었어요. 한동안 경제성장률이 0%대로 유지되다가, 2024년 1분기 경제성장률이 전기 대비 1.3%로 점프한 것도 소비 덕분이었고요.

어렵지는 않으신가요? 여기서 더 이어서 생각해 봐야 해요. 저에게 소금빵이랑 아메리카노를 팔던 베이커리가 대기업 브랜드라고 가정해 보죠. 기업도 경제활동을 하는 '누가' 중 하나인데요. 베이커리 기업은 빵을 팔아서 돈을 벌고 → 그 돈으로 또 신제품 빵을 개발하고 → 추가 생산을 해요. 수입 중 일부는 해당 기업을 위해서 노동력을 제공한 개인에게 급여로 제공하고요. 또 다른 일부는 매장을 운영하기 위해 땅, 건물을 이용한 대가로 임대료, 즉 지대를 지불해요. 기업은 제품을 만들고 서비스를 제공하는 '생산의 주체'이면서 벌어들인 돈을 다시 나눠 주는 '분배의 주체'라고 할 수 있죠.

'분배'는 앞서 설명한 '생산'의 대가로 적절히 보상하는 것을 말해요. 기업 입장에서 근무한 직원들에게 급여를 주고, 임대료를 내고, 광고 마케팅 비용을 지불하는 행위가 전부 분배라고 볼수 있죠. 저축을 들어서 이자를 받는 것도 일정 기간 은행에 돈을 빌려준 대가를 받는 거니까 분배에 해당하고요.

경제활동을 하는 '누가'에는 개인뿐 아닌 정부도 포함돼요. 가계와 기업에서 세금을 거두고 그 돈으로 모두가 함께 쓸 수 있는 재화와 서비스를 만들어 내는 것이 정부 역할이죠. 도로, 전기, 상하수도 같은 공공시설과 소방, 국방, 교육 같은 공공 서비스 모두 세금으로 만들어 내는 것들이에요.

대한민국 부모들의 선생님, 오은영 박사가 진행하는 프로그램 <금쪽같은 내새끼>를 보면 경제에서 정부 역할을 좀 더 쉽게 이해할 수 있죠. 갑자기 왜 이 프로그램을 언급하느냐고요? 이 프로그램은 '균형'의 중요성을 얘기하고 있고, 이는 경제체제와도 연관이 있기 때문이죠.

이 프로그램을 보면 '균형'을 지키는 것이 얼마나 어려운 일인지 새삼 깨닫게 돼요. 아이에게 선천적인 정신질환이 있는 경우도 있지만, 부모가 균형을 지키지 못해서 문제가 생기는 사례도 많거든요.

자녀가 이미 초등학생이 됐는데 부모가 일일이 참견하고 의사 결정도 대신해 준다면 어떨까요. 아이는 하다못해 친구와 뭘하고 놀지도 결정하지 못할 정도로 부모 의존도가 커질 수 있어요. 반면에 아이를 방치하고 케어를 제대로 해 주지 않는 것도 문제예요. 부모가 제대로 지도해 주지 않는다면 아이가 연령대에 맞게 발달하는 것조차 어려워질 수 있거든요.

사실 사랑하는 부모님일지라도 내 일상에 관여하면 미간이 잔뜩 찌푸려질 때가 있잖아요. 그런데 얼굴도 본 적 없는 정부가 간섭한다면 더욱 불편하겠죠. 국가가 생산 수단을 소유하고 개인과 기업이 하는 경제활동을 모조리 다 통제하는 거예요. 하나부터 열까지 모든 일을 감 놓아라 배 놓아라 통제한다면…….아! 생각만 해도 끔찍한데요. 하지만 이런 '계획경제'라고 불리는 경제체제를 가진 국가가 우리 근처에 있어요. 예측하셨나요? 맞아요. 북한이에요.

반대로 방목형 부모도 있죠. 이 부모와 닮은 경제체제는 '시장경제'라고 해요. 정부가 어떤 관여도 하지 않는 건데요. <금쪽같은 내새끼>에도 나오듯이 그러거나 말거나 아랑곳 않는 게 무조건 좋다고는 볼 수 없어요. 그래서 대부분의 국가들은 시장경제의 단점을 메우기 위해서 '히어로'를 자처하죠.

히어로물을 보면 히어로가 365일 24시간 시민들과 함께하는 건 아니잖아요. 위기의 순간에만 짜잔 하고 나타나서 악당을 무찌르고, 아무 일도 없었다는 듯이 흔적도 없이 사라져요. 실제로 정부가 어떤 개입도 하지 않는 국가는 없어요. 정도의 차이가 있을 뿐이지 각 정부가 가계와 기업의 경제활동에 개입하고 있죠.

사거리 한복판에서 갑자기 5중 추돌 교통사고가 났다고 가정해 볼게요. 도로상황은 어떻게 될까요? 사고 차량들은 보험회사 직원이 올 때까지 도로에 멈춰 서 있고요. 뒤 차들은 사고 차량을 피해 가느라 도로는 엉망일 거예요. 차선 하나를 한동안 못쓰게 됐으니 교통 체증도 심해지겠네요. 경제에서 정부가 하는역할은 혼잡해진 도로를 정리하는 교통순경이랑 비슷해요. 교통순경이 호루라기를 불며 교통상황을 정리하면 도로는 얼마후에 다시 질서를 되찾게 되겠죠. 도로상황이 제자리를 찾으면교통순경은 소리 소문 없이 자취를 감추고요.

이렇게 경제활동을 직간접적으로 하는 이들을 통틀어서 '경제주체'라고 하는데요. 가계, 기업, 정부가 서로 공을 주고받으면서 한 나라의 경제를 구성하고 있는 그림이에요. 그 공을 얼마나 잘 주고받았느냐에 따라서 경제의 흐름인 '경기'가 만들어져요.

경제의 날씨를 나타내는 '경기'

우리나라는 사계절이 있어서 날씨가 주기적으로 바뀌잖아요. 봄에는 따뜻하고, 여름에는 덥고, 가을은 선선하고, 겨울은추워요. 보통 봄, 가을에는 햇살도 따뜻하고 바람도 적당히 불어서 날씨가 좋지만, 비가 멈출 줄을 모르는 여름 장마철이나 이렇게 추워도 되나 싶은 겨울 혹한기에는 날씨가 좋지 않죠.

경제에도 날씨가 있어요. 경제가 항상 잘 굴러가면 좋겠지만 현실은 그렇지 않거든요. 좋을 때도 있고 나쁠 때도 있죠. 경기는 한자로 景氣라고 표기하는데요. 두 번째 한자인 氣는 '기운', '분위기'를 의미해요. 그러니까 경기가 좋다 혹은 나쁘다고 얘기하는 건 날씨가 맑다 흐리다를 얘기하는 것처럼 경제 컨디션이 어떤 상태인지 표현하죠.

경기가 맑음인 상태라면 경제가 순탄하게 잘 돌아가고 있어요. 다른 말로는 '호황', '경기 확장'이라고 하는데, 전반적으로 좋은 상황이라는 의미죠. 말 그대로 다 좋아요. 날씨가 좋으면 밖에 나들이도 가고 외식도 하고 싶잖아요. 경기가 좋으니까 사람들 지갑이 쉽게 열리고, 물건이 잘 팔리니까 기업들은 투자를 늘려서 공장 규모를 키워요. 공장 규모를 키운 만큼 사람이 더 필요하니 채용도 많이 하고, 새로 일자리를 얻은 사람들은 수입이 생겼으니 그 돈으로 또 지갑을 열죠. 가계와 기업의 경제활동이 활발하니까 정부도 거둬들이는 세금이 많아져요.

사실 경제날씨가 화창하기만 하다면 매일 저녁 8시에 꼬박꼬박 뉴스를 방송할 필요가 없어요. 교과서에 나올 법한 평탄하고 행복한 일상이 쭉 이어질 테니까요. 일주일에 한 번 정도 우리나라가 또 얼마나 잘살게 됐는지 상황만 알려 줘도 충분하겠죠. 가령 이런 식으로요.

"대한민국 역사상 실업률이 이 정도로 낮았던 적이 있었나 싶습니다. 양질의 일자리가 쏟아지고, 증가한 소득 덕분에 결혼과 출산에 대한 걱정이 줄어들었습니다. 우려했던 저출산 문제도 자연스럽게 해결되는 모습입니다."

상상으로 써 본 기사인데 괜히 행복해지네요. 경기가 좋아지면 쉽게 말해 나라 살림이 좋아지겠죠. 당장 월급이 늘어나면 기존에 못 먹고 못 샀던 것들에 망설이지 않고 돈을 쓸 수 있고요. 그렇게 하고도 남은 돈은 저축도 하고 투자도 할 수 있겠네요.

금융시장에도 돈이 원활하게 돌아가니까 연체 걱정도 줄어들어서 대출금리도 낮아질 수 있어요. 부동산 투자를 고민하는 사람들은 대출을 비교적 쉽게 받아서 안정적인 투자를 할 수 있죠. 정부도 걱정이 없어요. 국민경제가 잘 돌아가니까 세금도 많이 확보하고 다양한 공공 서비스도 제공할 수 있어요.

반대로 경제날씨가 흐리다는 뜻은 경제 컨디션이 영 좋지 않다는 건데요. 경제가 얼어붙었으니까 사람들은 소비를 줄이기 시작해요. 사람들이 물건을 안 사니까 기업 창고에는 물건이 쌓이고요. 결국 기업은 비용을 절감하기 위해서 고용을 줄이고, 일자리를 잃은 사람들이 많아질수록 경제는 더 차갑게 얼어붙어요. 거둘 수 있는 세금도 줄어드니까 나라 곳간도 점점 비어 가겠죠. 이런 상황은 호황의 반대말로 '불황', '불경기', '경기침체'라고 불러요.

상상의 나래를 펼칠 것도 없어요. 최근 경제에 먹구름이 끼지 않은 날이 어디 있었나요. 경기가 안 좋으면 한 분야, 한 기업, 개인 몇몇만 부정적인 영향을 받는 게 아니에요. 연쇄적으로 모든 것이 가라앉죠. 한 국가에서 살아가는 이상 우리는 모두 한배를 타고 있어요. 경기에 먹구름이 끼고 폭우가 내리면 배에는 물이 차고 점점 가라앉게 되겠죠.

불황 시기에는 개인 소비가 줄어들고 저축과 투자는커녕 입에 풀칠하기도 빠듯해요. 금융시장에는 연체가 빈번해지고 금융회사들은 리스크를 줄이기 위해서 대출금리를 올려요. 부동산 투자는 어림없죠. 대출금리가 하늘 높은 줄 모르고 올라가는데 그 이자를 어떻게 감당하겠어요. 모두가 먹고 살기 힘든 마당에 국가는 감히 세금을 거두겠다는 말을 입 밖으로 꺼내기가 조심스럽죠. 세수가 줄어들면 자연스럽게 복지혜택도 줄어들 수밖에 없어요. 악순환의 굴레가 이어져요.

이렇게 경기는 우리 삶을 송두리째 흔들어 놓을 수도 있고, 입버릇처럼 말하는 꽃길만 걷게 할 수도 있어요. 그 어떤 방식으로도 우리 삶에 스며들어서 영향을 주는데요. 다행인지 불행인지 경기는 매일 화창하지도 흐리지도 않아요. 맑음과 흐림을 주기적으로 반복하죠.

산책을 하다 인상적인 풍경을 보았다.
같은 공간에 있는 사람들이 각자 다른 방식으로
시간을 보내는 것이 아닌가?

해가 갈수록 이런 순간들이
더욱 소중하다.
직장생활을 하다 보면 모두가 같은 공간에서
같은 방식으로 시간을 보내는 것에
익숙해지기 때문이다.

낙타의 등을 닮은 경기 사이클

경제학에는 '마천루의 저주'라는 가설이 하나 있어요.

마천루는 '하늘에 닿는 집'이라는 뜻으로, 여의도 63빌딩, 잠실의 롯데월드타워처럼 하늘에 닿을 듯이 높이 솟아 있는 초고층 건물을 가리키죠. 1999년에 독일 도이치은행의 직원 앤드루 로렌스가 100년간 사례를 분석해서 경기 호황과 불황이 반복되는 현상을 초고층 건물 건설과 연결 지은 게 바로 마천루의 저주예요.

1930년대 초 미국 뉴욕 맨해튼에는 100층이 넘는 크라이슬러 빌딩과 엠파이어스테이트 빌딩이 차례대로 완공됐어요. 그리고 얼마 뒤 미국은 경제활동인구 네 명 가운데 한 명이 실업자일 만큼 경기가 가라앉은 대공황이 시작됐고요. 미국의 대공황은 전 세계적으로 영향을 끼쳐서 주가폭락과 대규모 실업사태를 발생시켰어요. 1970년대에는 뉴욕 세계무역센터, 시카고 윌리스타워가 세워졌는데 직후에 전 세계적으로 국제유가가 폭등한 오일쇼크로 경기에 먹구름이 잔뜩 꼈죠.

마천루라고 불리는 초고층 건물들이 실제로 저주를 내려서 경제날씨를 흐리게 만들었을 리는 없겠죠. 마천루의 저주라는 가설은 경기의 호황과 불황이 반복되는 '경기순환'을 바탕으로 해요. 보통 초고층 건물 건설 계획을 세울 때는 경제상황이 좋은 호황일 때가 많은데요. 초고층 건물은 짓는 데 시간이 상당히 오래 걸리잖아요. 그렇다 보니 공사가 시작되고 몇 년이 지나면 경기순환에 따라서 경기가 호황에서 불황으로 넘어가는 경우가 많았어요. 이런 흐름이 반복되다 보니 마천루의 저주라는 얘기까지 나온 것이죠.

경기가 맑았다가 흐렸다가를 반복하는 경기순환은 '경기 사이클'이라고도 하는데요. 경기순환 그래프는 혹 하나가 불룩 솟아 있는 낙타의 등과 닮았어요. 낙타의 등에서 가장 높은 지점, 즉, 경기가 제일 좋은 때를 '경기정점'이라고 하고요. 반대로 낙타의 등에서 제일 낮은 위치라고 볼 수 있는 경기가 가장 안 좋은 때를 '경기저점'이라고 해요.

낙타도 혹 개수에 따라 단봉낙타와 쌍봉낙타로 나뉘는데요. 혹 개수를 셀 때는 가장 낮은 지점에서부터 그다음 낮은 지점까지를 하나로 보잖아요. 경기순환 또한 경기저점에서 다음 경기저점까지 기간을 하나로 봐요. 즉, 경기가 가장 나쁠 때 시작해서 가장 좋을 때를 지나 그다음으로 경기가 안 좋아지는 시점까지가 경기순환의 한 주기죠.

보통 우리나라의 경기순환 주기는 평균 53개월, 대략 4년 4개월 정도로, 2020년 5월부터 제12 순환기가 시작됐어요. 직전의 제11 순환기는 2013년도 3월에 경기저점을 시작으로 54개월 동안 점차 경기가 나아지며 2017년도 9월에 경기정점을

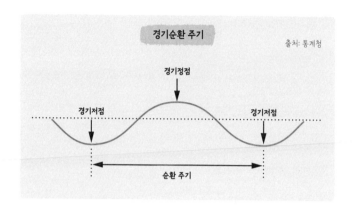

찍었어요. 그 후로는 32개월간 경기가 하락세를 보이면서 11번째 경기순환 주기는 총 86개월 동안 지속됐죠. 경기가 점차 좋아지는 경기확장 기간이 경기가 하락세를 보이는 경기수축 기간보다 긴 경우가 많고요.

경기순환 주기자료를 더 상세하게 보고 싶다면 통계청 웹 사이트 보도자료 탭에서 검색창에 '경기'라고 검색해 보세요. '최근 경기순환기의 기준순환일 설정' 문서에서 각 순환기의 기간과 통계청이 순환 주기를 설정한 자세한 근거를 확인할 수 있어요.

경기의 흐림과 맑음

낙타 애기를 좀 더 해 볼까요? 사람마다 얼굴이 다 다르게 생긴 것처럼 낙타 등의 혹 모양도 조금씩 달라요. 이 낙타는 혹이 유독 불룩 솟아 아주 가파르게 생겼고, 저 낙타는 혹이 아주 완만해서 평평한 언덕 같은 모양새죠. 실제로 낙타에 올라탈 때는 등의 혹이 너무 많이 솟아 있으면 사람이 자꾸 미끄러져 탑승하기에는 부적합하다고 해요.

경기순환도 모양새가 늘 같은 건 아니에요. 경기가 천천히 좋아졌다가 나빠질 때도 있고요. 또 때로는 급성장했다가 급격히 하락세를 보일 때도 있죠. 그래서 경제학자들은 경기가 하락했다가 다시 회복되는 상황을 시각적으로 표현해서 여러 가지 이름을 붙였는데요.

경기가 천천히 나빠졌다 좋아지는 상황은 U자형 경기순환, 경기가 급격하게 나빠졌다 반대로 빠르게 좋아지는 상황은 V자형 경기순환이라고 해요. 1990년대에 경기가 가라앉은 후로 지금까지 경기침체에서 벗어나지 못한 일본의 '잃어버린 30년'이 떠오르는 형태가 바로 'L자형 경기순환'이에요. '더블딥' 형태는 경제날씨가 줄곧 흐리다가 아주 잠시 반짝 해가 나온 후 다시 구름이 끼는 경기순환 형태를 의미하고요. 알파벳 W를 닮았어요. 나이키 로고를 닮은 '나이키 커브형'은 경기가 아주 빠르게 하락한 후 오랜 시간 회복하는 모양새를 말해요.

현실적으로 전 세계 어떤 나라도 경제날씨가 줄곧 맑음일 수는 없어요. 그래서 각 국가의 경제전문가들은 어차피 경기하락을 피할 수 없다면 최소화하기 위해서 여러 가지 노력을 시도해요. 날씨도 서서히 추워지면 피해가 크지 않잖아요. 사람들은 두 꺼운 옷을 새로 사거나 난방기기를 설치해서 기온 변화에 대비하고, 식물도 생존을 위해서 서서히 모양을 바꾸죠. 그런데 하루 아침에 갑자기 기온이 영하로 떨어지면 사람들은 건강이 악화되고 식물은 냉해를 입어서 얼어 죽어요.

이렇게 갑자기 경기가 크게 침체해서 경제가 큰 충격을 입는 걸 '경기 경착륙' 혹은 '하드 랜딩'이라고 하는데요. 비행기가 활주로에 부서질 듯이 거칠게 내려앉는 모습을 표현한 용어예요. 반대로 경제가 서서히 나빠지면 피해 정도가 크지 않으니 회복도 어렵지 않아요. 이런 상황은 '경기 연착륙' 혹은 '소프트 랜딩'이라고 해요.

비행기를 탄 승객 중 누구도 내가 탑승하고 있는 비행기가 위험천만하게 활주로에 부딪히는 걸 바라지는 않겠죠. 경제가 예고 없이 갑자기 얼어붙으면 가계, 기업, 정부 등 경제주체 모두가 큰 피해를 보니까요. 각 국가들도 경기하락 시기에는 충격이 비교적 덜한 경기 연착륙을 목표로 해요. 이걸 위해서 한국은행은 시중에 돈을 풀거나 거둬들이는 통화정책을 활용하고, 정부는 세금을 주로 활용하는 재정정책을 펼치죠.

경제와 금융은 같은 말일까?

자 이쯤에서 질문 하나! 경제를 가장 잘 표현할 수 있는 걸 하나만 꼽는다면 뭐가 있을까요? 너무 쉬웠나요? 맞아요, '돈'이에요. 결국 우리가 살면서 더 나은 선택을 하려는 건 잘 먹고 잘 살기 위해서고, 그 중심에는 항상 돈이 있잖아요. 여러분이 이 글을 읽는 순간에도 수많은 돈이 움직이고 있어요. 돈을 새로 벌고, 쓰고, 불리고 또 빌려주거나 빌리기도 하죠. 이처럼 돈과 관련된 모든 일을 한 단어로 정의한 게 바로 '금융'입니다.

고백하자면 불과 몇 년 전까지만 해도 여기에서는 "경제 유튜버 개념있는 희애씨입니다!", 저기에서는 "금융 크리에이터 손희애입니다!"라고 경제와 금융을 같은 말인 것처럼 사용했어요. 듣는 사람들도 제 인삿말이 이상하다고 느끼지 못했고요.

금융은 '금전 융통'의 줄임말이에요. 친구에게 돈을 빌려주고 친구가 빌린 돈을 갚는 과정, 여러분이 내 집 마련을 위해서 은행에서 주택담보대출을 받는 과정, 시중은행이 한국은행에서 자금을 조달받는 과정, 돈의 움직임 그 자체와 돈이 흘러간 모든 길이 다 금융이죠.

자동차가 문제없이 움직이려면 바퀴 4개가 다 제 역할을 해야 해요. 하나라도 멈추면 안 되죠. 경제도 자동차처럼 잘 굴러가려면 물건을 만들어 내는 생산, 그 물건을 사는 소비뿐만 아니라 경제를 구성하고 있는 여러 가지 경제활동 바퀴들이 잘 움직여야 하는데요. 그중에서 꼭 필요한 바퀴가 바로 금융이에요.

요즘은 다들 물건을 살 때 직접 상점에 찾아가기보다는 온라인 쇼핑을 더 많이 하잖아요. 저만 해도 하루에 택배가 최소 1개는 꼭 오는 것 같은데요. 우리처럼 물건을 사는 소비자와 물건을 만들어서 파는 생산자 사이의 모든 과정을 '유통'이라고 해요. 유통을 경제라고 본다면 유통에서 운송, 즉 택배 배송은 금융이라고 볼 수 있어요. 간혹 택배업계가 파업을 선언하거나 물건 운송 자체에 문제가 생기면 '유통업계 마비' 같은 기사 제목을 많이 볼 수 있는데요. 물건을 잘 만들었고 물건을 사고자 하는 사람들이 있어도 운송 과정에서 문제가 생기면 유통 자체가 가로막히게 되죠.

경제도 돈이 잘 굴러가야 해요. 특히 현대사회에서는 금융활동의 규모와 중요성이 커진 만큼 금융이 경제를 뜨겁게 달구기도 하고, 반대로 얼어붙게 하기도 해요. 경제학에서는 돈을 주고 물건을 사는 것처럼 재화나 서비스가 돈과 함께 움직이는 건 '실물경제', 은행에서 저축 상품에 가입하는 것처럼 돈만 움직이는 건 '금융경제'라고 보는데요. 시간이 갈수록 그 경계는 흐려지고 있어요.

금융의 힘은 나라의 경쟁력

지난 2023년은 인류 역사에 지폐, 즉 종이로 만든 돈이 세상에 등장한 지 1,000년이 되는 해였어요. 1,000년 전 중국 송나라에서 발행한 '교자'가 세계 최초의 종이돈이에요. 종이돈을 쓰기 전에는 쌀, 옷감, 금이나 은처럼 값어치를 서로 인정할 수 있으면서도 교환이 가능한 물건들이 돈을 대신했어요.

특히 송나라 시절에는 구리 돈을 쓰다가 철로 만든 돈인 '철전'을 사용했는데 너무 무겁다는 게 단점이었어요. 16kg 정도 되는 쌀 한 말을 사려면 철전 1,000개가 필요했는데요. 철전 하나가 15g이었으니까 무려 15kg을 이고 지고 가야 쌀을 살 수 있었던 거예요. 비효율 끝판왕인 철전에 질린 송나라 사람들이 결국 가벼운 종이로 돈을 찍어 내기 시작한 거죠.

결국 거래를 편하고 원활하게 하려고 돈이 탄생했어요. 현대 사회에서도 돈은 그 역할을 충실하게 해내고 있죠. 돈으로 얼마나 편하게 거래할 수 있는지, 돈을 얼마나 쉽게 인출할 수 있는지를 '유동성'이라고 하는데요. 유동성이 좋을수록 경기는 활기를 띠고, 나쁠수록 경기는 침체돼요.

이때 '금융'이 이름처럼 '금전 융통' 역할을 잘하기 위해서는 금융회사, 그중에서도 은행이 제 역할을 잘 해내는 것이 중요해요. 은행의 첫 시작은 17세기 영국의 금세공업자였다고 해요. 당시에는 금이 돈인 시기였는데요. 금을 많이 갖고 있는 게 부담스러운 사람들이 하나둘씩 금세공업자에게 금을 맡기고 영수증을 받아 갔어요. 이때 금세공업자가 사람들이 맡긴 금을 활용해서 다른 이들에게 금을 빌려주는 일종의 '대출'을 시작한 건데요. 지금의 은행이 고객들에게 예적금으로 돈을 맡아 주고 다시 그 돈을 대출해 주는 모습과 크게 다르지 않아요.

우리나라 부산보다도 국토 크기가 작은 싱가포르는 대표적인 '금융 강국'으로 꼽히는데요. 세계적으로 유명한 은행들은 대부분 싱가포르에 몰려 있을 정도예요. 나라의 땅 크기는 크지 않지만, 금융 경쟁력이 그 어떤 나라보다 센 나라라서, 앞서 설명한 금융경제가 실물경제를 이끄는 나라 중 하나라고 볼 수 있죠. 금융의 힘이 곧 그 나라의 힘이라고 해도 과언이 아닐 정도예요. 특히 뒤에서 배울 '외환', '무역'처럼 다른 나라와 거래를 할 일이 많은 우리나라의 특성상, 경제성장을 위해서 금융 규모를 키우는 건 필수라고 볼 수 있어요.

미국경제 소식이 우리 신문에 실리는 이유

저는 매일 아침에 졸린 눈을 비비면서 경제신문을 꼭 챙겨 보는데요. 가끔은 이게 경제면인지 국제면인지 헷갈릴 때가 있어요. 심지어는 우리나라 경제 소식보다 해외의 경제동향을 더 집

중적으로 다룰 때도 있어요. 그중 미국경제 소식은 절대 빠지지 않아요. 실제로 전 세계 경제는 미국경제를 중심으로 돌아간다고 표현해도 전혀 오버스럽지 않죠. 왜냐고요? 미국 달러가 전 세계 통화 중에서 가장 힘이 세거든요.

게임을 많이 하시는 분들은 유료로 아이템을 사는 일명 '현질'을 하기도 하잖아요. 게임세계에서는 희귀하고 힘이 센 아이템을 많이 갖고 있는 게 곧 게임 유저의 레벨을 결정하므로 현질을 끊을 수가 없다고 하더라고요. 게임에서 통하는 '힘센 아이템=강력한 유저'의 공식이 세계경제에도 적용된다고 보면 되겠네요.

사실 달러가 처음부터 가장 센 통화는 아니었어요. 19세기에는 금이 곧 돈이고, 돈이 곧 금이었는데요. 이때는 각 나라가 자국 화폐 가치를 금으로 매겼어요. 약 28g 정도의 금 1온스를 기준으로 화폐의 값어치를 계산해서 실제 금으로 바꿔주고, 나라 간 화폐 교환 비율도 정했죠. 예를 들어 '금 1온스=10 미국 달러', '금 1온스=1 영국 파운드'로 비율이 정해졌다면, '10 미국 달러=1 영국 파운드'라고 계산해서 화폐와 금을 교환하는 거예요.

이처럼 '금'이 세계 화폐의 중심이 되는 체제가 바로 '금본위제도'인데요. 지금은 나라의 경제 사정에 맞춰서 화폐를 더 찍기도 하지만, 금본위제도를 따를 때는 화폐 발행도 국가가 금을 갖

*

사람은 자신이 갖지 못한 것을 보면
사랑에 빠진다고 한다.

나는 아주 오래전부터 예술가들을 동경해 왔다.
돌로 사람을 만들고, 글로 인생을 풀어내고,
사진과 그림으로 세상을 담는 재능은 없기 때문이다.

하지만 이제는 안다.
다른 사람의 재능을 부러워하기보다
나 자신을 사랑하고,
내가 가진 것을 소중히 여기는
마음이 중요하다는 사실을.

고 있는 만큼만 가능했어요. 나라의 금 보유량이 곧 그 나라의 경제력이었죠. 이 제도를 시작한 나라가 바로 영국인데요. 당시 영국 파운드는 전 세계 무역 시장에서 가장 많이 활용되는 화폐였어요. 힘이 제일 셌죠.

앞서 모닝 루틴으로 유명인들이 한 명언을 필사하는 사람들 얘기를 했어요. 이때 J.P. 모건이 잠시 등장했죠. 이 사람의 풀네임은 '존 피어몬트 모건'. 세계에서 가장 큰 금융기업 중 하나인 JP모건 체이스의 설립자예요. J.P. 모건이 미국 경제의 '영웅'이라고 불리는 이유도 금본위제도랑 관련이 있죠.

금본위제도를 따르고 있던 1893년에 미국경제가 크게 흔들린 적이 있는데요. 그 결정적인 이유는 미국의 금 보유량이 급격하게 줄어들었기 때문이죠. 당시 미국 대통령 클리블랜드는 이 문제를 해결하기 위해서 경제를 빠삭하게 꿰뚫고 있는 J.P. 모건을 찾아가서 도움을 요청해요. 한 나라 경제가 휘청이는데 개인에게 맡기다니 감히 상상이 안 되죠? 그런데 J.P. 모건은 그 어려운 미션을 해결해요.

J.P. 모건은 자신의 개인 신용으로 영국에서 금을 빌려 왔어요. 영국은 금본위제도를 처음 시작한 나라이기도 했지만, 활발한 무역으로 금이 많은 나라 중 하나였거든요. 결국 J.P. 모건 덕에 미국은 어려운 시기를 이겨 내고 1년 뒤에는 금 보유량을 10배로 불리면서 경제를 안정시킬 수 있었어요. 한 명의 개인

이 미국경제를 일으킨 역사적인 사건이었죠.

그런데 금본위제도에는 결정적인 한계가 있어요. 땅에 매립된 금의 양은 한정돼 있잖아요. 그러니까 돈을 더 찍어 내고 싶어도 금이 부족해서 더 찍어 낼 수가 없는 거예요. 결국 영국은 이 문제를 해결할 수 없다고 판단하고 금본위제도를 포기해요. 영국 파운드가 세계 제일의 화폐 자리에서 내려온 순간이죠.

당시의 영국 파운드처럼 전 세계에서 '기준'으로 여기는 화폐, 즉 가장 힘이 강력한 돈을 '기축통화'라고 하는데요. 영국이 스스로 기축통화 자리에서 물러났으니, 이제 기축통화 자리가 공석이 됐잖아요. 이 기회를 잡은 나라가 바로 미국이에요.

달러가 세계의 중심 통화로 자리 잡은 순간

좀 전에 게임세계의 '힘센 아이템=강력한 유저' 얘기를 했잖아요. 미국이 기축통화 자리를 꿰찰 때만 해도 '금 보유량=국가의 힘' 공식이 통할 때였어요. 당시에 제1차, 제2차 세계대전은 유럽을 쑥대밭으로 만들었는데요. 반면에 미국은 오히려 이 기회를 활용해서 돈을 벌었어요. 군수물자를 공급했거든요. 그 덕에 미국은 전 세계 금의 70%를 손에 쥘 수 있었죠.

미국은 금도 모을 만큼 모았겠다 이제 달러를 최고의 화폐로 만드는 본격적인 작업에 들어가요. 제2차 세계대전이 끝날 때쯤, 미국은 승전 연합국 44개국 대표들과 브레튼우즈라는 작은 마을에서 회의를 하는데요. 이 자리에서 미국은 달러를 찍을 때 보유하고 있는 금의 양만큼만 발행하기로 약속합니다. '금 1온 스=35달러' 비율로, 미국이 금 100온스를 갖고 있다면 3,500달러를 찍을 수 있게 규칙을 정한 거예요.

금으로 직접 교환할 수 있는 통화도 오로지 미국 달러뿐이라서 금이 필요한 나라는 자국 화폐를 달러로 바꾸고 그 달러로 금을 얻을 수 있었어요. 예를 들어 영국 파운드를 금으로 교환하고 싶다면, 영국 파운드와 달러를 먼저 교환하고 그다음 그 달러로 금을 교환하는 방식으로 거래하는 거죠. 환율도 모두 달러를 기준으로 고정되어 있었고요. 전쟁으로 유럽이 약해진 상황인데다 미국이 끌어모은 금의 양이 어마어마하다 보니, 당시에는 미국 달러가 기축통화가 되는데 걸림돌이 없었어요.

그러다가 미국에도 위기가 닥쳐요. 1955년부터 거의 20년간 베트남 전쟁을 치르면서 막대한 돈을 쓴 거예요. 돈이 부족하니까 달러를 마구 찍어 냈죠. 그런데 아까 브레튼우즈 체제에서 미국은 갖고 있는 금의 양만큼만 달러를 찍기로 약속했잖아요? 미국은 이 약속을 무시하고 화폐를 마구 찍어 냈어요.

뒤의 <물가> 파트에서 좀 더 자세히 얘기하겠지만, 돈은 많이 찍어 낼수록 가치가 떨어져요. 물도 평소에는 수도꼭지만 틀면 콸콸 나오다 보니 아까운 줄 모르지만, 갑자기 수도가 끊겨

물이 안 나오면 난감하잖아요. 미리 받아 둔 물이라도 있으면 한 방울 한 방울이 그렇게 아까울 수가 없고요. 돈도 양이 많아지면 가치가 떨어지는 건 마찬가지예요. 미국이 금을 더 확보하지 못한 상태에서 달러양은 자꾸 불어나니까 급기야 달러는 휴지 조각 취급을 받기 시작했어요.

다른 나라들은 화가 났어요. 달러를 갖고 있어 봤자 이득이 없었죠. 프랑스는 1억 9,100만 달러를 모조리 금으로 바꿔 달라고 요구했고요. 다른 나라들도 미국의 문을 두드리면서 당장 금을 내놓으라고 독촉했어요. 덕분에 미국의 금 보유량은 순식간에 전 세계 금의 70%에서 22%까지 떨어지고 말았죠.

결국 브레튼우즈 협약 27년 뒤인 1971년에 당시 미국 대통령 닉슨은 더 이상 달러를 금으로 바꿔 주지 않겠다고 선언해요. 미국이 '금 1온스=35달러'라는 비율을 유지하기가 더는 어렵다고 판단했죠. 브레튼우즈 체제의 종말이었죠. 지금처럼 환율을 외환시장의 수요와 공급으로 자유롭게 결정되도록 하는 변동환율제의 시작이기도 하고요.

지금도 세계 금융시장에 돌아다니는 돈의 약 60%는 미국 달러예요. 반면에 한국 원화는 1%도 채 안 되죠. 결국 화폐가 그 나라 경제의 힘이라는 공식은 여전히 유효하면서, 미국 달러가 기축통화 자리를 굳건하게 지키고 있는 상황이에요.

세계 경제를 알면 한국 경제가 보인다

사실 경제는 전염성이 강해서 미국뿐만 아니라 다른 나라의 경제상황도 우리나라에 영향을 많이 끼쳐요. 1995년에 멕시코가 경제위기를 맞고 결국 IMF에서 금융 지원을 받은 적이 있는데요. 이때도 금융위기는 멕시코뿐만 아니라 브라질, 아르헨티나 등 주변 국가로 퍼져나갔죠. 이런 현상을 경제학에서는 '데킬라 효과'라고 하는데요. 멕시코 전통술인 독한 데킬라에 주변 국가들이 같이 취하는 것처럼 한 나라의 금융위기가 다른 나라에도 전염되는 상황을 의미해요.

특히 우리나라는 수출을 많이 해서 다른 나라가 쏜 데킬라에 취하는 경우가 많아요. 대부분 세계경제와 흐름을 같이 하죠. 우리나라 경제신문에 다른 나라 경제 소식이 빼곡하게 실린 이유가 바로 이건데요. 이렇게 다른 나라의 경기와 함께 움직이는 걸 '커플링' 혹은 '동조화' 현상이라고 해요. 반대로 다른 나라 경기와 다른 흐름으로 움직이는 상황을 '디커플링' 혹은 '탈동조화'라고 해요.

마무리

결국 아침잠 30분을 빼앗아 간 건 다름 아닌 우리 자신이었네요. 우리가 한 선택이 만든 모든 결과가 경제니까요. 경제의 '날씨'에 비유한 경기도 경제주체인 우리가 만드는 거예요. 진짜 날씨는 햇빛, 바람 같은 자연현상으로 나타나지만, 경기는 가계와 기업, 정부가 어떻게 경제활동을 하느냐에 따라서 다르게 나타나죠. 그러니 우리는 더더욱 뒤의 파트에서 경제를 더 깊이 공부해야만 해요.

현대사회에서 세계경제는 거미줄처럼 얽혀 있으니, 다른 나라의 경제상황도 놓칠 수는 없겠죠. 특히 가장 힘이 센 화폐인 '달러'를 보유하고 있는 미국경제는 우리나라 경제만큼 꼼꼼히 살펴야 해요. 미국의 중앙은행인 연방준비제도 의장을 '세계경제의 대통령'이라고 부를 만큼 전 세계 경제에서 미국 영향력은 어마어마하니까요. 그 배경에는 금본위제도와 브레튼우즈 체제가 있다는 것을 같이 살펴봤었죠?

다음 파트부터는 경제가 어떤 성격을 가졌는지, 상황에 따라서 어떻게 행동하는지 좀 더 자세히 알아볼게요

2장
/
AM
8:00

출근길 아메리카노를 빼앗아 간
'금리'

차를 사야 할지 말아야 할지를 두고 아직도 머리를 싸매고 있어요. 출근길 지하철에서 앞사람과 스마트폰 화면을 같이 보고 있는 매 순간, 올해는 꼭 차를 사야겠다는 다짐을 매번 하는데요. 막상 자동차 구매 비용이나 보험비 같은 현실을 마주하면 결심은 사라지게 돼요.

그나마 다행인 건 대한민국은 세계적으로 대중교통이 잘 발달한 나라라는 것이죠. 수도권이나 광역시 지하철 노선은 말할 것도 없고, 지방 소도시에도 웬만한 곳은 버스가 다니잖아요. 한동안 여행 유튜버 사이에서 '24시간 안에 서울에서 부산까지 시내버스 타고 이동하기' 챌린지가 유행이었는데요. 대중교통만 이용해서 도시를 넘나들 수 있는 국가는 그리 많지 않답니다. 우리나라의 뛰어난 대중교통 인프라 덕에 가능했던 챌린지였죠.

대중교통의 장점은 뭐니 뭐니 해도 저렴하다는 것이죠. 그런데 2023년 여름 서울시 대중교통 기본 요금이 8년 만에 인상되면서 더 이상 대중교통 요금을 '저렴하다'고 표현하기가 어려워졌어요. 2024년도에 인상된 것까지 합치면, 지하철과 시내버스 요금이 각각 300원씩 인상되었으니까요. 한 달에 스타벅스 아메리카노 4잔이 날아간 셈인데요. 1년 365일 아메리카노를 물처럼 마시는 저에게는 절망적인 소식이었죠.

당시 서울시는 금리 인상으로 인건비가 올랐다는 점을 근거로 들면서 요금 인상이 불가피하다고 했지만, 이맘때쯤 달라진 것은 교통 요금뿐이 아니었어요. 코로나19가 발병하던 2020년 초반부터 엔데믹으로 넘어간 2023년까지 약 4년 동안 사람들은 평소에 관심도 없던 '금리' 때문에 울고 웃었죠. 갑자기 낮아진 금리 덕분에 부자가 된 사람도 있었고, 반대로 가파르게 올라간 금리 때문에 실업자가 된 사람도 생겼어요.

우리는 이럴 때 머리를 탁 짚죠. 대체 금리가 뭐길래 많은 사람들의 기쁨과 슬픔을 좌우할까요? 지금부터는 제 소중한 출근길 아메리카노를 빼앗아 가고, 수많은 사람 눈에서 기쁨과 통탄의 눈물을 동시에 쏟게 만든 금리를 알아볼게요.

반복되는 이별에 지칠 때마다 제주에 온다.

아는 사람 하나 없고 온통 바다인 섬.

이곳에서는 그 누구도

'만나는 사람은 없느냐'고 묻지 않는다.

그저 바람과 돌과 나뿐이다.

금리는 무엇일까?

김밥은 3,000원. 국밥 한 그릇은 1만 원으로 저마다 값이 매겨진 것처럼 돈에도 가격이 있어요. 놀라셨죠? 돈의 가격, 이것을 우리는 '금리'라고 해요. 지금까지 금리의 뜻을 정확하게 잘 몰랐더라도 '금리가 올라갔다', '금리가 내려갔다' 같은 말은 많이 들어 보셨죠. 경제뉴스에서 금리를 빼놓고는 할 수 있는 얘기가 거의 없을 정도로 경제에서 금리는 정말 중요해요.

고작 숫자 하나로 호들갑을 떠는 게 절대 아니에요. 돈에 매겨진 값어치가 얼마인지에 따라 나라경제가 흔들리기도 하기 때문이에요. 고작 숫자 하나 같아 보이지만, 금리를 떠나 자유로울 수 있는 사람은 아무도 없답니다.

이제 좀 더 자세하게 들어가 볼까요? 더 정확하게 얘기하자면 금리는 돈을 빌린 것에 대한 대가라고 볼 수 있어요. 쉽게 말해 '이자'인 셈이지요. 한창 코로나19 팬데믹이 지속되고 있을 때 해외여행 길이 모조리 다 막혔던 거 기억나시나요? 사람들은 해외여행을 못 떠나는 아쉬움을 달래기 위해서 제주도로 향했어요. 덕분에 제주도 관광사업은 초대박이 났죠. 유명한 호텔이나 풀빌라 예약은 전 국민 수강 신청급으로 치열했고, 식당마다 1시간 대기는 기본이었어요.

그중 무엇보다 렌터카 대여 가격은 눈을 의심하게 할 정도였어요. 비수기에는 하루에 9,900원까지도 내려갔던 렌터카 비용이 10만 원을 넘어서는 상황이 벌어졌거든요. 제주도를 찾는 관광객 수가 폭발적으로 늘어나면서 렌터카 업체들이 배짱 장사를 한 거예요. 3박 4일 여행이면 렌터카 비용만 50만 원 가까이 지불해야 되는 상황에서 사람들의 선택은 조금씩 달라졌죠.

세 가지 중 가장 많은 선택은 비싼 값을 치르고 렌터카를 그대로 이용하는 것이었어요. 제주도의 지리적 특성상 숲이나 바닷가 구석구석까지 버스가 다니지 않는 경우가 많거든요. 노선이 있다고 해도 배차 간격이 넓다 보니 어쩔 수 없이 렌터카를 선택하죠. 저 역시 이 선택을 한 사람 중 한 명이었고요.

다음으로 본인 차를 가지고 제주도에 가기를 선택한 사람들이에요. 자동차 운반 비용도 물론 적지는 않지만, 제주도 한 달 살기처럼 제주도에 머무는 기간이 긴 사람들은 이 방법이 더 합리적이었던 것이죠.

아예 제주도 여행 자체를 포기한 사람들도 있었어요. 렌터카 대여 비용을 이 정도까지 지불하면서 여행을 하는 건 부담스럽다고 여긴 거예요. 실제로 렌터카 대여 비용이 갑자기 비싸지던 시기에 제주도의 숙박 비용, 식당 음식 가격 같은 전반적인 물가가 다 올랐는데요. 이 비용이 웬만한 해외여행 비용과 맞먹을 정도였어요. '렌터카 대여 비용 하나로 뭘 여행까지 포기해?'라고 무시할 수 있는 수준이 아니었죠.

저는 이렇게 렌터카를 빗대어 가치와 이에 대한 대가를 예시로 읽어 볼 수 있었어요. 금리도 핵심은 같아요. 이렇게 렌터카를 빌릴 때 대여 비용을 내는 것처럼 돈도 빌려 쓸 때 사용료를 내요. 예를 들어 제가 친구에게 100만 원을 일주일 동안 빌려준다고 가정해 볼까요? 친구에게 돈을 빌려주지 않았더라면, 저는 100만 원으로 맛있는 음식도 사 먹고 예쁜 옷도 새로 사 입고 저를 위한 소비를 할 수 있었을 거예요.

그런데 저는 이 돈을 제가 쓰는 대신 친구에게 빌려주었기 때문에 이 기간에 아무것도 할 수가 없어요. 바로 이 '시간'에 대한 보상으로 '금리'를 책정해서 '대가'를 받는 것으로 생각하면 편해요. 혹여나 친구가 돈을 갚지 않을 수도 있잖아요? 불안한 마음도 이자로 계산해요. 돈에 값을 매겨 이자를 받는다는 건 최악의 상황을 감수한다는 의미도 포함돼 있어요.

이렇듯 금리랑 이자는 같은 개념처럼 쓸 때가 많은데요. 이자를 비율로 나타낸 이자율의 또 다른 이름이 '금리'지요. 예를 들어 1년 동안 100만 원을 저축했는데 이자가 1만 원이 붙었다면 이자율, 즉 금리는 연 1%인 셈이죠. 이제 조금 이해되시나요?

특히 금리는 은행 거래를 많이 하시는 분들에게는 익숙한 단어일 거예요. 저축 상품에 가입하거나 대출을 받을 때, '적금금리 연 3%', '대출금리 연 5%'로 표기되어 있지요. 금리가 연 3%인 적금에 가입해서 1년 동안 매달 10만 원씩 납입했다면 원금은

120만 원, 이자는 1만 9,500원(세전)이 발생해요. 그럼 우리는 이 상황을 이자는 1만 9,500원이 붙었고, 이자를 비율로 나타낸 금리는 3%라고 표현할 수 있겠죠.

한편 제주도 렌터카 수량은 한정되어 있는데 이용하려는 관광객 수는 폭발적으로 늘어서 대여 비용이 올라간 건 공급은 그대로인데 수요가 늘어나서 일어난 상황이라고 볼 수 있겠죠. 돈에 대한 수요와 공급으로 가격이 오르고 내리는 건 돈의 가격인 금리도 역시 마찬가지랍니다.

예금금리가 15% '밖에' 안 하던 시절

금리는 경제상황에 따라 오르락내리락하는데요. 제가 좋아하는 드라마 <응답하라 1988>을 보면 세월이 흐르면서 금리가 얼마나 많이 달라졌는지 체감할 수 있어요. 다음은 드라마 속 한 장면이에요.

미란 : 택이 이번에 상금 얼마 받았어요?
성균 : 한국에서 제일 큰 대회라 카든데요~
무성 : 5,000만 원…….
(중략)
미란 : 땅! 땅이 최고야! 택이 아빠 무조건 땅 사요. 요새 일산

이 뜬대.

동일 : 아따 아무것도 모르면 말을 마쇼. 일산에 볼 것이 뭐 있간디~ 맨 논밭뿐인디! 좌우지간 목돈은 은행에다 딱! 박아 놓는 것이 제일로 안전하당께~

미란 : 아이구~ 은행 이자 그거 뭐 얼마나 한다구.

동일 : 물론 금리가 쪼까 떨어져가꼬 한 '15%밖에' 안 하지만 그래도 따박따박 이자 나오고, 은행만 한 안전한 것이 더 없재!

아들이 박보검인데 심지어 바둑대회에서 1등을 해서 상금도 받아 왔어요. 동네 어른들은 이 돈을 어떻게 할 건지 갑론을박이 벌어졌죠. 수많은 의견 중에 현직 은행원인 성동일은 은행 예금에 가입해서 돈을 넣어 두는 게 최고라며 핏대를 세우는데요. 이때 귀를 의심하게 하는 대목이 나와요.

"금리가 떨어져서 15%밖에 안 하지만."

2020년에 최저 0.5%, 2023년부터 2024년까지는 3.5% 금리가 유지되던 2020년대를 살아가는 우리에게는 눈과 귀를 의심하게 하는 숫자인데요. 실제로 1968년에 예금금리는 25.2%였답니다. 1980년대는 금리가 8%까지 내려갔다 1992년까지 대략 10%로 유지된 후 1998년에는 다시 25.63%대까지 치솟았습니다.

예금금리가 연 26%인 상황, 감이 잘 안 오시죠. 1년 만기 정기예금으로 100만 원을 저축하면 1년 뒤에는 이자만 26만 원이 생겨요. 엄마 아빠, 할머니 할아버지께서 왜 그렇게 저축을 강조했는지 이제 좀 알 것 같기도 하죠. 은행 예금금리가 이렇게 높으니 당시에는 특별히 재테크를 따로 할 필요도 없었고, 재테크라는 개념 자체가 없었어요. 은행에 돈만 얌전히 넣어 두면 쏠쏠한 이자가 꼬박꼬박 나오니까요.

지금은 마치 꿈만 같은 이자율이에요. 부모님, 조부모님 세대가 부러우신가요? 그렇지만 당시 금리는 높을 수밖에 없었어요. 1965년 박정희 정부 시절은 우리나라가 급격한 경제성장을 이루고 있던 시기였기 때문이죠. 경제가 성장하려면 일자리를 만들어야 하고, 새로운 건물도 짓고, 공장도 세워야 했기 때문에 막대한 돈이 필요했어요. 정부는 민간자금을 이용하여 예산을 채우려고 했고, 이것이 당시의 '금리 현실화 정책'이라고 해요.

국민의 돈으로 문제를 해결해야겠는데, 돈을 억지로 뺏을 수는 없고……. 그래서 정부는 '돈의 가격'을 한껏 끌어올려 사람들이 자발적으로 은행에 돈을 맡기도록 유도한 거예요. 장롱 안에 넣어 두기보다 돈이 불어나는 은행의 예금을 접하고, 사람들은 쓸 돈도 안 쓰고 닥치는 대로 저축을 하기 시작했어요. 심지어 1965년 기준으로는 예금금리가 연 26.4%대였으니 저축을 안 할 이유가 없었죠. 덕분에 정부는 새로운 돈을 찍어 내지 않고도 막대한 자금을 모을 수가 있었어요.

이때와 비교하면 2020년대 은행 예금금리는 보잘것없이 느껴져요. 금리 두 자릿수 상품은 거의 본 적이 없고, 금리가 연 5%만 넘어도 '고금리 상품'이라는 딱지가 붙잖아요. 그만큼 우리나라 돈의 값어치가 많이 달라졌다는 걸 알 수 있어요.

대한민국 칼군무의 중심, 기준금리

2023년 여름, 출근길 지하철이 온통 보라색으로 뒤덮인 적이 있어요. 열차 내 바닥부터 천장, 벽까지 온통 보라색으로 물들어서 마치 다른 세계로 들어온 것만 같았죠. 그런 기분을 느낀 건 저만이 아니었는지 사방에서 카메라 셔터음이 들려왔어요. 그날 짧은 순간이었지만 출근길 직장인들을 놀이공원에 온 아이처럼 만들었던 건 바로 아이돌 그룹 BTS였어요. 그들의 데뷔 10주년을 기념한 이벤트였죠.

그 해 대한민국은 6월 내내 BTS를 상징하는 보랏빛으로 뒤덮였어요. 세계 각지에서 팬들이 한국을 찾았죠. 편의점에는 보라색 포장지를 입은 생수, 보라색 빵이 진열됐고요. 그야말로 K팝 아이돌의 위력을 제대로 느낄 수 있는 순간이었어요. 2014년부터 2023년까지 10년간 BTS가 활동하면서 만든 경제적 파급력을 돈으로 환산하면 약 41조가 넘는다고 해요. 걸어다니는 중견기업 수준이죠. 이런 아이돌 그룹에는 정체성을 가장 잘 보여 주는 센터 멤버가 있는데요. 센터가 중심을 잘 잡아야 안무 대열에 기준이 잡혀 완성도가 높아진다고 해요.

어딜 가나 '기준'은 중요한 역할을 해요. 학생 때도 운동장에 모일 때마다 반장이 가운데에서 "기준!"을 외치면서 손을 번쩍 들면, 반장을 중심으로 줄을 반듯하게 설 수 있었잖아요. 한국을 대표하는 금리에도 기준이 되는 멤버가 있지요. 우리는 이 멤버 이름을 '기준금리'라고 불러요. 모든 금리가 기준금리를 따라 움직이죠.

<응답하라 1988>에서 성동일이 15%밖에 안 된다고 했던 건 '예금금리'였어요. 정기예금 상품에 책정되는 금리라고 생각하면 돼요. 이때는 기준금리가 없었기 때문에 부르는 게 값이었지만 지금은 '기준'이 생겼으니 이걸 중심으로 돈에 값을 매기고 있어요.

아이돌 그룹의 센터를 결정하는 게 소속사 사장님이라면, 기준금리를 정하는 건 우리나라 중앙은행인 한국은행이에요. 한국은행에서도 경제전문가 일곱 명으로 구성된 정책 결정 기구 금융통화위원회가 기준금리를 정해요. 보통은 1년에 여덟 번 금융통화위원회의 본회의를 거쳐서 결정되는데요. 경제상황이 급박하게 돌아가고 있다면 추가로 임시 회의도 열지요.

금리는 경제 구석구석 영향을 끼치지 않는 곳이 없어요. 그래서 기준금리를 정할 때는 국내 경제 사정은 당연하고, 나라 밖의 경제상황도 최대한 반영해요. 즉, 기준금리의 인상과 인하 여부, 왜 조정이 됐는지 이유를 파악하면 현재 우리나라의 경제가 어떤 상태인지 알 수 있어요.

기준금리는 왜 바뀔까?

앞서 경기를 경제날씨라고 했었죠. 경제날씨가 적당히 화창한 건 대환영이에요. 하지만 머리가 탈 듯이 뜨거운 날씨가 쭉 이어지면 어떻게 될까요. 현실세계에서 기온이 40도를 넘으면서 갑자기 나무에 불이 붙고 열사병으로 사람이 목숨을 잃는 일들이 벌어진 것처럼 경기 또한 지나치게 뜨거우면 독이 돼요.

시중에 돌아다니는 돈의 양이 너무 많으면 경기가 달아오르게 되는데요. 경기가 달아올랐다는 건 전반적인 물건의 가격, 즉 물가가 눈에 띄게 오르고 부동산과 주식을 가리지 않고 올라 거품이 낀 상태가 돼요. 이때는 기준금리를 올려서 달아오른 경기를 진정시키죠.

마치 캠프파이어에서 불의 크기를 봐 가며 땔감의 양을 조절하는 것과 비슷해요. 캠프파이어를 할 때는 불을 크고 화려하게 피워야 제맛이지만, 그렇다고 불이 너무 커지면 위험할 수 있어요. 그래서 땔감을 '적당히' 넣는 게 중요한데요. '땔감을 몇 개 넣

내내 겨울이다가 불쑥 여름이 시작된 기분이다.

나이를 먹을수록 봄은 짧아지고,

시간은 빨라지는 이유를 모르겠다.

이러다 서른이 되자마자

마흔이 되어 있을까 봐 무섭다.

하지만 시간을 멈출 수는 없으니,

오늘을 더 열심히 살아야겠다고 다짐한다.

었을 때 불의 크기가 딱 알맞게 타오른다'는 식의 계량이 있는 건 아니라서, 불이 너무 커지면 땔감을 빼고 불씨가 지나치게 작다 싶을 때는 땔감을 더 넣어 주면서 '적당한' 상태를 유지하는 거죠.

기준금리를 올린다는 건 돈의 가격을 비싸게 조정한다는 거니까 사람들의 이자 부담이 커질 수밖에 없어요. 기준금리를 중심으로 모든 금리가 다 따라서 올라가니까 대출을 받으려는 사람도 적어지고, 대출을 받기 힘드니 부동산을 사려는 수요도 줄어들겠죠. 그럼 부동산 가격도 내려갈 수밖에 없어요. 뜨거운 김이 풀풀 나던 경기에 찬물을 끼얹는 것으로 생각하면 이해하기가 쉽죠.

반대로 한국은행은 너무 차갑게 식어 버린 경기를 되살리려고 기준금리를 낮추기도 해요. 캠프파이어 불씨가 너무 작으면 땔감을 더 넣어야죠. 기준금리를 인하하면 돈을 빌리는 데 치르는 값이 적어지니까 대출을 받는 사람도 많아지고 소비도 늘어나게 돼요. 구름이 잔뜩 꼈던 경기에 해가 조금씩 비치기 시작하죠.

미국 중앙은행 의장이었던 윌리엄 마틴은 중앙은행이 하는 역할은 '파티가 한창 무르익었을 때 펀치볼을 치우는 것'이라고 표현했어요. 펀치볼은 과일주스와 술을 섞은 펀치를 담은 대형 그릇을 말하는데요. 신나게 파티를 즐기고 있는데 갑자기 펀치볼을 치운다면 더는 술을 마실 수 없게 되니까 흥이 깨지겠죠. 즉, 달아오른 분위기를 꺼뜨린다는 의미예요. 경제가 과하다 싶을 만큼 달아올랐을 때 펀치볼을 치우는 것처럼 기준금리를 올리는 게 중앙은행의 역할이라고 본 거죠.

중앙은행이 펀치볼을 제때 치우지 않으면 경기는 뜨겁다 못해 감당할 수 없을 정도로 타오르는데요. 한때 튀르키예는 저금리만 고집하다 경제가 화염에 휩싸일 뻔했어요. 지난 2014년에 취임한 튀르키예의 에르도안 대통령이 종교적인 이유로 저금리 정책만 고집했기에 일어난 일이죠.

에르도안 대통령은 이슬람 강경파라서 교리에 따라 중앙은행이 금리를 올리지 못하도록 했는데요. 사실 경제학자들은 이건 핑계라고 보는 분위기예요. 그는 '높은 금리가 물가를 지속적으로 올리는 인플레이션을 유발한다'고 생각했기 때문에 이런 결정을 했다는 것이죠. 결국 인플레이션이 극심한 상황에서 금리를 내리며 수요를 자극한 결과, 튀르키예의 물가상승률은 60% 이상 치솟았고 일자리를 잃는 사람들도 대거 발생했어요.

뒤늦게 타오르는 경기에서 땔감을 빼고 펀치볼을 치워 불의 크기를 줄이기 위해 튀르키예는 2024년 기준금리를 50%까지 올렸는데요. 중앙은행이 시기를 놓치지 않고 기준금리를 조절하는 게 얼마나 중요한지 알 수 있어요.

그렇다고 우리나라 중앙은행인 한국은행이 기준금리를 수

시로 올리고 내리지는 않아요. 기준금리가 변할 때마다 경제 전반이 출렁이기 때문에 함부로 결정할 문제가 아니죠. 올리거나 내릴 때도 0.25%P씩 조정할 때가 제일 많은데요.

이렇게 금리를 0.25%P씩 올리는 모습이 마치 아기가 아장아장 걷는 것 같다고 해서 '베이비스텝'이라고 해요. 0.5%P씩 인상하는 건 '빅스텝', 0.75%P는 '자이언트스텝', 1%P씩 올리는 건 '울트라스텝'이라고 칭해요. 반대로 금리를 내릴 때는 '스텝'을 '컷'으로 바꾸기만 하면 돼요. 0.25%P 내리는 것을 '베이비컷'이라고 하죠. 우리나라는 지난 2022년도 7월에 치솟는 물가를 잡기 위해서 금리 인상을 가파르게 진행할 때 사상 첫 빅스텝을 결정했어요.

금리를 결정하는 동물이 있다?

독일의 유명한 문어 '파울'을 아시나요. 파울은 2010년 FIFA 월드컵에서 독일 축구 국가대표 팀의 승패를 높은 확률로 맞춰 유명해졌어요. 파울의 수족관에 참가한 나라들의 국기가 그려진 투명 상자를 넣고, 그 상자 안에는 문어가 좋아하는 홍합을 넣어 두는데요. 파울이 홍합을 먹는 쪽 나라가 승리한다고 보는 거예요. 점괘는 믿거나 말거나지만 결과적으로는 꽤 많은 경기

점수를 예상해서 점쟁이 문어, 족집게 문어라고 불렸죠.

이처럼 금리에서도 꽤 언급되는 두 동물이 있는데요. 바로 매와 비둘기예요. 이 두 동물은 문어 파울처럼 직접 움직이는 것이 아니라, 경제학자들의 성향을 분류하는 용도로 사용되죠. 좀 더 세부적으로 설명하자면, 경제정책을 책임지고 있는 금융통화위원회 위원의 성향을 구분하죠. 사실 금통위 의사록에는 발언자 이름을 기재하지 않기 때문에 어떤 학자가 무슨 말을 했는지 대조해 볼 수는 없지만, 평소의 대화 내용과 방향성을 바탕으로 애널리스트들은 매파와 비둘기파로 분류해요.

매파와 비둘기파는 미국 제3대 대통령인 토머슨 제퍼슨이 처음으로 사용한 말이에요. 1960년대 베트남 전쟁 무렵부터 본격적으로 사용하기 시작했는데요. 매파는 기준금리를 올려 경기과열을 막고 물가를 안정시켜야 한다고 주장하는 강경파예요. 반면 비둘기파는 기준금리를 내려 돈의 값을 낮춰야 경기를 부양할 수 있다는 완화파죠.

미국 중앙은행장을 지낸 사람 중 폴 볼커는 대표적인 매파인데요. 볼커는 1970년대 지속적인 물가상승을 잡고 뜨거워진 경기를 식히기 위해서 기준금리를 20%까지 끌어올렸던 걸로 유명해요. 극명한 반대 사례로는 비둘기파인 벤 버냉키가 있는데요. 그가 중앙은행장을 지낼 때는 2008년에 글로벌 금융위기가 발생해서 전 세계 경기가 침체됐던 시기예요. 그는 헬리콥터로 공중에서 돈을 뿌려서라도 경기를 끌어올리겠다면서 기준금리를 내렸죠.

대표적인 것이 매파와 비둘기파지만, 오리파와 독수리파도 있어요. 오리파는 매파와 비둘기파 사이에서 중간 입장을 보이는 사람들인데요. 물 위에서 흐름에 맞춰 떠다니는 오리처럼 경제상황에 맞게 정책 결정을 유연하게 하자고 주장하는 경제학자들이 오리파죠. 독수리파는 매파와 비슷하지만 좀 더 진보적인 경제학자들이에요. 기준금리를 조정해서 돈을 풀고 거두는 것에만 머무르지 말고 세금을 포함한 재정정책도 함께 활용해야 한다고 주장하죠.

가끔 경제기사에서는 "OO이 비둘기파적인 발언을 했다.", "연준은 이번에도 매파적인 결정을 내렸다."라고 서술할 때가 있는데요. 아직도 헷갈린다면 제가 이 개념을 암기한 방법을 공유해 드릴 테니 활용해 보세요. 매는 높은 하늘로 솟아오르는 모습이 연상되니까 '금리 인상'을 주장하는 강경파, 비둘기는 무리 지어 다니면서 사람들이 뿌려 주는 모이를 먹고 사니까 통화를 풀자고 주장하는 완화파. 잊을 수가 없겠죠?

저축이냐 투자냐 그것이 문제로다

제 유튜브 채널에 자주 달린 단골 댓글이 몇 가지 있는데요.

그중 하나가 바로 "저축과 투자 둘 중 뭘 하면 좋을까요?"예요. 전 그때마다 이렇게 대답하죠. "그건 여러분이 정하는 것도, 제가 정하는 것도 아닙니다. 경제시장이 정하는 거죠." 무책임한 답변이 아니에요. 이보다 더 현명한 답변은 있을 수가 없을걸요.

2022년에는 기준금리가 급격하게 올랐어요. 당시 6월에서 7월로 넘어가는 한 달 동안 정기예금 잔액은 무려 31조 7,000억 원이 늘었는데요. 한국은행이 관련 통계를 작성하기 시작한 2002년 1월 이후로 가장 큰 폭으로 증가한 수치였죠. 2022년을 기준으로 불과 1~2년 전까지만 해도 주식, 부동산, 코인에 열광하던 사람들이 갑자기 예금과 적금에 몰린 거예요. 이유가 뭐겠어요. 맞아요. 기준금리가 올랐기 때문이죠.

기준금리는 돈의 가격이라고 정의했어요. 돈의 가격이 오르면 은행에서 책정하는 예·적금금리도 올라가는데요. 우리가 은행에 돈을 맡기는 건 거꾸로 생각했을 때 은행이 우리에게 돈을 빌려 가는 상황이라고 볼 수 있잖아요. 우리는 은행에 돈을 빌려준 대가로 예·적금 이자를 받게 되는 거죠.

기준금리가 0%대일 때는 100만 원으로 1년 정기예금에 가입하면 이자 1만 원도 받을까 말까였어요. 그런데 기준금리가 3%대까지 올라가니까 이자를 4만 원, 5만 원씩 주는 거예요. 저축할 맛이 나죠. 이렇게 은행에 돈을 맡기는 사람들이 늘어나고, 은행 예·적금 상품에 돈이 몰리는 걸 '역머니무브 현상'이라고 해요. 금리가 높으니 저축하는 거예요.

 그럼 주식시장은 어떨까요. 돈의 가격이 헐값일 때는 은행 예·적금에 돈을 넣어 봤자 이자도 제대로 못 받으니까, 주식을 하려는 사람이 더 많아요. 물론 돈을 잃을 수도 있다는 위험성은 감수해야 해요. 하지만 워낙 예·적금금리가 낮으니까, 위험을 감수해도 은행에 돈을 묻어 둘 때보다 높은 수익을 얻을 수 있다고 생각하는 거예요. 이런 생각을 하는 사람이 한둘이 아니겠죠? 그럼 주식시장에 돈이 몰려드는 만큼 기업들의 주가가 올라가니까 사람들은 한 번 더 확신하게 돼요. "역시 투자하길 잘했어!"라고 말이죠. 이렇게 사람들은 금리가 낮을 때 투자를 선택해요.

 돈의 가격이 비교적 저렴해졌기 때문에 빚을 내서 투자를 하는 일명 '빚투'를 하는 사람이 많아져요. 돈이 저렴해졌으니 이자도 저렴해졌고, 은행에 내는 이자보다 더 많은 수익을 얻는다면 이득이라고 계산하죠.

 하지만 여러분! 투자의 세계에 '무조건'이라는 단어는 없어요. 무조건 수익을 얻지는 않는다는 걸 기억해야만 해요. 지난 2022년 금리가 급속도로 올라가자 빚투하던 사람들이 순식간에 빚더미에 앉았다는 걸 잊지 마세요.

고정금리가 나아요, 변동금리가 나아요?

처음 언급했던 차를 살지 말지에 대한 고민은 실제로 저를 따라다니고 있는 골칫거리인데요. 결국 차를 사는 걸로 결정을 내렸다고 가정해 볼게요.

차종은 뭐로 할까요? 포르쉐 어때요? 저는 노란색을 좋아하니까 개나리색 포르쉐! 1억 원이 넘는 차니 대출을 받아서 구매해야겠네요. 3개월마다 금리가 바뀌는 변동금리 조건으로 5,000만 원 대출을 받았어요. 최초로 책정받은 대출금리는 연 3.0%였고요. 대출받을 당시의 기준금리는 1.5%였어요.

새 차를 타고 행복을 만끽하던 어느 날, 한국은행에서 기준금리 인상을 발표해요. 1.5%였던 기준금리는 이제 2.0%가 됐네요. 얼마 뒤, 은행 대출금리가 연 3.0%에서 연 4.0%로 변동됐다는 문자를 받았어요. 어라? 처음에는 3.0%였는데? 매월 약 2만 원의 이자가 늘어난 셈이에요. 제 소중한 아메리카노가 이번에도 4잔이나 날아간 거죠.

한순간에 제 새 차는 애물단지가 되고 말았네요. 3개월마다 금리가 변동되는 방식으로 가입한 대출이라서 금리가 또 올라가면 대출금리도 같이 올라갈 텐데요. 그때는 아메리카노가 몇 잔이나 날아갈까요.

상상은 상상일 뿐 저는 아직 차도 없는데 머리가 지끈지끈 아파오네요. 실제로 비슷한 경험을 한 적이 있는데요. 내 집 마련을 하면서 받은 대출금리가 2022년에서 2023년 사이에 무섭게 올랐어요. 기준금리가 대출받은 사람에게 미치는 영향을 피부로 느꼈죠.

기준금리를 정하는 곳은 한국은행이에요. 한국은행은 엄연히 얘기하면 은행들의 은행인데요. 저나 여러분은 개인이니까 우리, 신한, 국민 같은 시중은행에 찾아가서 대출을 요청하잖아요. 은행들은 한국은행에 가서 돈을 빌려요. 이때 은행들은 한국은행에서 돈을 빌려 올 때 산정받은 금리에 약간의 이윤을 더 붙여서 우리에게 대출해 주고요. 당근 밭에서 당근을 떼 온 상인이 원가대로 당근을 파는 게 아니듯이, 돈에도 유통 마진을 붙여서 팔아요.

이때 은행이 한국은행에서 돈을 가져올 때 드는 비용을 바탕으로 산정한 금리를 '코픽스'라고 해요. 대출 원가라고 보면 돼요. 대출을 받아 본 분들조차 코픽스가 뭔지 모르고 약정서에 서명하셨죠? 원가가 매겨지는 바탕은 '기준금리'니까 기준금리가 올라가면 대출 원가인 코픽스도 올라가고 기준금리가 내려가면 코픽스도 내려가게 되고요. 참고로 코픽스는 매달 15일에 발표되는데, 은행연합회 웹 사이트에서 누구나 볼 수 있어요. 앞으로는 대출받을 계획이 있다면 한 번쯤 훑어보고 가면 좋아요.

당근을 떼 와서 유통 마진을 붙여서 판매하듯이, 은행에서는 대출 원가에 가산금리를 더해요. 이게 바로 대출금리예요. 이 기준은 은행마다 천차만별인데요. 주로 고객의 신용 점수에 따른 리스크 관리 비용, 은행 업무에 대한 업무 원가 등이 포함되는 것으로 알려져 있어요.

A 상인은 당근을 트럭으로 옮겨 오고, B 상인은 당근을 비행기로 옮겨 오고 C 상인은 직접 짊어지고 오고……. 유통 방식이 모두 다르고 고용한 직원 수도 달라요. 판매자가 이 비용을 상품 가격 속에 함께 녹이는 것처럼 대출 이자도 마찬가지죠.

중요한 건 대출금리를 산정하는 방식인데요. 대출을 받은 3명 중 2명은 일정 주기마다 금리가 바뀌는 변동금리 방식을, 나머지 1명은 처음 산정받은 금리를 만기 때까지 유지하는 고정금리 방식을 취하고 있어요. 여기서 금리가 바뀐다는 건 대출 원가인 '코픽스'가 달라진다는 걸 의미해요. 한국은행에서 기준금리를 올리거나 내리면 이에 따라 코픽스도 올라가거나 내려가고, 내 대출금리도 영향을 받아요.

저도 은행원으로 근무하면서 "고정금리가 나아요? 아니면 변동금리가 나아요?"라는 질문을 수도 없이 받았는데요. 한 번도 자신 있게 추천해 드린 적이 없어요. 제가 변동금리를 추천해 드렸는데 기준금리가 끝없이 올라간다거나, 반대로 고정금리를 추천해 드렸는데 기준금리가 이래도 되나 싶을 정도로 떨어진다면 그 상황을 어떻게 책임지겠어요. 그 당시 경제상황을 알기 쉽게 설명해 드리고 각 방식의 장단점을 알려드릴 뿐, 결국 선택은 고객 몫으로 넘길 수밖에 없었죠.

기준금리가 올라갈 조짐이 보여요. 여러분은 어떻게 하시겠어요. 고정금리로 금리가 더는 올라가지 않게 묶어 둬야죠. 반대로 금리가 내려갈 것 같다면, 변동금리를 선택해서 이자가 조금이라도 줄어들길 바라야 해요. 물론 말이 쉽지 기준금리 움직임을 예측하는 건 유명한 경제전문가들도 쉽지 않은 영역이에요. 하지만 적어도 대출을 받을 예정이라면 이자가 어떻게 달라질지는 예상할 수 있어야 해요.

기준금리를 내렸다는데
왜 대출 이자는 똑같지?

아니 분명 사과 가격이 내려갔다고 했는데, 왜 우리 동네 마트에 파는 사과는 가격이 내려갈 생각을 안 하지? 기름 값 올라갈 때는 당장 안 올리면 큰일 나는 것처럼 쏜살같이 올리더니 내려갈 때는 왜 이렇게 더디지? 어떤 분야든지 가격이 오르는 속도와는 다르게 내려가는 속도는 왠지 더 느린 것 같은 기분. 저만 느낀 것 아니죠?

은행에서 대출을 이용할 때도 분명 기준금리는 내렸는데 대출금리는 내려가지 않을 때! 왠지 올릴 때는 속사포처럼 올리는 것 같은데 내릴 때는 그 속도가 유독 더딘 것 같아 원망스러운 마음이 들곤 해요.

결론부터 얘기하자면 적어도 대출금리는 올라갈 때만 빠르게, 내려갈 때는 느리게 조정되는 건 아니에요. 전 은행 편도 누구 편도 아니에요. 사실을 짚고 가자는 거죠. 앞서 정리했듯이, 우리에게 직접적인 영향을 미치는 대출금리는 한국은행이 정한 대출 기준금리와 나와 거래하는 은행이 정한 가산금리의 합산이에요. 따라서 한국은행이 정한 기준금리가 변하고, 대출금리에 반영되기까지 시간이 걸리다 보니 대출금리를 인하해 주지 않는 것처럼 보이는데요.

좀 전에 대출 원가로 코픽스 설명을 해 드렸죠. 코픽스는 월 단위로 매달 15일에 금리가 업데이트돼요. 그러니까 한 달 안에 기준금리가 바뀌거나 경제상황에 변동이 있다고 해도 금리가 바로바로 적용되지는 않아요. 이 성질 때문에 기준금리를 내렸다고 해도 바로 다음 날 대출금리가 내려가지 않는 거죠.

느린 업데이트는 단점만 있지 않아요. 반대로 기준금리를 올리게 됐을 때, 대출금리가 오르기까지 우리는 일정 유예 기간을 제공받을 수 있어요. 이 점이 장점이 될 때도 있는 거죠. 물론 소비자 입장에서는 하루라도 빨리 금리를 내렸으면 하는 마음에 시간이 더 느리게 가는 것처럼 느낄 수는 있지만요.

내가 생각하기에 서울에서 가장 미래적인 곳은 북촌 한옥마을이다.
마을 꼭대기에서 남산타워까지 걸을 때, 시간여행을 하는 기분이라 그렇다.
양반들이 살던 기와집을 떠나 임금님의 경복궁을 지나치면,
남대문 시장 정겨운 거리가 등장한다.
이제 낡은 건물이 사라지고 고층 건물이 가득한 곳까지 걸어 보자.
남산으로 향하는 케이블카가 나올 것이다.
케이블카에 탑승하여 바깥을 내다보면 눈부시게 발전한
서울의 경치를 만끽할 수 있다.

내 집 마련, 기준금리에 달려 있다?

2019년 6월, 제가 내 집 마련을 했던 때입니다. 운이 좋은 것도 아니었어요. 정말 집을 살 수밖에 없는 상황으로 흘러가고 있었죠. 잠시 제 사생활을 풀어 볼게요.

2018년 3월 전셋집에 들어갔는데 그때까지는 아무런 문제없었어요. 대학 전공이 법학인 덕에 교과목으로 등기부등본을 지겹도록 봤고, 은행원으로 근무했던 경력도 있으니 오죽 꼼꼼하게 보고 계약을 했겠어요. 그런데 웬걸! 어느 날 문득 떼어 본 전셋집 등기부등본에 무시무시한 세 글자가 찍혀 있는 걸 발견합니다. '가압류'! 집주인이 체납한 세금을 제대로 내지 않으면 제 보금자리를 빼앗아 가겠다는 무시무시한 경고였죠.

후에 집이 팔렸고, 저는 집을 비워 줘야 하는 상황이 됐어요. 그런데 더 이상 전세로 살지 못할 것 같더라고요. 결국 영혼까지 끌어다 대출을 받는다는 '영끌'을 하고 모아 둔 돈을 탈탈 털다 못해 라면만 먹고 살 각오로 무리해서 떠밀리듯 내 집 마련을 했죠.

그때 기준금리가 1.75%였어요. 최근 가장 높았던 금리 3.50%에 비하면 반토막인 셈이죠. 감히 말씀드리지만 제가 내 집 마련을 할 때 기준금리가 3.50%였다면 결정을 바꿨을 수도 있을 것 같아요. 당장 다음 달부터 나가야 하는 대출 이자에 눈앞이 캄캄했겠죠.

우리 좀 전에 기준금리 인상에 따라 달라지는 대출금리 얘기를 했잖아요. 부동산 시장은 대출과 직접적으로 연관이 있으므로 대출금리가 비싸지면 부동산시장이 시들하고, 대출금리가 낮아지면 부동산시장에 활기가 돌기 마련이에요.

실제로 2020~2021년에는 당장 내 집 마련을 할 생각이 없던 사람들도 너도나도 부동산 매수에 관심을 두고 영끌로 집을 사는 경우가 많았어요. 기준금리가 떨어져서 돈을 빌리는 데 부담해야 하는 이자가 이전보다 줄어들었잖아요. 그래서 사람들은 돈을 모아서 집을 사기보다 일단 대출받고 갚아 나가는 게 더 낫다고 판단했죠.

부동산시장도 결국 수요와 공급에 따라 사고자 하는 사람이 많아지면 가격이 올라가요. 대출을 쉽게 받을 수 있게 됐고 집을 사려는 사람이 많아졌으니 부동산 가격은 계속 오르고, 시장도 전반적으로 달아올라요.

반대로 기준금리가 올라가면 매달 상환해야 하는 대출 이자 규모가 커지는데, 2배가 되는 경우도 종종 볼 수 있어요. 이자가 급여를 넘어서면서 감당이 되지 않는 지경에 이르는 상황도 생겨요. 이때는 내 집 마련을 뒤로 미루거나, 샀던 주택을 되파는 사람까지 생기기 시작해요. 실제로 2022년, 급격히 기준금리가 오르면서 부동산시장에는 급매물이 쏟아졌어요. 2023년 전국 아파트 가격이 하락한 것처럼 부동산 열기가 식으면 다시 시장은 잔잔해져요.

부동산시장도 하나의 시장이죠. 부동산 거래를 하는 사람이 없으니 공인중개사 사무소는 문을 닫기 시작하고, 고용된 사무소 직원도 직장을 잃어요. 부동산 침체는 실내장식산업과 청소산업에도 영향을 크게 미치죠. 요즘은 대부분 집을 사면 인테리어와 청소는 기본으로 하고 들어가니까요.

이렇게 단순히 집을 사고 말고의 문제가 아니에요. 앞서 우리 행동 하나하나 경제가 아닌 것이 없다고 정리했던 거 기억나시죠? 거미줄처럼 얽혀 있는 시장과 시장이 서로에게 영향을 미쳐서 같이 가라앉게 되는 현상이 생기는 거예요.

기준금리가 올랐는데 일자리가 사라지는 이유

사실 기준금리가 오르고 내리는 것에 민감하게 반응하는 건 개인보다는 기업 쪽이에요. 융통하는 자금 규모가 크기 때문에 자연스레 기업은 더 큰 영향을 받게 되죠. 여러분이 S 주식회사의 대표라고 생각해 보세요. 지난 1년 동안 경기도 좋고 판매하는 제품이 워낙 인기가 많아서 매출이 최고치를 찍었어요. 사업을 확장해야겠다 싶어서 공장도 늘리고 직원도 더 많이 뽑았어요. 새 제품 연구개발 비용도 아낌없이 투자했죠. 부족한 자금은 은행에서 대출받아서 융통했지만 괜찮아요. 앞으로 벌 돈이 더 많을 테니까요!

그런데 아뿔싸, 이럴 수가. 한국은행이 기준금리를 인상했어요. 몇 달 사이에 기준금리가 2.0%P나 올랐네요? 새 사업을 벌이느라 막대한 돈을 대출받았는데 당장 다음 달부터 이자가 2~3배로 늘어나게 생겼어요. 그래도 고객만 유지되면 괜찮을 텐데 금리가 올라 돈이 비싸지니까 고객도 줄었어요. 만들어 둔 물건은 많은데 이걸 다 어떻게 처리해야 되나요? 공장을 늘려서 임대료도 내야 하고, 직원들 급여도 줘야 하는데 비용이 너무 부담돼요.

어쩔 수 없죠. 직원들에게는 미안하지만, 인원을 줄여야겠어요. 당분간 새 직원 채용도 일절 없어요. 공장도 다시 줄이고 새 제품 연구개발도 일단은 중단이에요. 당장 대출금리 감당하기도 빠듯하니까 경기가 다시 살아날 때까지는 현상 유지를 목표로 할 거예요.

"난 아직 학생이니까.", "난 대출도 안 받았으니까."라며 기준 금리의 등락을 강 건너 불 구경하듯 먼 나라 얘기라고 생각하셨던 분들. 정신이 드시나요. 높은 금리는 여러분 일자리를 빼앗아 갈 수도 있어요. 멀쩡하게 다니던 회사에서 해고 통보를 받을 수도 있고, 매년 뜨던 채용 공고가 올해는 뜨지 않을 수도 있다는 얘기예요. 우리 엄마 아빠, 언니의 자리가 위협받을 수도 있고요.

집에서 엄마 아빠가 부부싸움을 하시면 이건 두 분만의 문제가 아니죠. 당장 엄마 기분이 풀리지 않아서 반찬 개수가 줄어들 수도 있고요. 집에서 친구랑 통화를 하다가 시끄럽다고 괜히 불똥이 튈 수도 있잖아요. 하물며 집 안 분위기도 내 행동에 제약을 주는데 나라 돈의 가격을 결정하는 금리 변동은 오죽하겠어요.

그렇다고 무조건 금리 인상은 경기침체, 금리 인하는 경기부양을 불러오는 것도 아니에요. 금리 인하로 소비와 투자가 늘어나면 물가가 올라가잖아요. 물가가 지나치게 많이 올라서 인플레이션이 발생하면 경제 전반이 어려워질 수도 있거든요. 이 부분은 <물가> 파트에서 좀 더 자세히 알아볼게요.

우리나라는 왜 미국 기준금리를 의식할까?

"미국이 기준금리를 올렸으니까 우리나라도 곧 올릴 것 같아."

경제신문, 뉴스 좀 봤다 하는 사람이라면 누구나 이 정도 전망쯤은 하기 마련이죠. 우리나라 기준금리는 미국 기준금리를 따라간다며 방구석 평론가로 변신하는 사람이 많은데, 한번 물어볼까요. 그 이유가 뭔지?

우선 앞서 설명했던 것처럼 미국 달러는 전 세계 기축통화, 즉 기준으로 자리하고 있어요. 그러니까 미국 달러 가격이 우리나라 원화와 비교해서 어느 정도인지 파악하는 건 어찌 보면 당연한 얘기겠죠. 세계 '기준'이니까 기준에 비해 우리 돈의 가격이 비싼 편인지 저렴한 편인지 알아야 가격을 내릴지 올릴지 판단할 수 있으니까요.

이렇게 생각해 볼게요. 세상에는 미국 달러와 한국 원화밖에 없어요. 여러분은 둘 중 한 가지만 고를 수 있는 상황이에요. 현재 미국 금리는 5.0%, 대한민국 금리는 3.0%라면 어느 화폐를 고르시겠어요. 당연히 미국 달러겠죠. 다른 조건을 다 무시하고 돈의 가격인 기준금리만 고려한다면 미국 달러가 가치가 높은 상황이잖아요.

실제로 미국 기준금리가 오르면 상대적으로 원화 대비 달러의 선호도가 커집니다. 이런 상황이 되면 보유하고 있던 원화를 달러로 바꾸려는 투자자가 급증하게 되죠. 우리나라 주식시장에 투자했던 외국인 투자자들이 대거 빠져나가면 주식시장은 하락할 가능성이 커져요. 이렇게 원화로 투자했던 사람들이 달러로 갈아타면서 자연스럽게 원화 가치는 떨어지고 달러는 올라 원/달러 환율이 상승하게 돼요. 우리나라 돈의 가치가 더 떨어진 만큼 기존보다 더 많은 돈을 지불해야 1달러와 바꿀 수 있으니까요.

코로나19 팬데믹으로 전 세계 대부분이 경기침체에 빠졌고 미국은 이를 방어하기 위해서 3년 동안 약 1조 3,000억 달러를 풀었다고 해요. 헬리콥터로 돈을 뿌린 수준이었죠. 하지만 이 때문에 물가는 급등했고, 2022년에는 저금리 문제를 해결하기 위해서 금리를 빠르게 인상했어요. 대한민국도 이에 대응해서 외국인 투자자들의 돈이 빠져나가는 걸 막고자 급하게 금리 인상을 단행했지만, 결국 2023년에는 미국 기준금리 5.00~5.25%, 대한민국 기준금리 3.50%로 1.75% 차이라는 사상 최대 수준의 금리 역전 현상이 생기고 말았어요.

여기서 '역전'이라는 단어에 궁금증이 생기지 않으신가요? 사실 지금까지 미국 기준금리가 한국 기준금리보다 높았던 적은 2023년을 포함해서 단 네 번 뿐이었어요. 늘 한국 기준금리가 미국보다 높은 수준이었죠. 미국이 금리 인상을 하면 불어올 후폭풍을 미리 예상하고, 매도 먼저 맞는 것이 낫다며 선제적으로 대응해 온 셈이에요.

돈을 맡기시려면 돈을 내세요?

인류가 처음으로 경험한 '마이너스 금리'도 있어요. 기준금리를 0% 아래로 설정하면서 시중은행이 중앙은행에 돈을 맡기면 페널티로 수수료를 부과하는 건데요. 경기를 살리기 위해서 세계 여러 나라가 마이너스 금리를 시행했어요. 마이너스 금리는

2012년 덴마크 중앙은행에서 시작했는데요. 2014년 스위스와 유럽중앙은행, 2015년 스웨덴, 2016년 일본이 그 뒤를 따랐어요.

이 마이너스 금리가 무엇이냐고요? 원래 시중은행들이 나중에 긴급하게 자금이 필요할 때를 대비해서 중앙은행에 돈을 쌓아 둬요. 이 돈을 '지급준비금'이라고 부르죠. 경기가 침체하거나 심하게는 디플레이션 상황에 접어들면, 은행들은 무리하게 대출 상품을 만들기보다는 지급준비금을 늘리면서 중앙은행 금고에 돈을 더 많이 쌓아요. 경기가 안 좋으니까 은행도 몸을 사리는 거죠. 경기가 가뜩이나 안 좋은데, 대출도 잘되지 않고 돈이 융통되지 않으니 이런 상황이 지속되면 시장에 풀려 있는 돈의 양은 줄어들고, 통화량이 줄어드니까 경기 불황은 심해질 수밖에 없어요.

그래서 중앙은행이 "은행 너네! 우리한테 맡겨 둔 돈 당장 찾아가! 아니면 수수료 매길 거야!"라고 독촉하는 건데요. 이렇게 마이너스 금리가 되면 돈을 맡긴 대가를 내야 한다는 얘기예요. 실제로 마이너스 금리의 영향으로 은행이 저렴한 대출 상품을 제공하면 대출을 받으려는 개인, 기업들은 비교적 쉽게 자금을 끌어다 쓸 수 있게 돼요. 그럼 시간이 갈수록 시장 통화량은 늘고 시장은 점차 살아날 수 있죠.

2024년 4월, 일본 중앙은행이 기준금리를 올리면서 전 세계에서 마이너스 금리를 유지하고 있는 나라는 사라졌어요. 일본

인생을 살다 보면 두 갈래 길이 나온다.

지금 상태 그대로 쭉 직진할 것인지,

누군가와 함께하기 위해 방향을 꺾을 것인지.

은 1990년대부터 시작된 장기침체로 '잃어버린 20년', '잃어버린 30년'이라는 꼬리표를 달고 있는데요.

일본은 1980년대 초까지는 고도성장을 이어 갔어요. 자동차, 전자기기 같은 제조업 부문에서 질 좋은 물건이 쏟아져 나왔고요. 좋은 것은 모두 일본산이라고 할 만큼 세계시장에서 대성공을 거뒀죠. 하지만 시간이 흘러 일본경제에도 침체기가 찾아왔고, 일본은 기준금리를 인하하며 경제를 살리려고 노력했어요.

그런데 막상 기준금리를 낮추니까 사람들이 너도나도 대출을 받으면서 부동산에 심각하게 거품이 생겼는데요. '도쿄를 팔면 미국을 살 수 있다'는 말이 나올 정도로 부동산 가격이 급등했어요. 결국 1990년을 기점으로 일본 경기는 급격하게 기울기 시작했고요. 이때부터 개인들은 주머니를 닫고 소비를 줄였어요. 연쇄적으로 기업 매출이 감소하여 일자리도 줄일 수밖에 없었죠.

이때 일본은 마이너스 금리를 선택했어요. 은행에 돈을 저축하지 않고 소비를 하도록 분위기를 조장했죠. 은행에 돈을 맡기지 않고 그냥 집에 쌓아 둔다고 해서 '장롱예금'이라는 말이 생길 정도로 예·적금 개념이 점차 사라졌어요. 마이너스 금리 시행으로 일본의 물가는 2022년 이후로 안정세를 보였고 임금도 점차 올라가고 있어요.

하지만 안심은 금물이에요. 마이너스 금리는 종료됐지만 일본경제가 완전히 살아난 건 아니에요. <물가> 파트에서 '디플레이션'의 위험성을 좀 더 자세히 알아볼 거예요.

경제의 흐름을 보는 금리지표

기준금리는 곧 돈의 가격이라서 한 나라의 경제를 들었다 놨다 할 힘이 있어요. 그래서 한국은행은 금융통화위원회 회의가 끝나면 '이런 내용으로 기준금리를 이렇게 정했습니다.' 하고 기자간담회를 하고요. 2주가 지나면 회의에서 나눈 대화 내용을 상세하게 기록해서 '의사록'을 발표해요. '의사록'에는 금리 인상 혹은 인하, 동결에 대한 근거를 자세히 나열하고 있어요. 이런 기준금리 변동 결정은 현재의 경제 상태를 아주 면밀하게 관찰하고 분석한 결과예요. 경제를 공부하는 사람들에게는 교과서 같은 정보죠.

이 내용을 확인할 수 있는 자료는 한국은행 웹 사이트에서 제공하는 '한국은행 기준금리 추이'와 '통화정책방향 결정회의'가 대표적이에요. 먼저 '기준금리 추이'는 한국은행 웹 사이트에서 '정책/업무 → 통화정책방향'에서 확인할 수 있어요. 포털사이트에서 기준금리를 검색해도 좋지만, 그 결과도 사실 한국은행에서 가져온 것이므로 경제지표 데이터를 제공하는 사이트에서 직접 정보를 얻는 습관을 들여야 해요.

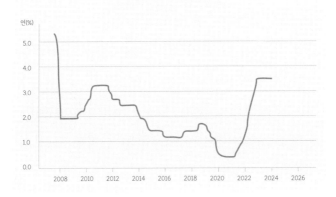

한국은행 기준금리 변동추이

기준금리 추이를 보면 지금까지 기준금리가 언제 어떻게 바뀌었는지 한눈에 볼 수 있는데요. 그래프로 새삼 2021년도부터 2023년도까지 금리 인상이 얼마나 가파르게 진행됐는지 다시 한 번 확인하게 되네요.

마찬가지로 한국은행 웹 사이트 '통화정책 → 통화정책방향'에서 '통화정책방향 결정회의' 자료를 얻을 수 있는데요. 한국은행 총재의 기자간담회 전문부터 통화위원회의 회의에서 금융, 경제 이슈는 어떤 것이 있었는지 이슈별 분석 내용까지 볼 수 있어요.

2024년 8월 금통위 의사록에는 "기업 실적 개선에 따른 임금 상승률 확대, 디스인플레이션 진전 등으로 민간 소비 회복 속도는 점차 빨라질 것으로 예상"한다는 내용과 "금년 5월까지 안정적인 흐름을 보이던 주택가격 상승률이 6월부터 갑자기 가팔라진 배경에 대해 분석해 볼 필요가 있다"라는 내용이 실렸는데요. 이때는 '금리 동결'이 결정됐어요. 소비 회복 속도가 나쁘지 않고, 부동산 가격이 다시 상승세를 보이고 있으니 아직은 금리 인하 결정을 할 때가 아니라고 본 건데요.

기준금리가 오르고 내리는 이유는 한두 가지가 아니에요. 현재의 경제 이슈를 최대한 고려하고 결정하는 거죠. 그러니 이번 금리 인상, 인하의 근거는 무엇인지 분석자료를 보게 된다면 확실히 경제동향을 파악할 수 있어요. 의사록에는 국내, 국외의 세계 경제상황, 금융시장, 주택시장의 동향까지 언급되어 있어요.

한 나라의 기준금리를 결정하는 소위 경제 분야의 대한민국 최고 전문가들이 쓴 자료인데 액기스 중에 액기스라는 건 말해 뭐 하겠어요. 이 자료를 섭렵한다면, 이미 여러분에게는 한 끗 차이가 만들어진 거랍니다.

마무리

경제에서 돈을 '물'이라고 표현한다면, 금리는 돈의 유동성을 늘렸다가 줄였다가를 조절하는 '밸브'라고 정리할 수 있어요. 기준금리가 어떻게 조정되느냐에 따라서 물가, 고용, 환율, 투자 같은 경제 주요 요소들의 온도가 달라지죠. 2020년대 이전 우리는 단기간에 이토록 급격한 금리 변동을 겪어 본 적이 없었기 때문에 금리의 영향력을 피부로 느끼지 못했을 뿐이에요.

이제 전 세계를 통틀어 마이너스 금리를 유지하고 있는 나라는 사라졌어요. 초저금리 시대는 다시 오지 않을 것이라는 전망도 적지 않고요. 이것이 지금부터 우리가 금리를 더 자세히 배우고, 금리 움직임에 맞춰서 어떻게 행동해야 할지 알아야 할 이유일 텐데요. 뒤에 이어지는 '고용', '물가', '외환'뿐만 아니라 모든 경제요소 설명에서 금리는 반복해서 언급될 거예요. 그러니 이번 파트 내용을 충분히 숙지하고 넘어가길 추천해요.

3장
/
AM
9:00

3,000시간으로 만들어 낸
대한민국

"출근 시간이 9시라면 몇 시까지 회사에 도착해야 할까요?"

한동안, 이 질문이 화젯거리였어요. 그 시작은 서울대 인구학 연구실이 만든 영상이에요. 이 영상에는 다양한 출연진이 등장하는데요. 대답은 세대별로 분명한 차이가 있었어요.

2010년 이후에 태어난 알파 세대 A씨는 출근 시간까지 1분 남기고 8시 59분까지 가면 된다고 했고, 1990년대 중반에서 2000년대 초반에 태어난 Z세대 B씨는 8시 50분까지 가지만 9시까지 가도 상관없다고 했고, 1980년대에서 1990년대 중반 출생한 M세대 C씨는 출근길에 변수가 생길 수 있으니까 10분 전에 도착한다고 했고, 1960년대 중반에서 1970년대생인 X세대 D씨는 일의 능률을 고려해서 30분 전에는 가야 한다고 했죠.

가장 화제가 된 건 6.25 전쟁 이후로 신생아 출생률이 급격하게 증가했던 베이비붐 세대인 E씨 대답이었는데요. "나는 8시 30분까지 간다. 근데 꼭 일 못하는 애들이 늦는다."라고 소신을 밝혔어요. 영상을 본 많은 누리꾼은 공감하는 반응을 보였고요. 이 질문에 정답은 없어요.

저도 아직 태어나기 전인 1990년 9월 대한민국 서울에는 기록적인 폭우가 쏟아졌어요. 당시 1년 동안 우리나라에 내린 평균 비의 양은 1,200mm 정도였는데요. 이때 서울과 경기에 내린 비만 해도 우리나라 전체의 반년 치 강우량이었대요. 도로가 다 물에 잠기고 정상적인 출근을 한다는 건 불가능해 보였죠.
　하지만 그 시절 직장인들은 출근을 포기하지 않았어요. 아예 자포자기하는 마음으로 수영하다시피 물에 몸을 맡기며 출근하는 모습도 포착됐죠.

실제로 '노동력'이 갖고 있는 경제적인 의미는 우리가 생각하는 것 그 이상인데요. 지금부터는 한 명 한 명이 만들어 낼 수 있는 경제적 가치가 어느 정도인지 알아볼게요.

나보다 두 살 어린 동생은 본가 근처에서

일하고 싶다는 이유로 취업을 포기하는 대신 취미를 살려

공방을 차렸다. 부모님은 사회생활도 안 해 본 애가 어떻게

자영업을 하느냐며 걱정이 많으셨다.

걱정과 달리, 공방은 날이 갈수록 붐볐다.

일을 취미처럼 즐겼기 때문일 거라고 동생은 말했다.

나는 '일을 취미처럼' 하고 읊조렸다.

고작 두 살 차이일 뿐인데도

나에게는 너무 늦어 버린 이야기 같았다.

연간 노동 3,000시간과 맞바꾼 경제성장

6.25 전쟁이 끝난 직후인 1961년 대한민국의 1인당 국민 소득은 연간 약 93달러였어요. 11만 원 정도죠. 이게 월 소득이 아니에요. 연간 소득, 즉 1년 동안 우리나라 국민 한 명 한 명이 벌어들이는 소득이 평균적으로 11만 원 정도에 불과했다는 건데요. 당시에 우리나라는 말 그대로 찢어지게 가난했어요. 같은 시기 나이지리아의 국민 소득은 96달러, 가나는 190달러, 세네갈이 321달러였으니까 아프리카 국가들보다 우리나라가 더 못 살던 시기였죠.

그로부터 16년이 흘러 1977년에 우리나라의 1인 국민 소득은 1,000달러를 넘어섰어요. 1960년대 초반부터 1990년대 초반까지 경제성장률이 연간 7%가 넘었죠. 이 수치가 얼마나 대단한지 감이 잘 오지 않으실 텐데요. 10년 만에 소득이 2배가 된 수준이라고 보면 돼요.

특히 이 시기에 우리나라가 이룬 성장을 '압축성장'이라고 하는데요. 웬만한 선진국에서 100년에 걸쳐서 이룬 것들을 우리는 30년 만에 꾹꾹 눌러 담아서 단기간에 이루어 낸 거예요. '한강의 기적'이라는 단어도 여기서 만들어졌죠. 평범한 성장으로 어떻게 감히 '기적'이라는 말을 쓰겠어요. 당시 경제성장은 누구나 인정할 수밖에 없는 성과였죠. 고등학교 3학년 여름방학까지 계속 하위권 성적을 기록하던 학생이 수능을 몇 달 남기고 전국 상위권 성적이 됐다고 생각해 보세요. 입이 떡 벌어질 수밖에 없잖아요.

이런 결실을 본 건 스스로를 '자원'이라고 칭했던 엄마 아빠, 할머니 할아버지의 '노동력' 덕분이었는데요. 결과가 빛났던 만큼 1980년대 우리나라에는 '세계 최장시간 노동국가'라는 꼬리표가 붙어 있었어요. 국민들이 한 해 동안 3,000시간씩 일할 만큼 노동을 멈추지 않았거든요. 1년 동안 3,000시간 일을 했다는 건 1년 365일 단 하루도 쉬지 않고 매일 8시간을 꽉 채워서 일했다는 얘기인데요. 심지어 당시에는 자라나는 새싹인 학생들도 스스로를 '인적자원'이라고 칭했고요. 청소년들도 하루에 16시간씩 일하면서 혹사당하는 경우가 흔했어요.

당시 정부는 5년 단위로 경제성장 계획을 세우고, 국민들의 장시간 노동이 당연한 것처럼 분위기를 만들었어요. 상상해 보세요. 1년 365일 동안 단 하루도 쉬지 못하고 출근해야 돼요. 게다가 부장님이 1시간 단위로 업무 성과를 보고하라고 압박까지 하고 있어요. 얼마나 삶이 각박해요. 하지만 우리 엄마 아빠, 할머니 할아버지들은 경제를 일으켜야 한다는 사명감으로 기꺼이 '노동력'을 제공하고 고통을 감내해 냈어요.

보통 경제학에서 생산의 3대 요소로 노동력과 토지, 자본을 말하는데요. 사실 우리나라는 선택지가 많이 없었어요. 이렇다 할 생산자원도 거의 없죠. 땅도 좁은 편이에요. 특히 당시에는 나라의 곳간도 텅텅 비어 있었어요. 그래서 모두가 한마음으로 국가를 일으킬 수 있는 건 국민들의 노동력뿐이라며, 가슴까지 차오른 물을 가르며 출근한 거예요.

심지어 현재 교육부도 2001년부터 2008년 초까지는 '교육인 적자원부'라고 불렸어요. 국민들의 교육을 책임지는 정부부처 이름에 '인적자원'이 포함돼 있었다는 건 그만큼 국민들의 노동력을 중요하게 여겼다는 증거라고 볼 수 있어요.

그 결과 대한민국은 노동력을 바탕으로 단기간에 세계 10위 안에 드는 경제력을 갖게 되고, 현재의 모습이 만들어졌어요. 그 야말로 3,000시간의 노동과 맞바꾼 무에서 유를 만든 경제성장을 이룬 거죠.

메이드 인 차이나 라벨이 흐려진 이유

노동력을 중요하게 여기는 건 우리나라만이 아니에요. 언제부터인가 우리가 쓰는 물건에 '메이드 인 차이나' 라벨이 하나둘씩 붙더니 중국산이 아닌 걸 찾는 게 더 어려워졌죠. 예전부터 사람들의 인식 속에는 '메이드 인 코리아'는 질 좋은 물건, '메이드 인 차이나'는 질이 떨어지는 물건으로 구분됐는데요. 어느새 대기업 제품까지 중국에서 제조하기 시작하며, 이런 인식은 무의미해졌어요.

그런데 여러분도 느끼셨는지 모르겠지만, 요즘 메이드 인 차이나 라벨이 갈수록 적어지고 메이드 인 인도네시아, 메이드 인 베트남 라벨을 단 물건들이 늘어나고 있죠. 애플의 스마트폰도 아이폰 14 시리즈부터는 '메이드 인 인디아' 라벨이 붙기 시작했어요. 한때 중국은 세계 각국의 생산 물량이 중국으로 몰리면서 '세계의 공장'이라는 별명을 갖게 됐는데요. 그 위상이 이제는 크게 흔들리고 있어요.

실제로 인도는 2020년대 들어 제조업 강국이 되기 위해서 투자를 아낌없이 하고 있어요. 하지만 투자 외에 인도가 중국을 따라잡게 된 비결은 따로 있어요. 바로 '노동력'이죠. 인도는 2023년 공식인구가 14억 명을 넘었고, 세계 최대 인구국 중 하나가 됐어요.

반면에 '세계 최대 인구 대국'이라고 불려 왔던 중국의 인구는 2022년 말에는 14억 1,175만 명을 기록했는데요. 전년 대비 85만 명이나 줄어든 수치였어요. 이렇게 중국인구가 많이 감소한 건 1961년 이후 처음 있는 일이죠. 국제연합기구 UN은 머지않아 인도가 중국을 추월하고 세계 1위 인구 대국으로 떠오를 거라고 예상하고 있어요.

심지어 국제통화기금 IMF는 2027년에 인도가 일본을 제치고 세계 3위 경제국이 될 것으로 예측했는데요. 이걸 뒷받침하는 주된 이유 중 하나도 바로 '노동력'이에요. 특히 인도는 단순히 인구가 많기만 한 게 아니라 '젊은 노동력'이 세계에서 가장 풍부한 나라로 꼽혀요. 14억 인구 중 무려 47%가 25세 이하일 정도조. 세계 여러 기구는 당장 일할 수 있는 청년층이 많기 때문에 과거의 우리나라가 그랬듯이, 인도가 노동력을 바탕으로 경제성장을 이룰 가능성이 크다고 보고 있어요.

인도의 노동력 규모는 이미 세계적인 기업들 사이에서 소문이 자자해요. 그래서 중국에서 생산하던 아이패드 일부 물량도 인도에서 생산하는 방안이 검토되고 있고요. 우리나라의 삼성전자, LG전자뿐만 아니라 폭스콘, BMW 같은 세계적인 기업들은 이미 인도 현지에 생산 체제를 갖추고 있어요. 글로벌 기업들의 생산 공장이 인도에 들어서면 그만큼 신규 일자리도 많이 만들어지겠죠. 이제는 곧 우리가 사용하는 물건 대부분이 '메이드 인 인디아' 라벨을 달게 될지도 모르겠어요.

경제성장은 생산량에 달려 있다

물론 인구가 많다고 해서, 노동력이 풍부하다고 해서 무조건 선진국이라고 볼 수는 없어요. 지금까지 전 세계에서 인구 1억 명을 넘긴 나라는 총 14개국인데요. 이 중에서 선진국은 미국과 일본 두 나라밖에 없어요. 앞서 예시로 든 중국과 인도도 선진국이라고 보기는 어렵죠.

그럼에도 '생산량'에는 '인구수'가 절대적인 영향을 미치기 때문에 노동력은 항상 중요해요. 한 나라를 하나의 기업이라고 생각해 볼게요. 이 기업이 매출을 올려서 돈을 많이 벌기 위해서는 물건을 많이 만들어야겠죠. 밤낮으로 공장을 돌려서 생산량을 늘리고, 수출까지 하게 된다면 큰돈을 벌 수 있을 거예요. 여기서 생산량을 늘릴 수 있는 가장 중요한 요소, '공장을 돌리는 것'이 '노동력'이랍니다.

간혹 음식 맛이 정말 훌륭한데 양도 많고, 가격까지 말도 안 되게 저렴한 식당을 우연히 발견할 때가 있죠. 그런 순간에 우리는 우스갯소리로 이런 얘기를 해요. "이 집은 땅 파서 장사하나?" 그런데 실제로 양도 많고 가격도 저렴할 수 있는 비결이 직접 생산한 것이기 때문일 수도 있어요.

제가 샐러드 가게를 새로 오픈하는 상황이라고 가정해 볼게요. 장사가 처음이니 시원시원하게 채소 10박스를 주문했어요. 그런데 제 예상과 다르게 주문 수가 너무 적어서 채소가 6박스나 남아 버렸어요! 다음 날에는 버리는 채소가 없도록 4박스만 주문했죠. 그런데 이게 무슨 일일까요. 이번에는 주문이 갑자기 밀려들어서 채소가 부족해요. 가게를 찾은 손님을 돌려보낼 수밖에 없었죠.

자꾸 반복되는 이런 불규칙한 상황에 채소를 직접 길러보기로 해요. 가족 소유의 토지를 활용하니 유통 비용 등 중간 마진이 없어져 샐러드 가격을 더욱 낮출 수 있었죠. 채소를 직접 따다 만드니 낭비도 되지 않고요. 결국 이 샐러드 가게는 가성비 맛집으로 소문 나 대박을 터트릴 수 있는 거예요.

현실세계에서도 소위 땅 파서 장사하는 가게들은 대박집이 많아요. 사장님이 원래 갖고 있던 땅이나 자원을 활용하니 유리한 위치를 선점할 수 있어요. 사우디아라비아 같은 산유국들만 봐도, 이들은 땅을 깊숙이 파서 원유를 끌어올려서 다른 나라에 팔아요. '원유'는 휘발유, 경유 같은 석유 제품이 가공되기 전 상태인데요. 더 자세히는 <물가> 파트에서 설명할게요.

이렇게 환경적으로 원래부터 있던 자원의 양을 '자원 부존량'이라고 불러요. 자원 부존량은 한 나라의 총 생산량에 영향을 미치는 중요한 요인 중 하나예요. 자원 부존량이 높으면 나라가 돈을 쉽게 벌 수 있어요. 굳이 물건을 생산해서 팔지 않아도 국가가 보유하고 있는 자원을 수출하면 되니까 경제성장을 이루기도 쉽죠.

그런데 반대로 자원 부존량이 적은 나라라고 해서 무조건 가난한 건 아니에요. 자원 부존량이 풍부하지 않다고 해도 기술 수준을 키우거나 노동력을 더 투입해서 생산량을 늘리는 방법으로 나라 살림을 꾸려 갈 수도 있으니까요. 땅 파서 장사하는 식당이 아니어도, 그 식당만의 독특한 비결이 있거나 직원들이 친절하면 손님들은 줄을 서기 마련인 것처럼요.

우리나라는 두 번째 경우에 해당해요. 자원이 희소하지만, 국가의 기술 수준을 발전시켜 생산량을 키워 가고 있지요. 반도체 기술, 자동차 생산, 스마트폰 특허 기술 등 다양한 기술은 세계 어느 나라에도 뒤지지 않는 실력을 갖추고 있어요. 그러나 기술 수준을 발전시키는 것은 절대 쉽지 않고 시간도 오래 걸리기 때문에 경제학에서는 생산량을 키우는 방향으로 거의 언급하지 않아요. 성공만 한다면 눈에 띄는 발전을 만들어 낼 수 있지만 그 가능성을 예측하는 것도 현실적으로 어려우니까요.

이렇기 때문에 '노동력'이 중요한데요. 당장 땅 밑에 있는 자원 부존량을 늘리기는 어려워요. 기술 수준을 높이는 것도 하루아침에 해낼 수 있는 일이 아니고요. 그러니 현실적으로 장사를 더 활발하게 하기 위해서는 생산량을 늘려 노동력으로 승부를 보는 방법밖에 남지 않은 것이죠.

예를 들어 우리나라 국민 중에서 일할 수 있는 연령의 인구가 100명이라고 가정해 볼게요. 돈을 더 많이 벌어서 나라 살림을 일으키기 위해서는 100명의 노동력을 한꺼번에 투입해서 최대한 많은 물건을 만들어 내야만 하겠죠. 이때 우리가 쏟아부을 수 있는 걸 다 투입했을 때 만들어 낼 수 있는 생산량을 경제학에서는 '잠재 산출량'이라고 하는데요.

100명 중 80명만 일자리를 얻고 20명은 실업을 하는 바람에

벨이 없는 레스토랑에서 음식을 주문하려면 정교한 기술이 필요하다.
웨이터가 내 쪽을 보길 기다렸다가, 눈빛만으로 주문하고 싶다는
신호를 보내야 한다. 귀찮기만 할 것 같은 비언어적 주문 방식은
아이러니하게도 싸움에서 이긴 듯한 쾌감을 준다.
인간의 본능은 호기심이고, 해결하기 어려운 문제를 풀어냈을 때
가장 큰 행복이 찾아오기 때문이다.

일을 하지 못하는 상황이라면, 잠재 산출량은 줄어들 수밖에 없어요. 투입된 노동력이 줄어들었으니까요. 반대로 고용된 100명 모두가 초과근무까지 감수한다면 잠재 산출량 초과달성까지 이룰 수 있겠죠.

실제로 해마다 정부에서는 일자리 창출을 위해 큰 투자를 진행해요. 실업 상태의 국민들을 위해 펼치는 복지를 넘어, 나라의 생산량을 높이려는 전략이지요. 일자리가 없어서 일을 못 하는 실업 상태의 사람이 많다는 얘기는 결국 나라의 생산량이 줄어든다는 걸 의미하거든요. 결국 '실업'은 개인의 시련이기도 하지만, 나라 살림에도 경제적으로 마이너스가 되는 요소라고 볼 수 있죠.

백수는 분명한데, 실업자는 아니다?

'실업'은 일상에서도 많이 들려오는 단어예요. 그래서 우리는 실업을 잘 알고 있다고 착각하죠. 마치 매일 얼굴 보는 가족을 속속들이 알고 있다고 착각하는 것처럼요. 사실 저는 취업 준비생이던 시기에 '실업률'에 관련된 기사만 읽으면 기분이 나빠졌어요. 제 주변에는 온통 취준생, 백수가 널렸는데 신문에 떡하니 찍혀 있는 실업률은 두 자릿수가 채 안 되니까, 이게 대체 무슨 어처구니없는 상황인가 싶었죠. 우리가 일반적으로 알고 있는 '실업자'와 경제적인 의미의 '실업자'가 다르기 때문에 생긴 오해였어요.

어릴 적 엄마가 들려주셨던 아기 돼지 삼 형제의 이야기 기억 나시나요? 엄마 돼지는 삼 형제의 독립심을 키우고자 아이들을 집 밖으로 내보냈고, 갈 곳이 없어진 삼 형제는 각자 집을 지었어요. 첫째는 짚 더미, 둘째는 나무, 셋째는 벽돌로 집을 지었죠. 결과적으로는 튼튼한 벽돌로 집을 지은 셋째 돼지의 집만 늑대에 맞설 수 있었고요.

삼 형제 이야기를 현대판으로 각색해 볼게요. 첫째는 "아무것도 하기 싫어!"라며 드러누워 서른이 넘도록 엄마 카드, '엄카'에 의존하고 있고요. 둘째는 스터디룸을 전전하며 몇 년째 취업을 준비하고 있어요. 반면에 가장 성실한 셋째는 대학교에 다니면서 아르바이트도 하고 동시에 공무원 시험을 준비하고 있죠. 자 그러면 여기서 퀴즈! 삼 형제 중에서 '실업자'에 포함되는 건 몇 명일까요?

정답은 둘째, 한 명인데요. 경제에서 실업자로 분류되는 기준은 꽤 까다로워요. 일단 지난 한 주 동안 일을 한 적은 없지만, 일을 주면 언제든지 바로 할 수 있는 상태여야 되고요. 지난 4주간 적극적으로 일자리를 찾아 나선 적이 있어야 '실업자' 명찰을 달 수 있어요. 일을 정말 정말 하고 싶은 마음은 있는데! 구직활동도 해 왔고, 능력도 있는데! 내 의사와는 상관없이 일자리를 찾지 못한 사람만 실업 상태라고 인정하겠다는 거죠.

이 기준에 따르면 삼 형제 중에서 둘째만 실업자로 인정돼요. 엄카로 카드 결제 내역만 쌓고 있는 첫째는 일을 하지도 않고 앞으로 일을 하고 싶은 생각도 없어요. 그래서 적극적으로 일을 찾지도 않고, 일할 의사도 없는 첫째는 실업자에서 제외고요. 셋째는 취업 준비와 아르바이트를 병행하고 있잖아요. 정식으로 직장인이 된 건 아니지만 경제적으로는 수입을 목적으로 하는 활동을 하고 있어요. 경제학에서는 셋째를 '취업자'로 분류해요.

돌아보면 저도, 주변의 취업 준비생들도 취업 준비를 하며 아르바이트 한두 개는 병행하고 있었어요. 그러니까 경제적인 관점에서 저는 이미 실업자가 아닌 취업자였던 거죠. 하루라도 빨리 정직원으로 취업해서 안정적인 급여를 받고 싶은 마음을 품고, 스스로를 '백수'라고 부르던 현실과는 별개로요.

고용률＋실업률＝100이 아닌 이유

피자하면 햄버거, 족발하면 보쌈, 치킨에는 맥주가 떠오르듯이 경제에서는 '실업'과 '고용'을 세트처럼 함께 생각하게 돼요. 이번에는 대한민국 국민이 100명이라고 가정해 볼게요. 이 중에서 취업한 사람들의 비중을 뜻하는 '고용률'과 직업이 없는 실업자의 비중을 나타내는 '실업률'을 합치면 몇 퍼센트일까요? 많은 분은 실업의 반대를 '고용'이라고 생각하시기 때문에 100%를 떠올리는데요. 하지만 100%는 정답이 아닙니다.

태어나자마자 일을 할 수 있는 사람은 없죠. 일정 기간 성장해야 일을 하고 돈을 벌 수 있어요. 경제학에서는 그 나이가 '만 15세 이상'이라 보고, 이들을 '생산가능인구'라고 칭해요. 중학교 3학년 때부터 생산가능인구에 해당하니, 할머니 할아버지께서 중·고등학생들에게 말씀하시는 "옛날 같으면 네 나이에 밭도 갈고 애도 낳았다."라는 말은 사실 경제적으로 일리가 있죠.

고용률은 생산가능인구 중에서 취업한 사람의 비율을 나타내요. 전체 국민 100명 중에서 20명이 만 15세 미만, 80명이 만 15세 이상이라고 가정해 볼게요. 이때 취업자가 40명이라면 고용률은 얼마일까요. 답은 50%가 돼요. 생산활동을 할 수 있는 나이대의 80명 중 취업을 한 40명의 비중을 구하는 거니까요.

여기서 생산가능인구는 실제로 생산활동을 하고 있거나 할 준비가 된 '경제활동인구'와 할 마음이 없거나 할 수 없는 상태의 '비경제활동인구'로 분류할 수 있어요. 앞에서 실업자는 일을 하고 싶지만, 일자리를 못 구한 사람들을 의미한다고 정리했었죠. 즉, 실업률은 만 15세 이상의 '생산가능인구' 중에서 일을 하고자 하는 의지가 있는 '경제활동인구'를 골라낸 후 그중에서 일자리를 얻지 못한 실업자 비중을 구한 값이에요.

아기 돼지 삼 형제 중 첫째처럼 일할 마음 자체가 없는 사람들, 전업주부나 학생은 모두 비경제활동인구에 속하고요. 경제활동인구에 해당하는 둘째와 셋째 중에서 둘째는 실업자, 셋째는 취업자였죠. 그러니 삼 형제의 실업률은 50%라고 볼 수 있어요. 경제활동인구 두 명 중에서 실업자 한 명의 비율을 구하면 되죠. 같은 계산 방법으로 대한민국 국민 100명 중에서 경제활동인구가 50명이고 취업자가 40명, 실업자가 10명이라면 실업률은 20%가 될 거고요. 이때는 50명 중에서 10명의 비율을 계산한 값이 실업률이니까요.

고용률과 실업률은 산정 방법 자체가 달라서 애초에 비교 대상이 아니에요. 비율을 산정할 때 기준 값이 다르니까 고용률과 실업률의 합도 100%가 될 수 없고요. 그래서 때로는 고용률과 실업률이 동시에 올라갈 때도 있어요. 비경제활동인구 중에서 일부가 취업에 성공하면 고용률이 올라가고요. 일할 마음은 있지만 일자리를 잃은 사람은 '실업자'로 분류되겠죠.

특히 실업률에는 취업 자체를 포기한 비경제활동인구가 포함되지 않는다는 결정적인 단점이 있어요. 그래서 고용 통계를 보고 경제 상황을 파악하기 위해서는 반드시 고용률과 실업률 두 가지를 함께 보는 걸 추천해요.

고용률이 역대 최고여도
경기가 살아난 게 아니라고요?

지난 2023년 11월에는 고용률이 63.1%로 역대 최고, 실업률이 2.3%로 역대 최저를 기록했어요. 이 통계로 우리는 '역대급으로 많은 사람이 취업했구나', '실업자가 가장 적게 나왔구나'라고 생각할 수 있겠죠. 하지만 이는 우리나라 경기가 살아났다고 '착각'하기 쉬운 수치였답니다. 우선 고용률이 높다는 건 우리나라 15세 이상의 인구 중에서 취업자가 많아졌다는 걸 의미하죠. 이 수치가 높아졌다면 좋은 의미인 건 맞아요. 그런데 이 시기에 60세 이상의 노인 취업자 수가 전년 대비 33만 6,000명 정도 늘었다는 데이터를 함께 본다면, 생각이 약간 바뀔 거예요.

100세 시대인 만큼 노년층도 일자리를 찾아서 소득을 가져야 하는 시기가 도래했지요. 그러나 나라 경제의 허리가 되어 생산을 주체적으로 이끌어 가는 건 '핵심노동인구'인 청년들이어야 한답니다. 즉, 청년 실업을 해결하지 못한 채 노인 고용률을 올린 것이라면, 경제상황이 나아졌다고 보기는 무리가 있지요.

또 실업률 최저 기록만으로 경기 호황이라 평가하기에는 섣부른 감이 있죠. 실업률은 경제활동인구 중에서 취업자와 실업자를 기준으로 실업자 비율만 따지는데요. 실업자를 계산할 때는 구직활동 자체를 하지 않은 인구는 제외되기 때문에 실업률이 줄어들었다고 이전에 비해서 국민들이 일자리를 많이 얻었다고 볼 수는 없어요.

불경기에 취업 공고도 줄어들고, 다양한 이유로 취업 의지가 꺾여 구직활동 자체를 하지 않은 청년층이 2024년 8월 기준 75만 명에 달했는데요. 이들은 청년인구의 9% 정도라서 결코 적은 수가 아니에요. 실업률에는 비경제활동인구가 포함되지 않다 보니 사람들은 경기상황이 나아졌다고 생각하죠. 쉽게 예시를 들자면, 전 과목 시험에서 만점받은 과목만 평균을 내서 "난 시험 평균이 만점이야!"라고 얘기해 버리는 오류를 범하는 것과 같달까요?

이렇게 쉽게 오해할 수도 있는 상황에는 '체감실업률'이라는 보조지표를 확인하면 돼요. 기존 실업률에는 단기 아르바이트생, 학생, 경력 단절 여성과 같은 일시적 취업자나 비경제활동인구가 포함되어 있지 않죠. 하지만 체감실업률에는 이런 사람들도 모두 포함되어 있어요. '경제활동인구＋잠재경제활동인구' 대비 '실업자＋잠재경제활동인구＋추가취업 가능자'의 비율이 체감실업률이에요.

경제기사를 볼 때 기사의 헤드라인만 보고 내용을 다 파악했다고 여기는 분들이 적지 않은데요. 헤드라인만 보고는 이런 통계의 오류를 파악할 수가 없어요. 오히려 내용을 잘못 이해하고 그걸 사실이라고 여기는 상황이 발생할 가능성이 높아지니 보완자료를 꼭 함께 보시기를 추천해요.

최저임금 인상에 울고 웃는 사람들

고용시장을 이루고 있는 경제적인 요소 하면 '최저임금'도 빼놓을 수 없는데요. 코로나19 팬데믹이 끝난 후로 영화관 가 본 적 있으신가요? 코로나19의 영향에 최저임금까지 오르면서 영화산업의 인력이 많이 축소됐다는 기사를 본 적이 있는데요. 저는 실제 영화관을 가 보고 나서는 정말 많이 놀랐어요.

매표소와 매점을 겸하는 공간에는 직원 2명이 3~4명의 몫을 해내느라 정신이 없었어요. 손님은 넘쳐 나는데 영화관 입구에는 표를 확인하고 안으로 들여보내는 역할을 하는 직원조차 없었어요. 이러다 누가 그냥 들어가면 어쩌나 걱정이 들 정도였죠. 그날 영화관에서 본 직원은 5명이 채 안 됐어요.

2024년 9,860원, 2023년 9,620원, 2022년 9,160원이 최저임금이에요. 1999년에 본격적으로 확대 적용되기 시작한 최저임금은 25년 동안 1,525원에서 9,860원이 됐어요. 6배가 넘게 올랐죠. 저임금을 받는 편의점 아르바이트생, 일용직 노동자들은 정부에서 '아무리 적어도 시간당 이만큼의 임금은 주셔야 돼요~'라고 정해 둔 최저임금의 영향을 많이 받을 수밖에 없는데요.

나라의 경제를 지탱하는 노동력 규모는 고용시장에서 정하고, 그 고용시장을 쥐락펴락하는 게 바로 최저임금이다 보니 장단점을 제대로 알아 두어야 해요.

최저임금을 높이면 임금격차가 줄어들죠. 급여가 적은 저소득층은 최저임금에 따라서 급여도 올라가게 돼요. 한 달에 130만 원을 받던 사람이 150만 원을 받을 수 있죠. 높은 최저임금은 생산성을 높이고, 소득의 분배를 실현할 수 있어요. 임금이 높은 사람과 낮은 사람의 격차가 줄어들면 누구 하나만 잘 먹고 잘 사는 나라가 아니라 함께 잘 사는 경제를 만들 수 있죠.

무엇보다 최저임금이 높아지면 '소비'가 늘어날 수 있어요. 소비는 경제성장에 필수적인 요소예요. 앞서 개인이 급여를 받으면 그 돈으로 소비하고, 기업은 물건을 생산하며, 정부는 여기서 세금을 거둬 나라 살림을 꾸려 간다고 정리했었죠. 사람들이 버는 돈이 적으면 그만큼 쓰는 돈도 적어질 수밖에 없잖아요. 꼭 필요한 경우가 아니라면 지갑도 열지 않고요. 최저임금 인상은 저소득층의 월급봉투를 두둑하게 만들어서 소비를 유도한다는 목적도 있어요. 그래야 기업들은 이윤으로 투자와 고용을 진행하고, 이는 경제성장으로 이어지죠. 이게 바로 '소득 주도 성장'이에요.

하지만 최저임금은 경제적으로 큰 부담을 가져오기도 해요. 일단 사장님 입장에서는 비용 부담이 커지죠. 제가 찾았던 영화관 대표도 직원들을 줄이고 싶어서 줄이지는 않았을 거예요.

잘 정돈된 공간을 보면 마음이 편안하다.

마음속 복잡한 고민들까지

정리되는 기분이 들기 때문일 것이다.

기존에는 한 명당 100만 원씩 급여를 주며 10명을 고용해서 월 1,000만 원을 인건비로 지출했어요. 그런데 최저임금이 오르면서 한 명당 급여를 110만 원씩 줘야 하는 상황이 됐어요. 달마다 100만 원을 더 쓸 수는 없다고 판단한 대표는 결국 눈물을 머금고 한 명을 해고할 수밖에 없겠죠.

당장은 일자리도 보장받았고, 최저임금 인상으로 급여가 10만 원이나 올랐으니 좋아 보여도 남아 있는 직원들은 마냥 기뻐할 수만은 없어요. 최저임금이 또 오르면 그다음 해고는 내 차례일 수도 있기 때문이죠. 근로조건 개선은 동시에 일자리 안정성의 문제를 일으킬 수 있어요. 급격한 최저임금 인상은 순식간에 일자리 21만 개를 사라지게 한다는 통계도 있어요.

실제로 최근 미국에서는 높은 최저임금을 감당하지 못해서 지구 반대편의 직원을 고용하는 일까지 벌어졌어요. 뉴욕의 최저임금은 16달러로 약 2만 2,000원 정도인데, 필리핀은 시급이 3달러로 약 4,100원이에요. 뉴욕 최저임금의 20% 정도로 필리핀 현지 직원의 시급을 충당할 수 있죠. 지금도 미국 일부 매장에서는 고객들이 필리핀 현지와 연결된 모니터에 대고 주문하고 있어요.

최저임금의 단점을 보여 주는 이 사례는 2023년 초 일어난 서울 중형택시의 기본요금이 1,000원 올랐던 일과 비슷해요. 택시기사가 부쩍 줄어든 탓에 정부는 택시요금을 올려 기사들을 다시 불러모으는 전략을 취했어요. 그러나 이 전략은 성공적이지 못했지요.

오히려 기존 택시기사들의 생계를 위협하는 부작용이 발생했는데요. 사람들은 갑자기 오른 택시요금에 부담을 느껴 이용을 줄이기 시작했어요. 기존 고객마저 이탈하게 된 것이죠. 결국 택시기사들은 길에 차를 대고 멍하니 고객을 기다리는 일명 '길빵'을 하게 됐고요. 강남 한복판에서 택시기사들이 호객활동까지 했어요. 심지어는 손님을 두고 다투는 모습까지도 흔히 볼 수 있었죠.

이처럼 결국 임금도 수요와 공급의 논리에 따라 움직이는 경제요소예요. 노동을 제공하는 근로자는 공급자, 근로자인 개인을 고용하는 기업은 수요자가 되죠. 수요자는 대기업뿐 아니라 중견·중소기업, 소상공인을 포함해요.

특히 한국은 경제협력개발기구 OECD 가입국 가운데 자영업자 비중이 주요 선진국에 비해 높은 나라에 속해요. 영세한 소상공인들은 최저임금이 가파르게 오르면 결국 인건비를 견디지 못하고 직원을 모두 해고하는 지경에 이를 수 있죠. 고용시장이 원활하게 돌아가서 경제를 지탱하려면 '균형'을 맞추는 게 무엇보다 중요하답니다.

중세 유럽 흑사병 때보다 심각한
한국의 인구감소

"대한민국 완전히 망했네요!"라고 외치면서 두 손으로 머리를 감싸는 여성의 모습. 다들 한 번쯤은 보신 적 있으실 거예요. 이 여성은 캘리포니아대 법대 명예교수인 조앤 윌리엄스인데요. 한국의 출산율을 듣고 놀란 그녀의 가감 없는 리액션은 우리나라의 인구감소 문제가 얼마나 심각한지 여실히 보여 줬죠. '그동안 대한민국을 사랑해 주셔서 감사합니다'는 제목의 짤이 한동안 온라인을 도배하기도 했고요.

지난 2022년도 합계출산율은 0.78명, 2023년도에는 0.72명이에요. 한 여성이 아이를 낳을 수 있는 기간인 '가임 기간' 동안 출산할 것으로 기대되는 평균 출생아 수가 한 명이 채 되지 않는다는 걸 의미해요. 전 세계 그 어떤 나라도 쓰지 못했던 기록을 우리나라가 최초로 쓰게 됐죠. 하지만 안타깝게도 우리는 여전히 인구가 줄고 있다는 걸 체감하지 못하고 있는 것 같아요. '인구절벽'이라는 단어까지는 쓰는 건 오버 아닌가 하는 시선도 있을 정도죠.

오히려 해외에서 우리를 바라보는 시선은 처참해요. 『뉴욕타임스』 칼럼에서는 2023년 12월, 우리 인구감소가 중세의 유럽 흑사병 발병 때보다 더 심각한 상황이라고 표현했는데요. 학창 시절에 흑사병은 '살아남은 사람보다 그렇지 못한 사람이 더 많앉던 질병'이라고 배운 기억이 있는데요. 그 흑사병 발병보다 대한민국의 인구구조 상황이 더 심각하다는 거잖아요. 잠시 눈을 의심할 정도로 충격적인 표현이었죠.

인구절벽이라는 단어를 잘 설명할 수 있는 수치를 하나 보여드릴게요. 2018년 25~59세의 대한민국 노동인구는 2,800만 명이었어요. 4년이 지난 2022년에는 35만 명 정도가 줄어들었고요. 다가오는 2030년에는 2018년보다 233만 명이나 줄어든다고 하는데요. 233만 명이 사라진다는 것은 충청남도 인구가 통째로 사라진다는 뜻이에요.

여기서 2년이 더 흐르면 어떻게 될까요? 노동인구는 2018년 대비 약 333만 명이 줄어들 것으로 보이는데요. 이는 부산광역시 인구가 사라지는 규모예요. 인구절벽이라는 말이 전혀 오버스러운 표현이 아니라는 거 느껴지시죠. 영화 <어벤져스>에서 타노스가 대한민국 땅에 나타나서 손가락을 튕긴 수준이에요. 어쩌면 현실이 좀 더 냉정할지도 모르겠어요. 출생아 수는 급격히 줄어들면서 '노동력'에 힘을 보탤 수 있는 인구는 점차 나이 들어가는 걸 직접 보게 될 테니까요.

쿠팡플레이의 <SNL>에서 아르바이트생이 사장 면접을 보는 장면을 연출하면서 많은 취준생들이 '통쾌했다', '위로받았다'는 반응을 보인 적이 있는데요. 현실에서는 사장 한 명이 수많은 아르바이트생 중에서 일할 사람 한두 명을 선발하잖아요. <SNL>

블랙코미디에서는 반대로 아르바이트생 한 명이 사장을 보고 일터를 고른 거죠.

어쩌면 머지않은 미래에는 그만큼 일할 사람이 급속도로 줄어들어서 연출이 아닌 일상이 될지도 모르겠어요.

'서른 즈음에'는 가고 '쉰 즈음에'가 온다

우리나라 경제의 고용시장에서 비상이 걸린 건 단순히 일할 사람이 줄어드는 것만은 아니에요. 노동력의 노화도 경제성장을 더디게 하는 요인 중에 하나죠.

한 가정에서도 돈을 벌어오는 사람은 한정돼 있어요. 예를 들어 가족구성원이 연로하신 할머니 할아버지, 엄마 아빠, 학생 한 명 이렇게 5명이라고 가정해 볼게요. 할머니와 할아버지는 이미 은퇴하셨고 일을 하시기에는 노쇠하셔서 경제활동을 하지 않으시고요. 학생도 학업을 이어 가야 해서 수입활동을 하는 데는 무리가 있어요. 결국 전적으로 엄마 아빠가 벌어오신 돈으로 살림을 꾸려 가야만 하죠.

그런데 어느 날 엄마가 실직하게 되면서 앞으로는 아버지 수입만으로 생활해야 하는 상황이 됐어요. 가족의 일상은 어떻게 될까요. 필수적인 것에만 소비해야 하므로 소비 규모는 당연히 줄어들고, 식탁 위의 반찬 수도 줄어들 거예요. 또 시간이 갈수록 아버지가 연로해지시고, 책임이 젊은 학생에게 넘어올 때 이 학생은 혼자서 4명을 부양해야 하는 상황에 직면하게 되지요. 결혼하지 않고 계속 혼자 살아간다면, 나이가 들어가도 이 구조는 변할 수가 없을 거고요.

일하는 인구는 줄어들기만 하는 게 아니라 시간이 갈수록 나이도 들어가요. 다들 세대를 불문하고 가수 김광석의 노래 <서른 즈음에>를 한 번쯤은 들어보셨죠? '점점 더 멀어져 간다. 머물러 있는 청춘인 줄 알았는데~' 멜로디는 말할 것도 없고 아름다운 가사로 많은 분이 사랑하는 노래인데요. 몇 년 전부터 이 노래가 서른 즈음보다는 마흔 즈음은 되어야 가사를 진정으로 곱씹을 수 있다는 말이 들려와요.

이 지적은 인구구조 데이터로도 일리가 있어요. 김광석이 <서른 즈음에>를 발매한 게 1994년이었는데요. 당시 우리나라의 전체 인구를 나이 순서대로 쭉 나열했을 때 한가운데 있는 사람의 연령, 즉 중위연령이 '28.8세'였어요. 약 29세를 기점으로 밑에도 우리나라 인구의 절반, 위에도 인구의 절반이 있으니 이 나이대를 넘어서면 진짜 어른이 된다고 생각했던 거죠. 서른을 앞두고 자신의 삶, 청년기에 대해서 돌아보는 이들이 많았을 거예요. 이렇게 어른이 되는 게 두려운 사람들의 마음을 담은 게 바로 <서른 즈음에> 노래였던 거죠.

그런데 지난 2022년 중위연령은 무려 44세예요. 시간이 더 흐른 2030년에는 49.8세, 2040년에는 54.6세, 2050년에는 57.9세가 될 것으로 예상되고요. 인구의 고령화가 빠르게 진행되면서 생기는 자연스러운 현상이에요. 즉, 사회적으로 어른이라고 여겨지는 기준점이 2022년에는 44세였다는 거잖아요. 사람들이 <서른 즈음에>를 진짜 서른이 들으면 제대로 이해할 수 없다고 말한 이유를 이제서야 좀 이해할 수 있을 것 같기도 해요. 시간이 더 흐르고 2030년쯤에는 '쉰 즈음'은 돼야 이 노래를 제대로 이해할 수 있겠다는 생각도 들고요.

일부 지자체에서는 '청년'의 기준을 재정립해야 한다는 목소리도 나오고 있어요. 청년기본법에 따르면 청년은 만 19세 이상 만 34세 이하인데요. 주요 지자체의 조례는 그 연령을 만 39세 이하까지로 규정하고 있어요. 심지어 노령인구가 집중된 지역에서는 "우리 지역에서는 50세도 청년이다!"라며, 청년 대상 지원금의 나이 기준을 지역별로 수정해야 한다는 주장이 제기된 거죠.

반면에 아프리카의 중위연령은 2024년 기준 19세예요. 2050년쯤에는 아프리카 인구가 전 세계 인류의 1/4을 차지하면서 엄청난 경제성장을 할 것으로 예상되죠. 심지어 UN은 아프리카의 청년인구가 전 세계 청년층 중에서 1/3을 차지할 것이라고 예상했어요.

우리는 지금까지 고령화 사회의 대표적인 예시로 일본을 들었는데요. 대한민국의 고령화 속도는 일본보다 10년 앞서는 수준이에요. 우리 사회는 예상보다 훨씬 빠르게 나이 들어가고 있죠. 실제로 1999년까지는 3명이 일해서 한 명을 부양하는 구조였는데, 2030년에는 한 명이 일해서 한 명을 부양하게 되는 구조로 바뀔 거라고 예상돼요. 단순하게 국민연금을 받을 수 있을지 없을지가 문제가 아니죠. 경제활동을 할 사람 자체가 적어지고 노화되면서 경제가 아예 제대로 돌아갈 수 없는 현실이 닥쳐오고 있어요.

마무리

한 나라의 국민들은 모두 한배를 타고 있어요. 배가 멈추지 않고 항해하기 위해서 가장 중요한 건 결국 그 어떤 것도 아닌 그 배에 타고 있는 '사람'이랍니다. 아무리 좋은 엔진을 탑재했어도 배의 방향을 잡는 것도 사람, 엔진이 움직이지 않는 비상 상황에 손수 노를 젓는 것도 오직 사람이니까요.

흔히 '고용', '실업', '저출산' 같은 문제는 개인의 문제라고 치부하는 경우가 많아요. 하지만 노동력과 인구 문제만큼 나라 경제와 가깝게 맞닿아 있는 문제도 없을 거예요. 결국 대한민국을 세계에서 10위 안에 드는 경제대국으로 만든 건 다름 아닌 '사람'이었다는 걸 기억하신다면, 이 파트의 공부는 성공입니다.

4장

/

AM

11:30

편의점 오픈런을 하게 만든
'물가'

"죽느냐 사느냐 그것이 문제로다." 셰익스피어의 비극 속 햄릿은 생과 사 사이에서 고민하며 괴로워했어요. 그나마 그 고민은 우리 직장인들이 하는 고민에 비하면 좀 나을지도 몰라요. 우리는 매일 고민하죠. 오늘 점심은 무엇을 먹을지, 오늘은 퇴근하고 무엇을 할지 등이요. 선택은 해도 해도 좀처럼 끝이 보이지 않아요.

이 고민은 어려움의 정도가 꽤 높아요. 식사를 함께하는 사람이 있다면 취향도 고려해야 되고 회사와 거리도 생각해야 되죠. 무엇보다 가장 중요한 건 가격이에요. 부담되지 않는 선에서 한 끼를 해결할 수 있으면서도 맛까지 챙길 수 있는 그런 메뉴. 직장인들은 바로 그 최적의 한 끼를 위해서 출근하는 순간부터 수

많은 경우의 수를 고민하죠.

구내식당이 있는 회사는 그나마 형편이 나은 편이에요. 코로나19 팬데믹 때 대부분의 직장인이 외면했던 단체 급식은 물가 상승 이후로 자리가 없어서 못 먹는 지경이 됐어요. 조금만 늦게 가도 음식이 동나서 먹고 싶어도 못 먹는 상황까지 벌어졌죠. 저도 방송국 구내식당에서 끼니를 자주 해결하는데, 고물가 시대에 6,000원짜리 한 상이라니! 감사한 마음이 절로 들더라고요. 실제로 직장인들 사이에서는 '성과급 다음으로 중요한 게 밥'이라는 말도 있다고 해요.

식비 다이어트를 위해서 편의점으로 향하는 사람도 부쩍 많아졌어요. GS 리테일의 혜자 도시락은 재출시 6개월 만에 판매량 1,000만 개를 기록했는데, 이는 1분에 40개씩 팔린 셈이래요. 출근 전에 편의점 도시락을 구하기 위해서 편의점 오픈런을 하는 사람들도 있고요. 학창 시절 소풍 때 김밥을 담던 예쁜 플라스틱 도시락통에 직접 도시락을 싸서 다니는 사람도 많아졌어요.

이렇게 대한민국 직장인들의 점심식사 풍경을 순식간에 바꿔 놓은 주범은 다름 아닌 '물가'예요. 올라가는 방법은 알아도 내려가는 방법은 도통 모르는 것 같은 물가에 대해서 하나씩 알아보도록 하죠.

돈가스를 먹다가 아빠 생각을 했다.

젊을 적 아빠는 식탐이 많았다. 특히 돈가스에 열광하는 사람이었는데,

지금은 그 좋아하는 돈가스를 드시지 못한다.

지방간 수치가 높게 나왔기 때문이다.

그걸 떠올리니 어쩐지 돈가스를 먹질 못하겠어서,

옆에 있던 메밀만 계속 집어 삼켰다.

물가는 무엇일까?

KBS 예능프로그램 <1박 2일>의 지역축제 바가지 가격 논란을 기억하실 거예요. <1박 2일> 멤버들이 어느 지역축제를 찾아서 옛날과자를 구매했는데, 고작 과자 2봉지가 7만 원이 넘어서 논란이 됐어요. 여러분이 알고 있는 옛날과자 맞아요. 엄마 아빠가 좋아하시는 오란다, 김전병 같은 거요. '관광지 물가', '축제 물가'라는 말은 예전부터 있었죠. 상황이 상황인지라 적당히 이해하며 지나갔는데, 선을 넘은 가격에 시청자들은 분개할 수밖에 없었어요.

이후로 각종 축제의 바가지 물가가 드러나기 시작했어요. 한 벚꽃축제에서는 김치전 한 장에 3만 원, 전기구이 통닭 한 마리에 5만 원을 받았다고 해요. 이 정도 가격이면 웬만한 식당에서는 스테이크도 주문할 수 있는데 말이죠. 실체가 드러나면서 각지의 축제위원회는 물가를 바로잡기 위해 단속에 나섰어요.

여기서 문제가 되는 물가는 '물건의 가격'이에요. 우리가 물건을 살지 말지, 산다면 얼마 정도를 살지 결정하게 하는 요소죠. 엄마들이 "요즘 물가가 너무 올랐어!"라는 말을 달고 사시잖아요. 이 말은 우리가 일상적으로 구매하는 물건들의 가격이 전반적으로 올랐다는 얘기예요.

고등학생 때 정말 좋아했던 피자스쿨의 피자 가격만 봐도 물가가 얼마나 올랐는지 알 수 있어요. 저는 피자스쿨에서 치즈피자 한 판을 단돈 5,000원에 사 먹었는데요. 2024년 기준으로는 치즈피자 한 판 가격이 8,900원이더라고요. 무려 80%나 가격이 오른 셈이에요. 1999년 처음 한국에 들어온 스타벅스의 아메리카노 가격은 한 잔에 2,500원이었어요. 2024년에는 같은 메뉴가 4,500원에 판매되고 있으니 15년 동안 가격이 2.3배나 오른 거죠. 다른 외식물가들도 함께 올라간 건 말할 것도 없고요.

보통 '물가가 올랐다', '물가가 내려갔다'고 할 때 여기서 물가는 소비자물가인데요. 통계청이 매달 직원들을 투입해서 전국 2,500여 개 대표 상점에서 판매되는 물건 가격을 조사하여 발표하는 수치예요. 현실적으로 대한민국에 있는 모든 물건 가격을 다 조사할 수는 없잖아요. 그래서 쌀이나 라면처럼 우리가 매일같이 먹는 식품부터 교육, 레저용품 등 생활과 밀접한 품목 460여 개 가격을 살펴보고 소비자물가를 책정해요. 시간이 흐르면 사람들의 생활패턴도 달라지니까 시대 변화를 감안해서 품목은 5년에 한 번씩 바꾸고요.

물가가 어느 정도인지에 따라서 우리 행동도 달라지는데요. 당장 저만 해도 치킨 한 마리에 3만 원은 부담이라 한 달에 한두 번 시키던 치킨을 두 달에 한 번 정도로 줄였어요. 가격이 오르지 않았더라면 그러지 않았을 텐데, 식욕보다 치솟은 물가의 영향을 크게 받은 셈이죠.

2배, 초인플레이션

물가가 지속해서 오르는 현상을 '인플레이션'이라고 하는데요. 인플레이션이 발생하면 물건 가격이 전반적으로 다 올라요. 기존에는 50만 원으로 운동화 다섯 켤레를 살 수 있었지만, 물가가 오르면 같은 돈으로 운동화를 한 켤레만 살 수 있게 되고요. 예전에는 햄버거 하나를 사 먹을 수 있었던 돈으로 이제는 한입조차 먹을 수 없게 되는 것도 물가가 올랐기 때문에 벌어지는 상황이에요.

똑같은 금액을 지불해도 살 수 있는 물건이 이전에 비해서 적어지니까, 물가상승을 '화폐의 구매력이 감소했다', '화폐가치가 떨어졌다'고 표현하기도 하죠.

짐바브웨라는 나라를 들어 보셨나요? 이 나라는 세계에서 물가가 가장 빠르게 오르고 있는 나라 중 하나인데요. 2022년 12월 기준, 짐바브웨의 물가상승률은 243.8%로 하룻밤 자고 나면 2배로 뛰는 정말 큰 상승률을 기록했어요. 우리가 이 나라의 국민이라면, 어제는 1만 원이었던 냉면이 오늘은 2만 원이 되는 셈이죠. 허리띠를 졸라맬 때마다 나오는 단골 멘트인 '이번 달은 라면만 먹어야 해'의 라면도 어제는 1,000원이었다가 오늘은 2,000원이 된 것이랍니다.

아르헨티나도 만만치 않아요. 아르헨티나도 물가상승률이 200%를 넘어서면서 33년 만에 물가가 최고 수준으로 치솟았는데요. 이렇게 물가가 많이 오르는 상황은 '인플레이션'으로 설명하기 부족해서 '초인플레이션', '하이퍼인플레이션'이라고 표현해요.

앞서 물가상승은 화폐가치의 하락이라고 언급했죠. 1994년에는 아르헨티나로 여행을 가기 위해서 100달러당 약 99페소로 바꿀 수 있었는데요. 2024년 기준으로는 8만 5,000페소를 받게 돼요. 99페소에서 8만 5,000페소로 오른 건데요. 아르헨티나의 화폐가치가 떨어져 물건을 살 때 이전보다 더 많은 돈을 지불해야 한다는 뜻이니 좋은 것이 아니에요. 비슷한 예시로 베네수엘라는 화폐가치가 너무 내려가, 돈을 액수로 따지기보다 무게를 재서 측정하는 것이 더 나을 정도로 심각한 상황이에요.

학생 때 교과서에서 리어카에 돈을 싣고 다니는 모습을 본 적이 있는데요. 인플레이션을 극심하게 겪고 있는 나라에서는 지금도 이런 상황이 현실에서 실제로 벌어지고 있어요.

내 월급을 더 작게 만드는 인플레이션

요즘은 명절에 조카에게 세뱃돈으로 1,000원짜리 한 장을 주면 '살 것도 없다'며 돈을 주고도 욕을 먹는다고 해요. 물가가 워낙 올라서 1,000원으로는 아이스크림 하나도 겨우 사 먹는 세상이 됐으니 그럴 만도 하죠. 제가 어릴 적에는 막대 아이스크림이 500원, 콘 아이스크림이 700원이어서 1,000원짜리 한 장이면 새콤달콤 캐러멜까지 같이 살 수 있었는데 말이에요.

하루는 회사 밖에서 김치찌개, 하루는 배달로 쌀국수. 점심시간마다 미식 탐방을 하던 회사원들이 구내식당을 찾고, 편의점 오픈런을 하게 된 것도 다 물가 때문이에요. 월급은 그대로인데 점심 식비만 늘어나면 부담스러울 수밖에요. 김밥 한 줄이 5,000원, 냉면이 1만 5,000원이라니! 지갑을 열 때마다 정말 이 가격이 맞나 싶어서 확인하게 돼요.

그럼 물가가 오르는 만큼 급여도 오르면 되는 거 아니냐고요? 야속하게도 급여상승 속도가 물가상승 속도를 따라가지 못해요. 2023년 6월 근로자 1인당 월평균 임금 총액은 373만 7,000원으로 전년 같은 기간보다 2.0% 증가했어요. 약 7만 4,000원 가량 오른 거죠. '그래도 오르기는 했네'라고 위안 삼기에도 민망한 금액이에요. 심지어 물가 수준을 반영한 실질임금을 계산해보면 그나마 남아 있던 웃음조차 싹 가시게 되죠.

통장에 찍히는 월급을 명목임금, 물가가 오르고 내리는 값을 반영한 임금은 '실질임금'이라고 해요. 매달 통장에 찍히는 돈만 보면, 물가가 오르는 만큼 내 월급도 오르는 건지 객관적인 비교가 어려우니 물가의 상승과 하락을 반영하여 실질임금을 계산하는 거예요. 명목임금상승률에서 물가상승률을 빼면 실질임금 상승률을 계산할 수 있는데요. 2023년 6월 물가 수준을 반영한 근로자 1인당 월평균 실질임금은 336만 3,000원으로, 전년 같은 기간보다 0.6% 감소했어요. 월급이 늘어나도 시원치 않은데 오히려 실질임금이 약 2만 2,000원 정도 줄어든 거죠.

자칫 임금이 늘어났다고 생각할 수도 있는 현실, 돈의 액수를 표면적으로만 보고 잘못 해석하는 것을 '화폐착각'이라고 해요. 인플레이션이 0%인 상태에서 임금을 7% 삭감하는 것과 인플레이션이 12%인 상황에서 임금이 5% 인상되는 것. 후자가 더 좋은 상황으로 해석될 가능성이 높지만, 사실 둘의 실질임금은 -7%로 같아요.

그나마 급여가 조금이라도 오르면 다행이죠. 물가가 한창 오르고 있는 상황에 내 급여는 그대로인 경우도 많아요. 평소에 월 300만 원을 급여로 받으면서 생활비를 150만 원 쓰고 있었는데, 물가가 올라서 생활비만 200만 원으로 늘어났다면 가만히 앉아서 달마다 50만 원을 손해 보는 셈이잖아요. 인플레이션 때문에 월급이 깎여 버린 거예요.

특히 연금으로 살아가는 사람들에게 물가상승은 야속하기만 하죠. 연금은 그대로인데 생활비가 올라서 삶이 팍팍해지니까요. 일본에서는 극심한 물가상승으로 연금생활자들이 폭염에 에어컨도 켜지 않고 지내다가 열사병으로 생명을 잃는 경우도 있었다고 해요.

그러나 물가가 올라간 만큼 임금을 올리는 것은 위협으로 다가오기도 해요. 작고 잘 안 오르는 급여일지라도, 일자리를 잃는 것은 비교할 수 없는 허탈감을 가져오잖아요. 앞서 <고용> 파트에서 얘기했던 최저임금의 이면과도 비슷하죠. 최저임금이 올라가면 사장은 인건비를 줄이기 위해 직원을 줄이고, 이는 고용 불안정성으로 이어지기 때문이에요. 물가상승으로 급여를 올리는 것도 같은 맥락이에요. 실업률도 함께 올라가죠.

인플레이션이 바꾸는 우리 일상

물가가 지속해서 오르는 인플레이션 상황에서는 저축도 손해라고 여겨져요. 제가 1년 전 은행에서 정기예금에 가입하여 100만 원을 저축했다고 가정해 볼게요. 이 상품의 금리가 연 2%라면, 세금을 고려하지 않았을 때 제가 받는 만기금액은 원금과 이자를 합쳐서 102만 원이에요.

이때 같은 기간 동안 인플레이션으로 물가가 3%로 올랐어요. 이때는 물가상승률을 반영해서 저축의 가치를 계산해 보면 옳은 선택이었는지 아니었는지 판단할 수 있어요. 만기 원리금인 102만 원을 물가상승률 3%로 반영, 즉 1.03으로 나눠 본다면 정기예금의 가치는 약 99만 원인 것을 알 수 있어요. 결과적으로는 1년 동안 오히려 저축금액이 줄어든 거죠.

　이자를 조금이라도 붙이기 위해 정기예금에 가입했는데 알고 보니 돈이 줄어든 상황이에요. 사람들은 선뜻 돈을 맡기기 어려워하죠. 따라서 사람들은 인플레이션 시기에는 실질적인 화폐가치가 낮아지는 저축보다는 투자를 선호해요. 잘만 투자한다면 손실이 적을 수 있으니까요.

　이와 반대로, 대출을 받은 사람들의 부담은 내려가죠. 인플레이션은 화폐가치를 떨어트리니까 돈을 빌린 사람은 갈수록 부담이 줄어들고, 돈을 빌려준 사람은 갈수록 손해를 보는 것인데요. A가 B에게 1억 원을 빌리는데, 1년 동안 사용하고 돌려주기로 했어요.

　그런데 그 1년 동안 물가상승률이 3%였다면, 실제로 1년 뒤에 A가 B에게 돌려주는 1억 원은 진짜 1억 원이 아니에요. 표면적으로는 같은 금액이지만, 1년 동안 화폐가치가 떨어졌으니, 실제로는 약 9,700만 원을 돌려주는 셈이죠. 같은 금액을 10년 동안 빌려 쓰고 갚는다면 1억 원이 약 7,400만 원까지 줄어들게 되고요. 이런 상황을 '빚이 녹는다'고 표현해요. 인플레이션이 심해질수록 채무자는 돈을 갚기 쉬워지고, 채권자는 가치가 떨어진 돈을 돌려받게 되니까요.

　또 물가상승은 수출 의존도가 큰 우리나라의 경제를 전반적

지금 살고 있는 오피스텔과 다르게
본가는 이층 주택이다.
바닷가 근처라서 테라스에 나가면
바다가 한눈에 보인다. 초등학생 시절,
나는 매일 보는 바다가 뭐가 그리도 좋은지
테라스에 한참을 나가 있었다.
생각해 보니 이곳저곳을 마음대로 떠도는
선장을 꿈꾼 적이 있는 것 같다.
이곳저곳을 마음대로 떠도는 건 선장이 아니라
해적이라는 걸 깨닫고는 포기했지만.

으로 휘청이게 할 수도 있어요. 전 세계에서 유독 한국만 인플레이션이 심한 상황이라면, 수출 실적에 빨간불이 켜지게 되거든요. 우리나라 상품 가격이 전반적으로 다 오르니까 해외에서 우리 제품의 가격경쟁력이 떨어지겠죠. 그 대신 수입품의 가격은 비교적 저렴하다고 느끼게 돼서 수입이 활발해져요. 이런 현상이 지속되면 경상수지가 적자로 전환될 가능성이 크죠. 경상수지는 <무역> 파트에서 자세히 다룰게요.

인플레이션은 무조건 안 좋을까?

인플레이션이 물가상승을 의미하는 경제현상인 건 맞아요. 그렇다고 인플레이션에 단점만 있지는 않아요. 지나치지 않은 적절한 수준의 인플레이션이라면 오히려 우리 경제를 긍정적인 방향으로 이끈답니다.

'적절한 수준의 인플레이션'은 보통 연 2~3% 정도의 물가상승률이 유지되는 상황이에요. 대부분의 국가 중앙은행이 이 수치를 기준으로 하고 있고요. 우리나라도 연 2% 물가상승률을 유지하는 걸 목표로 하고 있죠. 한국은행법 제28조에서 통화정책 운영의 기본 목표로 기재돼 있어요.

적당한 인플레이션은 경제를 안정적으로 성장시키며, 과도

한 가격상승은 방지해요. 약간의 물가상승은 소비를 막지 않으면서 기업의 투자를 촉진하며 경제활동을 이끌어요. 다만 과도하지 않다는 것이 포인트예요. 물가가 과하게 상승한다면 지갑을 아예 닫아 버리기 때문이에요.

적당한 인플레이션이 가져오는 경제 활성화의 대표적인 예시는 '소비 촉진'이에요. 물가상승이 지속되면 사람들은 "앞으로 가격이 더 오를 것이다."라고 생각해요. 예를 들어 내년에 BMW 자동차 가격이 10% 오를 거라고 예상했다고 해요. 그럼, 올해 안에 BMW 자동차 구매를 서두르겠죠. 에르메스, 샤넬, 루이비통 같은 명품도 가격이 올라간다는 소문이 돌면 '지금이 가장 쌀 때'라며 백화점 오픈런을 하는 사람들로 북적이잖아요.

이때 기업도 제품을 만드는 원재료나 부품, 부동산의 가격이 오를 거라고 예측해서 투자 규모를 늘리기 시작해요. 인플레이션이 유지되고 있다는 것은 경기가 달아올랐다는 증거이기도 하니, 이 기회를 활용하여 매출을 증가시키려고 해요. 연구개발에 투자하거나 직원을 추가로 채용해서 기업 규모를 키우는 거죠. 자연스럽게 일자리가 늘어나고, 새로 일자리를 얻은 사람들은 돈을 벌었으니까 소비하기 시작해요. 경제주체 모두가 입김을 불면서 경기의 불씨를 더 크게 만들어요.

그런데 궁금하지 않으세요? 왜 하필이면 2%일까요? 과거 뉴질랜드는 물가상승률 15%라는 상당히 높은 인플레이션에 시달리고 있었는데요. '물가안정 목표제'를 처음 시행하며 물가상승률 2%를 목표로 세웠어요. 이에 미국도 물가상승률 2%야말로 한 국가가 안정적인 물가를 유지할 수 있는 최적의 숫자라고 인정하면서 목표를 달성하기 위해서 정책을 유지해 오고 있고요.

다만 국제통화기금인 IMF에서는 최근 들어 물가 목표치를 2%가 아닌 3%로 올려야 한다고 주장하고 있어요. 물가는 한번 올라가면 잘 내려오지 않는다는 특징이 있는데, 현대사회에 물가상승률 2%라는 목표는 너무 낮은 수준이라는 거죠. 높아진 물가를 2%에 맞추기 위해서 정책을 펼치다 보면 오히려 경제를 얼어붙게 하는 부작용이 생길 수 있다는 논리예요.

2024년 상반기에 당장이라도 기준금리를 인하할 것 같은 분위기가 조성된 적이 있어요. 하지만 한국은행은 좀처럼 기준금리를 낮추지 않았죠. 그 이유로 바로 물가였어요. 우리 목표는 물가상승률 2%를 유지하는 건데, 그 수치가 내내 3%대에 머물러 있으니 아직은 이르다고 본 거예요. 적당한 완급조절이 필요하다고 본 거죠.

물가가 하락할 때 경제는 어떻게 될까?

물가가 상승하는 인플레이션과 반대로 물가가 지속해서 하락하는 현상을 '디플레이션'이라고 해요. 상품과 서비스 가격이 계속 내려가고, 상대적으로 화폐가치는 상승하는 현상이에요. 소비자 입장에서 단기적으로 디플레이션이 좋을 수 있어요. 예를 들어 지갑에 2,000원이 있는데 빵 1개가 1,500원에서 1,000원으로 떨어진다면 2개를 먹을 수 있게 되니까요. 순식간에 소비자 구매력이 증가해서 마치 경제가 잘 돌아가는 것처럼 보이죠.

그러나 이런 현상이 계속된다면요? 물가가 계속 내려간다면 사람들은 시간이 갈수록 구매를 내일로 미루려고 할 거예요. 자연스럽게 소비감소의 분위기가 조성되고, 소비자들은 지갑을 닫을 거예요.

소비자들이 지갑을 닫으면 기업은 직격탄을 맞게 돼요. 수익이 당장 줄어들죠. 여러분은 기업을 운영하는 사장이 아니라고 해도, 수익이 줄어든 기업은 직원 수부터 줄이기 때문에 당장 우리에게도 위기가 닥쳐요. 디플레이션 상황이 길어지면 채용 공고 자체가 뜨지 않는 건 물론이고, 취업해서 일하고 있는 직장에서 내 자리가 사라질 가능성도 커지게 돼요.

가장 대표적인 예시가 아시아 금융위기 후 1999년에 대한민국에서 발생한 디플레이션이에요. 1997년부터 1998년에 걸쳐 아시아 여러 국가는 심각한 금융위기를 맞았는데요. 이때 우리나라도 큰 타격을 입었어요. 그 결과 대한민국 경제는 급격하게 침체됐고, 당시 한국의 경제성장률은 마이너스로 전환되고 말았죠. 소비자들은 자연스럽게 지갑을 닫았고, 매출이 감소한 기업들은 직원해고를 결정하면서 실업률이 급격하게 올라갔어요. 이미 1998년 대한민국 실업률은 약 7%를 기록했고, 전년 대비 크게 증가한 수치였어요.

드라마 <응답하라 1994> 중반부에는 주인공 나정이가 취업에 성공하면서 기뻐하는 모습이 나오는데요. 이 기쁨은 얼마 뒤에 걸려 온 전화 한 통으로 산산조각 나요. 합격취소 통보였죠. 이때가 바로 1998년~1999년이에요. 국가가 디플레이션에 빠져서 경제상황이 안 좋아지니까, 채용 예정이었던 사람들에게 취소를 통보한 거죠. 심지어는 멀쩡하게 회사를 잘 다니고 있던 사람들도 사무실 문밖으로 쫓아내 버렸어요.

결국 대한민국은 국제통화기구 IMF와 협정을 맺게 되고, 여러 가지 정책을 활용하면서 디플레이션에서 벗어나고자 안간힘을 썼어요. 2000년 초반 들어서야 겨우 회복세를 보이며 디플레이션에서 벗어날 수 있었고요. 실제로 당시에 저희 엄마가 일을 다니시던 공장도 하루아침에 문을 닫았어요. 엄마를 비롯한 모든 직원들이 일자리를 잃고 갈 곳을 잃었죠. 그 시대를 온몸으로 겪었던 세대에게 디플레이션은 그야말로 '공포'로 기억되고 있어요.

인플레이션 VS 디플레이션 뭐가 더 나을까?

앞서 인플레이션은 '적정 수준'을 유지했을 때 경제를 안정적으로 성장시킬 수 있다고 했어요. 하지만 여기서 '적정 수준'이란 어느 정도일까요? 목욕탕에서 따뜻한 물 온도를 맞추는 것조차 쉽지 않은데, 경제 수준을 딱 맞춰서 조정하기는 얼마나 어렵겠어요. 나는 따뜻한 물이라고 생각했는데 옆 사람은 뜨겁다고 할 수도 있는 것처럼 모두를 만족시키는 경제 수준을 유지하는 건 더더욱 어렵고요.

인플레이션이 과도해진 '하이퍼인플레이션'이 발생하면 화폐가치는 급격하게 하락하게 돼요. 화폐가치가 하락하니 물건 가격을 비싸다고 느끼고, 사람들은 돈을 쓰는 것에 부담을 갖죠. 이는 소비의 억제로 이어지고 경제성장을 방해해요. 목욕탕 물이 견딜 수 없을 만큼 뜨거워지니까 발을 빼는 거예요.

안정적인 물가상승기에는 '이만큼 수익을 얻을 수 있겠다'고 예측할 수 있었으니까, 적극적으로 투자를 했던 기업들도 난감해져요. 하이퍼인플레이션을 겪으며 물가상승률을 예측하는 것 자체가 어려워졌죠. 시야가 깨끗하게 보이면 운전하는 데도 문제가 없는데 언제 눈이 올지 어디서 비바람이 불어올지 모르는 상황이라면 선뜻 운전할지 말지 결정조차 할 수가 없잖아요. 투자 결정에 난항을 겪게 돼요.

반면 디플레이션 상황에서는 가격하락 기대로 소비와 투자가 줄어들고, 기업이 몸을 사리며 생산은 감소하고 실업률은 올라가죠. 특히 디플레이션은 한번 시작되면 경기침체의 늪에서 빠져나오기 힘들다는 점에서 대응하기가 더 까다롭다는 평을 받아요.

미국의 유명한 경제학자 그레고리 맨큐는 "인플레이션은 나쁘다. 그러나 디플레이션은 그보다 더 나쁠 수 있다."라고 경고했고요. 크리스틴 라가르드 IMF 전 총재는 디플레이션을 '괴물'에 비유했어요. "인플레이션은 물가가 자신의 소득보다 더 많이 오르는 현상이다. 반면에 디플레이션은 물가가 하락하지만, 자신의 소득이 0이 되는 현상이다."라는 말도 디플레이션의 심각성을 나타내고요.

특히 디플레이션의 앞 글자 D를 따서 'D의 공포'라고 부르기도 하는데요. 인플레이션의 앞 글자를 딴 'I의 공포'라는 말보다 D의 공포를 더 흔하게 쓰는 걸 보면 디플레이션이 좀 더 끔찍한 경제현상이라는 걸 짐작할 수 있어요.

최악의 조합, 스태그플레이션

인플레이션, 디플레이션에 이어서 경제상황을 나타내는 대표적인 경제 용어는 '스태그플레이션'이에요. 스태그플레이션은 한마디로 '최악의 조합'이라고 표현할 수 있는데요. 경기침체와 물가상승이 동시에 발생하는 상황이에요. 스태그플레이션이 일어났을 때 펼쳐지는 일은 이미 이름에서 유추할 수 있어요.

스태그네이션과 인플레이션을 합친 말이 스태그플레이션인데요. '스태그네이션'은 침체, 정체를 뜻해요. 경제 날씨가 흐린 상태로 유지되는 불경기를 얘기하죠. 앞서 <경제> 파트에서 살펴봤던 것처럼, 경기가 나빠지면 사람들은 지갑을 닫아요. 사람들이 소비를 줄이니까 기업들은 '어차피 만들어 봤자 안 팔릴 텐데……'라며 생산을 조정하죠. 만드는 물건도 적어졌으니 남은 건 기업의 매출이 줄어드는 일뿐이잖아요. 꼬리를 물며 똑같은 일이 발생해요. 기업은 비용 절감을 위해 일자리를 축소하고, 고용이 불안정해진 사람들은 더더욱 돈을 안 쓰게 되고요.

여기에 '인플레이션'이 합쳐진 상황이 스태그플레이션이라고 했어요. 앞서 얘기했던 것처럼 인플레이션은 물가가 지속해서 오르는 상태를 말해요. 적당한 물가상승률을 유지한다면 다행이지만, 감당할 수 없을 만큼 물가가 오르게 되면 화폐는 휴지조각 신세가 돼요. 급여는 그대로인데 물가만 끝없이 치솟으면 생활은 어려워지죠.

경제성장률은 뚝뚝 떨어지고 침체상황이 유지되고 있는데, 물가는 계속 오르는 거예요. 경기가 안 좋아져서 실업률이 올라가고 급여가 줄어드는 상황까지 생기는데, 물가까지 치솟으면

낡은 창문에
인테리어 책을 쌓아 놓자
분위기가 눈에 띄게
달라진다.

작은 소품 하나가
이렇게 큰 변화를
만들어 낼 줄
누가 알았을까?
역시 공간은 꾸미기
나름인 것 같다.

이중고에 시달릴 수밖에요. 통장에 잔고는 점점 바닥을 보이는데 쓸 돈은 많을 때 정말 야속하잖아요. 스태그플레이션 상황에서는 대부분이 이런 상황에 놓여서 패닉에 빠지게 돼요.

그렇다고 경기를 살리겠다고 금리를 내리자니 물가가 더 치솟고, 물가를 잡겠다고 금리를 올리자니 경기가 더 꽁꽁 얼어붙을 것 같아서 겁이 나요. 정부와 중앙은행은 이러지도 저러지도 못하는 상황이 되죠. '최악의 조합'이라고 불릴만 하지 않나요.

특히 코로나19가 한창이던 시기에는 전 세계가 스태그플레이션에 빠졌다는 평가가 많았어요. 각 국가가 경기불황을 이겨내고자 기준금리를 낮추고 돈을 엄청나게 풀었잖아요. 그런데도 질병으로 얼어붙은 세계 경기는 좀처럼 녹지 않았고, 일자리를 잃었던 사람들도 쉽게 복귀할 수 없었어요. 동시에 물가는 하루가 다르게 오르며 숨통을 조였죠.

스태그플레이션은 한번 일어나면 '단기간에 해결할 방법은 없다'고 경제전문가들조차 선을 그을 정도로 악명이 높아요. 하지만 장기적으로는 '기술 혁신'이 이를 해결할 수 있어요. 기술이 좋아져서 생산성을 높이고, 생산원가를 낮추게 되면 판매하는 가격도 낮출 수 있잖아요. 그럼 값싼 물건 앞에서 소비자들의 지갑은 절로 열릴 것이고 경기도 살아날 수 있죠. 하지만 이건 어디까지나 시간이 소요되는 방법이다 보니, 애초에 스태그플레이션에 빠지지 않게 금리와 통화량을 잘 조절하는 게 중요해요.

무엇이 물가를 움직일까?

지난 2024년 여름은 정말 더웠어요. 기록적인 폭염으로 사망자가 나왔고 인명피해를 막기 위해서 유명 관광지에서 관광객을 받지 않는 일도 발생했죠. 지구온난화 시대가 끝나고 '지구 열대화' 시대가 왔다고 헤드라인을 내건 기사가 마구 쏟아졌는데요. 기후변화로 인한 극심한 가뭄과 이상고온 현상은 밥상 물가에도 영향을 미쳤어요. 각종 채소 생산에는 비상이 걸렸고, 생산이 원활하지 않으니까 곧 식료품 물가가 올라갔죠.

한편 러시아 우크라이나 전쟁은 국제유가를 끌어올렸어요. 러시아는 세계에서 세 번째로 큰 원유생산국인데요. 러시아가 전쟁을 일으키자마자 미국이 러시아산 원유 수입을 금지했고요. 유럽연합도 러시아산 원유 수입을 90% 가량 줄이기로 합의했어요. 기존보다 석유의 공급 자체가 줄어들게 됐으니, 자연스럽게 국제유가는 상승했죠.

국제유가의 상승은 에너지 가격의 상승도 함께 이끌어요. 국제유가가 올랐는데 우리나라의 휘발유 가격만 내려갈 수는 없는 일이에요. 휘발유 가격이 비싸지면 운송 비용도 커지니까, 이 돈은 결국 물건 가격에 포함돼서 전반적인 물가를 오르게 만들고요.

이건 물가를 움직이는 몇 가지 예시일 뿐이에요. 경제에서는 무슨 문제든 단 하나의 원인으로 결과가 만들어지는 게 없거든요. 물가도 많은 요인이 복합적으로 작용하여 만들어지는 결과

인데요. 그중에서도 물가를 움직이는 가장 주된 요인으로 꼽히는 것은 단연 '수요와 공급'이랍니다.

2023년과 2024년에 가장 화젯거리가 된 과자는 '먹태깡'이었어요. 새우깡의 후속작으로 농심에서 내놓은 제품이죠. 편의점, 마트에서는 입고되기만 하면 바로 품절이었고 온라인에서는 웃돈을 주고 구매하는 상황까지 벌어졌어요. 먹태깡 출시 당시의 정가는 1,700원. 온라인에서는 평균 3,000원에 판매되고, 심지어는 판매가가 5,000원을 넘긴 곳도 있었어요. 정가의 3배를 넘긴 가격이었지만 구매하는 사람들이 있었고, 한동안 가격은 내려올 줄을 몰랐죠. 먹태깡의 정가가 올라간 건 아니었지만, 치솟는 수요와 한정된 공급으로 먹태깡과 비슷한 과자류의 물가가 상승한 거예요.

또 다른 예시로는 마스크가 있어요. 코로나19가 처음 발병하고 갑자기 마스크가 필요하게 됐던 2020년 초에 마스크는 그야말로 '부르는 게 값'이었어요. 시간이 지나고 마스크를 생산하는 공장이 많아지고 정부가 나서서 판매하면서 가격이 안정화되기는 했어요. 하지만 팬데믹 기간 내내 마스크 수요가 지속되다 보니 가격이 크게 떨어지는 일은 없었죠.

그런데 2023년에 본격적으로 코로나19 엔데믹이 시작되면서 상황은 완전히 바뀌었어요. 마스크 착용 의무가 해제된 거예요. 여전히 마스크를 쓰는 사람도 많았지만, '없어서 못 사던 시기'와는 비교할 수 없을 정도로 마스크 수요가 적어졌죠. 자연스럽게 마스크와 방역용품 물가는 팬데믹과 비교했을 때 1/2도 안 되는 수준으로 떨어졌어요.

세계적인 경제학자이자 노벨경제학 수상자인 밀턴 프리드먼은 물가가 지속해서 오르는 '인플레이션'이 언제 어디서나 '화폐적 현상'이라고 얘기했는데요. 경제에 돈이 과하다 싶을 만큼 많이 돌며 물가가 상승하는 악순환을 꼬집은 한마디였죠. 시장에 돈이 얼마나 많이 풀렸는지에 따라서도 물가가 오르고 내리게 되거든요.

기름 값이 오르면 물가도 오른다고요?

국제 원유 가격을 뜻하는 '국제유가'는 우리나라의 물가를 흔드는 주요 요인 중 하나예요. 원유는 정제하지 않는 석유, 쉽게 말해 지하에서 퍼 올린 기름인데요. 대한민국은 에너지 자원 대부분을 수입에 의존하고 있고, 그중에서도 '기름 한 방울 나지 않는 나라'라서 원유는 100% 수입하고 있어요. 대체제가 있다면 가격이 비싸졌을 때 다른 상품을 찾겠지만, 원유는 이렇다 할 다른 선택지가 없는 거죠. "너희가 가격을 올려? 그럼 이제부터 우리나라 것만 쓸게!"라든지 "원유가 너무 비싸졌으니까 다른 거 쓸 거야!"라고 선을 그을 수가 없잖아요. 가격에 민감할 수밖에요.

원유는 정유 공정을 통해서 여러 가지 석유 제품으로 재탄생하는데요. 우리가 흔히 알고 있는 LPG, 등유, 경유, 휘발유가 모두 원유에서 나온 석유 제품이에요. 음, 쉽게 얘기하면 마치 정육점 같다고나 할까요? 정육점에서는 도축된 소를 부위별로 잘라서 안심, 등심, 목살, 부챗살, 치맛살 등 여러 부위로 판매하잖아요. 원유도 정유 공정으로 열을 가하고 끓는 점에 따라서 30도 이하에서는 액화석유가스인 LPG, 30~100도에서는 휘발유, 180~250도에서는 등유가 나와요.

흔히들 원유를 '기름'으로만 한정 지어서 국제유가의 변동은 난방, 자동차, 공장 설비 같이 소수 분야에만 영향을 끼친다고 생각하는 경우가 많아요. 하지만 원유는 훨씬 광범위하게 쓰이죠. 자동차나 비행기 같이 석유 제품이 필수 에너지원으로 쓰이는 곳은 기본이고요. 생활용품이나 공업 제품을 생산하는 재료로도 쓰여요. 우리가 흔히 쓰는 플라스틱도 석유를 원재료로 만들어요. 그야말로 원유 없이는 만들 수 있는 게 없다고 해도 과언이 아니에요.

특히 우리나라는 제조업의 비중이 큰 나라라서 국제유가가 물가에 끼친 영향이 막대해요. 원유 가격이 상승하면 에너지 비용이 올라가고 그럼 제조업 전체의 생산비가 올라가겠죠. 생산

비용이 올라가면 최종적인 소비자 가격도 오를 수밖에 없어요. 가격이 올라가는 물건이 하나둘씩 늘어나면 결국은 물가도 상승하게 되고요.

유가는 운송비도 끌어올려요. 우리는 이제 쿠팡, 마켓컬리 같은 새벽 배송으로 아침을 여는 게 일상이 됐잖아요. 원유 가격이 상승하면 휘발유, 경유 가격이 올라가서 연료비와 운송비가 증가해요. 그럼 우리 소비자들이 부담해야 할 배달료, 택배비가 이전보다 더 비싸지겠죠. 배달료가 6,000원을 넘기면서 배달앱을 삭제하는 사람들이 많아지기는 했지만, 택배비가 비싸졌다고 택배를 이용하지 않을 사람은 없을 거예요.

물가는 전염성이 강해서 오를 때도 내릴 때도 퍼져 나가는 속도가 굉장히 빨라요. 국제유가 상승으로 원유와 관련 있는 산업 분야에서 물가가 오르면, 국내 소비자물가지수가 높아지는 건 한순간이죠. 그래서 정부에서는 국제유가가 과하게 올라 국내 물가를 끌어올릴 것 같다고 판단하면 유류세를 인하해요.

유류세는 석유 제품에 붙는 세금인데요. 교통세, 주행세, 교육세 등이 포함되고, 주유소에서 기름을 넣을 때 지급하는 금액의 60% 정도는 유류세예요. 국제유가가 올라서 물가인상 가능성이 커지면, 유류세라도 인하해서 세금을 덜 받고 물가가 올라가는 걸 방지하려고 노력하는 거예요.

물가를 한눈에 볼 수 있는 '소비자물가동향'

물가를 한눈에 볼 수 있는 경제지표로는 '소비자물가동향'이 있어요. 통계청 웹 사이트에서 '새 소식 → 물가·가계 분야' 보도자료에서 볼 수 있는데요. 소비자물가동향은 매달 발표되고요. 인포그래픽을 활용해서 지표를 이해하기가 어렵지 않아요.

보통 우리가 말하는 물가는 '소비자물가'를 말하는데요. 소비자물가동향 자료에서는 '소비자물가지수' 외에 '식료품 및 에너지 제외지수', '농산물 및 석유류 제외지수' 같은 여러 방면에서 물가 정보를 얻을 수 있는 경제지표를 한 번에 볼 수 있다는 장점이 있어요. 정부가 내놓는 '공식물가'와 우리가 실제로 느끼는 '체감물가'에는 차이가 있을 수밖에 없는데요. 이 한계를 극복하기 위해서 다양한 물가지표로 보완을 하죠.

특히 소비자물가지수에는 사각지대가 있을 수밖에 없어요. 예를 들어 현실에서 대부분 가정은 도시가스, 지역난방, 등유 같은 여러 가지 난방 유형 중에서 한 가지를 이용하는데요. 소비자물가지수의 주거난방 부분에서는 난방 유형을 모두 다 조사해서 가격 변동 통계를 내려요. 우리 집 난방비와 물가지수가 차이 날 수밖에 없는 거죠.

대표적인 예시로 배달 외식비도 있어요. 물가지수는 5년에

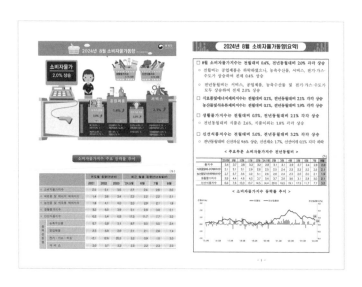

한 번씩 포함할 항목을 정하는데, 그전에는 배달 수가 그리 많지 않잖아요. 2022년도 이전까지는 아예 고려하지 않는 항목이었죠. 결국 대표 항목을 뽑아 평균을 내는 통계라 이런 오류는 있을 수밖에 없어요. 반 국어 점수 평균이 80점이라는 말이 모두가 80점이라는 뜻은 아니잖아요. 비슷한 오류라고 보시면 돼요.

소비자물가동향 자료에서 볼 수 있는 여러 가지 물가지수는 이런 오류를 바로잡고 보완하는 용도예요. 대표적으로 '농산물 및 석유류 제외지수'로 표기되는 근원물가가 있는데요. 근원물가도 소비자물가처럼 물가수준을 보여 줘요.

농산물 가격은 날씨 같은 계절적인 요인에, 석유류는 전쟁 같은 국제 관계에 영향을 많이 받기 마련이잖아요. 물가를 계산할 때 외부환경과 변동성이 심한 항목 때문에 통계에 오류가 생기는 걸 방지하기 위해서 농산물과 석유류 등은 아예 빼버리는 거죠. 물가동향 요약 페이지에서 이런 내용을 풀어서 설명하고 있으니 꼼꼼하게 읽어 보시는 걸 추천해요.

비교했을 때 진짜 의미가 보이는 물가지수

경제기사에는 '물가지수'도 정말 많이 나오는데요. 물가를 정확하게 파악하기 위해서는 물가지수 그 자체를 보기보다는 '비교'를 해야 해요. 물가지수 하나만 놓고 본다면 변동 폭이 어떤지, 어떤 변화가 있었는지 추론하기 쉽지 않아요. 전 달에 비해서 물가가 얼마나 올랐는지, 작년 같은 기간에 비해서는 어느 정도 변화가 있었는지 분석하고 추이를 살피는 용도이기 때문이죠.

이때 물가지수가 전월에 비해서 상승했고, 전년 같은 달 대비 몇 퍼센트 상승한 값이었다는 걸 '비교'를 통해서 알게 되면, 이제 우리는 "20XX년 X월 물가가 올랐구나."라고 얘기할 수 있겠죠. 이처럼 물가는 반드시 비교할 데이터를 옆에 두고 기준 시점에 비해서 올랐는지 내렸는지를 평가할 때 의미가 있으니 반드시 기준점을 세워야 해요.

그렇지만 한편으로는 물가지수만 보고도 추론할 수 있는 정보도 있기는 해요. 2024년 4월 기준 물가지수가 '113.99'라고 할 때, 해당 물가지수의 기준이 되는 연도는 2020년인데요. 즉, 2024년 4월의 물가지수 '113.99'는 2020년 지수를 100이라고 두고 비교했을 때, 13.99% 물가가 올라갔음을 의미한다고 보면 된다는 거죠. 동일한 품질의 상품과 서비스를 동일한 양만큼 소비한다고 가정했을 때 2020년에 비해서 2024년 4월에는 13.99% 더 높은 값을 치러야 한다는 결론을 얻을 수 있는 거예요.

물가지수는 CPI 소비자물가지수 웹 사이트에서 확인할 수 있고요. 우리 집 물가상승률 알아보기, 나의 물가 체험하기 같은 실생활에 접목한 물가 정보도 있으니, 배운 내용을 내 일상에 접목해 보세요.

마무리

경제를 배우면 가장 좋은 것이 '내가 어떻게 행동해야 하는가'라는 물음에 대한 답으로, 가장 합리적인 선택을 할 수 있다는 거예요. '물가'는 그 답을 내리는 데 가장 중요한 경제요소가 될 거예요.

지속적인 물가상승인 '인플레이션' 상태에서는 화폐가치가 떨어져요. 그럼 같은 1만 원으로 살 수 있는 것들이 이전에 비해

서 적어지죠. 급여가 올라도 물가상승률 때문에 실질임금이 줄
어들면 생활은 빠듯해지고요. 반대로 물가가 지속적으로 내려
가는 '디플레이션'에서는 사람들이 좀처럼 지갑을 열지 않아요.
내일도 가격이 내려가길 기대하며 경제 전반으로 소비가 위축
되고 경기가 가라앉죠.

특히 앞의 <금리> 파트와 함께 묶어서 물가와 기준금리의 관
계를 다시 한 번 곱씹어 보시기를 추천해요.

5장

/

PM
3:30

잠이 번쩍 깨는
장 마감

〜〜〜〜〜〜〜〜〜〜

'딱 10분만 잤으면 좋겠다!' 하품이 나오는 3시 30분, 잠깐 한 숨 돌리는 시간이죠. 직장인이든 학생이든 낮잠 자고 싶다는 생각을 하지 않은 사람이 있을까요. 심지어 우리나라 사람들만 하는 생각도 아닌가 봐요. 바다 건너 유럽에서는 '생존'을 위해서 낮잠을 자야 한다는 말까지 나왔거든요.

지난 2023년 여름. 엄격한 노동 윤리를 고수하기로 유명한 독일에서 '시에스타' 도입 문제가 공론화됐어요. 2022년 독일에서 여름 폭염으로 사망한 사람이 4,500명에 달하고, 그 후로도 여름만 되면 섭씨 30도 중반의 무더위가 이어지니까 결단을 내린 거죠.

시에스타는 스페인과 남유럽 일부 국가의 전통문화인데요.

일을 효율적으로 하기 위해서 점심시간 이후 1~3시간 정도 낮잠 시간을 갖는 것이죠. 농경사회에서 시작됐고, 낮에 휴식시간을 갖는 대신 아침에 더 일찍 나오거나 저녁에 일을 더하는 구조랍니다. 정수리가 탈 것 같은 한낮에 농사일을 했다가는 더위를 먹고 쓰러질 수도 있잖아요. 차라리 낮잠을 자며 체력을 보충하고, 덜 더운 시간에 일을 더하라는 거예요. 우리나라도 시에스타 도입을 시도한 적이 있는데요. 2014년에 서울시가 도입했던 '쪽잠 제도'가 대표적이에요.

그런 의미에서 주식시장의 장 마감시간이 오후 3시 30분인 건 운명인 것 같아요. 병든 닭처럼 고개를 떨구면서 꾸벅꾸벅 졸던 사람들도 3시 30분만 되면 정신이 말똥말똥해지잖아요. 초점이 없던 눈들이 이 시간만 되면 컴퓨터 모니터나 스마트폰 화면을 뚫어져라 쳐다보고 있으니, 잠 깨우는 데 이만한 특효약이 없죠. 시에스타는 명함도 못 내미는 수준으로요.

이번에는 사람들의 식곤증을 단박에 떨치게 도와준 주식, 넓게는 증권이 경제에서 어떤 의미인지를 앞에서 배운 경제요소와 관계 지어 알아볼 거예요. 많은 분이 재테크 수단으로만 여기고 있는 증권은 우리 경제에서 꽤 많은 역할을 해요. 세상에서 제일 무거운 게 사람의 눈꺼풀이라는데 이걸 들어 올린 것만으로도 이미 그 위력이 느껴지지 않나요?

똑같은 퇴근길을 반복하다 보면 알게 된다.
지금 내 눈앞에 보이는 사람과 비슷한 시간,
비슷한 장소에서 수도 없이 마주쳤다는 사실을.

하지만 그 사람에 관해
아무것도 모른다는 사실을.

돈 나와라 뚝딱! 마법의 증권

'주식이 휴지 조각이 됐다' 혹은 '채권이 종이조각 취급을 받는다'는 말을 들어 보신 적이 있나요? 재테크 좀 해 봤다 하시는 분들은 순간 웃음이 나오셨을지도 몰라요.

'증권'은 특정 내용이 사실이라는 걸 증명해 주는 문서인데요. 보통 경제에서 '증권'이라고 하면 주식이나 채권처럼 그 문서가 경제적으로 값어치를 포함하고 있는 '유가증권'을 의미해요. 우리가 '사과'라고 하면 빨갛게 잘 익은 과일의 모습을 떠올리잖아요. 그런데 사과도 빨간 홍옥, 부사, 노란빛의 황옥, 초록빛의 아오리 등 종류가 정말 많아요. 가장 많이 먹는 사과 품종이 홍옥, 부사처럼 빨간빛이다 보니 '사과=빨간색'이라고 생각하는 거죠. 증권도 종류는 많지만, 보통 경제학에서는 경제적 가치를 지닌 증권을 주로 다루니 '증권=유가증권'으로 굳어진 거랍니다.

투자하면 바로 떠오르는 '주식'은 증권 중 하나예요. 요즘은 대부분 전자거래로 바뀌었지만, 예전에는 주식투자를 하면 '손희애가 삼성전자에 100만 원을 투자했습니다'는 내용을 적은 문서를 직접 발행해 줬어요. 내가 투자한 주식 종목의 가치가 떨어지면 그 증권은 쓸모없는 종이조각이 되어 버리죠. 진짜 종이 위에 경제적 가치를 쓰는 유가증권의 특성을 100% 반영된 말이

'종이조각이 됐다'는 거죠.

일본에서는 서서 잘 수 있는 수면캡슐이 유행이라고 하는데요. 한 명이 겨우 들어갈 수 있는 부스 안에 들어가면 엎드릴 수 있는 탁자와 편하게 기대고 서 있을 수 있는 쿠션이 설치돼 있어요. 언뜻 서서 자는 것처럼 보이지만, 실제로는 온몸에 힘을 빼고 편하게 기대서 잘 수 있는 방식이래요. 점심식사 후에 혈당 스파이크로 괴로운 사람들이 낮잠을 자기 위해서 이 캡슐을 많이 찾는다고 하더라고요. 신기하지 않나요?

우리나라도 바쁘다 바빠 현대사회로 늘 피곤에 절어 있으니까, 왠지 이 사업을 시작하면 대박 날 것 같아요. 제가 한번 수면캡슐 사업을 한국에서 시작해 볼게요. 사업자등록은 '굿잠기업'으로 할까요? 사업을 시작하려면 자금이 필요한데, 제가 모아둔 돈으로는 턱없이 부족해요. 돈을 구할 방법은 크게 세 가지가 있겠네요.

첫 번째 방법은 은행에 가서 대출받는 거예요. 대출 신청을 하면 은행은 돈을 잘 갚을 수 있을지 따져 보고, 이자는 어느 정도 받아야 할지 결정하겠죠. 기업의 신용도가 좋다면 연체 가능성이 적다 보고 더 많은 금액을 낮은 금리로 빌려줄 가능성이 크고요.

두 번째 방법은 기관이나 개인에게 돈을 빌리는 거예요. 다른 사람에게 돈을 빌려주면서 빌려준 금액, 빌려준 대가로 받는 이자, 상환 날짜 등 내용을 기재하는 문서를 '차용증'이라고 하는데요. 차용증의 심화 버전이 '채권'이에요. 기관이나 개인에게 돈을 빌릴 때 얼마를 빌리는지, 언제까지 갚을지, 대가로 이자는 얼마를 지급할지에 대한 가치를 종이 위에 적은 증서죠. 차용증과 다르게 채권은 나라에서 정한 기준을 충족한 곳에서만 발행할 수 있답니다.

채권은 돈을 빌린다는 점에서 은행 대출과 유사한데요. 돈을 빌려주는 조건을 정하는 '주체'가 반대예요. 은행 대출은 돈을 빌려주는 쪽인 은행이 금액이나 이자 같은 조건을 정하잖아요. 채권은 정부, 기관, 기업 등 돈을 빌리는 쪽에서 조건을 정해요.

마지막 방법으로는 동업자를 구하는 것이 남아 있어요. 굿잠기업에 관심을 보이는 친구가 3명 있는 상황이에요. 제가 모아둔 돈이 400만 원이고요. 친구 3명이 각각 200만 원을 투자했어요. 이제 총 자본금은 1,000만 원이 됐네요. 그 대신 저는 친구들에게 투자금만큼 굿잠기업의 '소유권'을 주기로 해요. 증거를 남기기 위해서 종이에 얼마를 투자했는지 내용을 쓰고요. 이게 바로 '주식'이에요. 회사는 주식을 발행해서 소유권을 쪼개어 팔고 자금을 마련하는 방식을 활용해요.

여기서 증권은 주로 필요한 돈을 구하기 위해 발행해요. 예시를 이어서 들어 볼게요. 굿잠기업에서 수면캡슐을 제작해서 판매하기 위해서는 공장이 있어야겠죠? 우리나라 사람들의 체형에 맞게 연구개발도 해야 할 거예요. 이 과정에서 얼마나 많은 돈이 필요하겠어요. 그때마다 굿잠기업은 각종 증권을 발행하면서 외부에서 투자받거나 돈을 빌려서 필요한 자금을 해결하는 거예요. 정부가 국가의 채권 '국채'를 발행해서 시중에 풀려 있는 돈의 양인 '통화량'을 조절하기도 하고요.

증권에는 현금처럼 쓸 수 있는 수표, 어음도 포함돼요. 지금은 카드, 간편결제 같은 다양한 결제 수단이 생겼지만, 예전에는 모든 걸 현금으로 지불해야만 했잖아요. 거래단위가 클 때는 막대한 양의 현금을 옮기는 게 부담스럽고 불편했어요. 그래서 종이 위에 재산적 가치를 쓰고 언제든지 현금으로 바꿀 수 있게 한 거죠. 좀 더 편한 금융거래, 경제활동을 하기 위해서 '증권'을 만들었어요.

주식을 사면 기업의 주인이 된다

우리나라에서 가장 유명한 기업을 꼽으라고 하면 단연 '삼성전자'겠죠. 그렇다면 삼성전자의 주인은 누구일까요. 많이들 '이재용 회장'을 떠올리실 것 같아요. 하지만 엄밀히 얘기한다면 이재용 회장은 수많은 주인 중 한 사람이에요. 경제적 관점에서 삼성전자의 주인은 삼성전자의 주식을 갖고 있는 모든 '주주'거든요. 이재용 회장은 그중에서 비중이 가장 큰 사람이자, 회장이라는 직책을 갖고 있는 사람으로 상징성이 있고요.

점심시간에 식당을 가 보면 10명 중 6~7명은 증권사앱을 보고 있을 만큼 주식투자에 진심인 분이 많은 것 같아요. 삼성전자를 예시로 든 것처럼 특정 기업의 주식을 산다는 건 그 기업을 소유할 권리를 샀다는 의미라고 볼 수 있어요.

기업 하나가 커다란 케이크 한 판이라고 생각해 볼게요. 주식을 사서 회사의 주인인 주주가 된 사람은 케이크 한 조각을 갖게 되는 셈이에요. 이 권리를 우리는 '지분'이라고 얘기하고, 'A기업의 지분을 3% 갖고 있다'처럼 비율로 표현해요. 즉, 기업이 주식을 발행한다는 건 돈을 받고 그 기업의 지분을 판매하는 거라고 볼 수 있어요.

주식은 증권 중 하나라고 했어요. 그리고 증권은 주로 필요한 돈을 구할 때 발행한다고 했죠. 그럼 이쯤에서 이런 의문이 들수 있어요. "돈이 필요하면 대출을 받으면 되지 왜 주식을 발행해서 지분을 나눠 가질까?"

여러 이유가 있지만, 가장 큰 이유는 주식으로 회사에 들어온 자금은 갚아야 하는 돈이 아니라는 점이에요. 굿잠기업에 친구 3명이 투자를 해서, 저는 회사의 지분을 나눠 주었어요. 회사의 주주가 됐다는 것은 기업의 성장에 힘을 보태겠다는 의미가 숨어 있지요. 그러니 '빚'처럼 기한과 정확한 이자율이 있는 약속과는 다르답니다.

은행에서 대출받거나 기업 혹은 개인에게 채권을 발행하면 기업은 언젠가 갚아야 할 '빚'이 생긴 거잖아요. 하지만 주식은 갚을 의무가 없어요. 그러니 기업들은 필요한 돈을 마련할 수 있으면서도 이자 부담은 없는 주식발행을 선택하죠.

주식을 발행한다는 건 상징성도 있어요. 새로 생긴 브랜드에서 홍보 문구로 'OO 백화점 입점'이라는 문구를 활용하고는 하잖아요. 이런 문구를 보면 사람들은 이미 검증된 브랜드라는 인식을 가져요. 이 브랜드는 잘 모르지만, 일단 백화점에서 인정받았다고 하니 품질이 보장된 제품이라고 생각하죠. 백화점은 아무 브랜드나 들이지 않는다는 걸 익히 잘 알고 있으니까요.

주식시장도 마찬가지예요. 백화점에 입점하기 위해서 까다로운 절차를 모두 통과해야 하는 것처럼, 주식시장에 발을 들이기 위해서는 매출 및 이익, 성장 가능성 등이 검증되어야만 해요. 그러니 기업의 가치를 인정받기 위해 주식발행을 희망하는 기업들도 존재해요.

이렇게 기업의 주식을 한국거래소에서 거래할 수 있도록 심사를 받은 후에 등록하는 걸 '상장'이라고 하고요. 상장한 회사의 주식을 '상장주식'이라고 해요. 굿잠기업이 상장했다는 건 한국거래소에서 굿잠기업의 주식을 거래할 수 있도록 인정을 받았고, 누구나 굿잠기업의 지분을 보유할 수 있다는 의미가 되겠죠.

"케이크 조각을 잘게 쪼갤수록 기업의 주인이 많아지니까 안 좋은 거 아니야?"라고 생각할 수도 있는데요. 오히려 그만큼 많은 사람들에게 인정받고 있는 기업이라는 증거라서 기업의 가치가 올라갈 가능성이 커져요. 물론 상장하면 회사상황을 모두가 알 수 있도록 공개하는 '공시'도 해야 하고, 의사 결정에 관여하는 사람이 많아지면서 단점도 생기죠. 뱃사공이 많으면 배가 산으로 간다는 속담도 있는 것처럼요.

여러분도 보유하고 있는 주식이 있다면, 주식이 오르기만 기다리지 말고 내가 진짜 기업의 '주인'이라는 마음으로 기업에서 벌어지는 일들을 유심히 살펴보세요. 매년 1회 이상 열리는 주주총회에 참가해도 좋겠죠. 주주총회는 회사에서 어떤 일을 진행하기 위해서 지분이 있는 모든 주주의 의견을 들으려고 진행하는 회의인데요. 다음 계획이 뭔지, 앞으로 어떤 사업을 벌일 건지 충분히 듣고 나서 계속 이 회사의 주인으로 있어도 될지를 결정할 기회예요. 요즘은 주주총회도 온라인으로 참석할 수 있어서 접근성이 좋아졌으니까 주인으로서 권리를 행사할 기회를 놓치지 마세요.

주식은 어디서 살까?

굿잠기업이 판매하는 수면캡슐이 불티나게 팔리고 있다고

가정해 보죠. 이번에는 좀 더 큰 오프라인 판매처를 찾고 있어요. 아무래도 백화점에 입점하면 기업 가치도 빠르게 올라가고, 판매량도 올릴 수 있을 것 같아 입점 신청을 넣었어요. 그렇지만 며칠 뒤, 백화점에서 규모가 크고 매출이 많은 기업만 들어올 수 있다고 거절 통보를 받게 됐어요. 아쉽지만 포기하지 않고 이번에는 대형 쇼핑몰에 입점 신청을 해 봅니다. 다행이에요. 이번에는 통과예요! 쇼핑몰에서는 백화점에 들어갈 만큼 규모가 큰 기업이 아니더라도 성장성이 높다면 입점을 할 수 있다고 해요. 굿잠기업은 이곳에 입점해서 앞으로 더 많은 고객을 만날 수 있겠어요.

이렇게 물건을 팔기 위해서 백화점, 쇼핑몰 등 상점에 입점하는 것처럼 주식을 사고팔 수 있는 공간도 있어야겠죠. 이게 바로 '주식시장'인데요. 노량진수산시장이나 양재꽃시장처럼 실제로 공간으로 존재하는 건 아니고요. 주식을 거래할 수 있는 장을 모두 주식시장이라고 불러요. 문지기 역할을 하면서 주식시장에 이 기업이 들어올 수 있는지 없는지를 검증하고 상장하게 해 주는 곳이 바로 한국거래소고요.

한국에서 주식시장이 처음으로 문을 연 건 1956년이었어요. 당시에는 상장한 회사가 고작 12개에 불과했죠. 이때 처음 생긴 시장이 '유가증권시장'인데요. 지금도 이 이름을 그대로 사용하고 있어요. 주식처럼 경제적인 가치를 가진 증권을 판매하는 시장이라는 의미지요. 유가증권시장이라는 단어가 낯설어도 이 이름은 익숙하실걸요? '코스피시장' 많이 들어 보셨죠? 유가증권시장과 코스피시장은 같은 말이에요. 앞서 굿잠기업이 입점하려고 했던 백화점에 해당하는 곳이 바로 코스피시장이죠.

반면 쇼핑몰에 해당하는 주식시장은 '코스닥시장'이에요. 코스닥시장은 코스피시장에 입점할 만큼 규모는 안 되지만, 성장성이 높은 중소·중견기업 및 벤처기업 등이 상장할 수 있도록 1996년에 만든 주식시장이에요. 코스피시장에 진입하지 못한 기업이라고 해도, 장기적으로 성장 가능성이 있다고 예상되는 기업이라면 코스닥시장에는 들어올 수 있어요. 그래서 보통 코스닥시장에는 게임, IT 등 새로 등장한 산업들이 많은 편이에요.

앞서 주식투자를 하는 사람들의 식곤증이 확 달아나게 하는 게 3시 30분 장 마감이라고 했었잖아요? 바로 이 주식시장에서 그날의 거래를 마감하는 시간을 '장마감 시간'이라고 불러요. 코스피시장, 코스닥시장 모두 주식을 거래할 수 있는 시간이 오전 9시부터 오후 3시 30분으로 정해져 있거든요. 오후 3시 30분이 되면 내가 주인으로 있는 기업의 주가가 얼마에 마감됐는지 알 수 있으니까 관심이 갈 수밖에 없겠죠.

케이크 한 조각의 가격, 주가

한 기업은 케이크 한 판이라고 했어요. 몇 년 전부터는 호텔 크리스마스 케이크 가격이 20만 원을 훌쩍 넘기 시작했는데요. 입이 떡 벌어지는 가격이지만, 여러분과 크리스마스 파티를 하기 위해서 제가 큰맘 먹고 신라호텔의 20만 원짜리 케이크를 구매했다고 생각할게요. 저희는 이 케이크를 가로세로로 열심히 잘라 총 50조각을 만들어 볼 거예요. 자 그러면 한 명당 4,000원만 있으면 한 조각을 먹을 수 있게 됐네요.

여기서 케이크 한 조각의 가격은 주식 한 주의 가격 '주가'예요. 주식을 사고팔 수 있는 가장 작은 거래단위죠. 주가가 1만 원이고 총 주식 수가 1만 주라면, 1만 원짜리 케이크 조각 1만 개가 케이크 한 판을 이룬다고 생각하면 되죠. 주식투자를 하는 사람들 사이에서는 삼성전자가 '7만 전자', '9만 전자' 같은 별명으로 불리는데요. 삼성전자의 주가가 얼마냐에 따라서 별명이 수시로 바뀌는 거예요.

삼성전자의 별명이 매일 같이 바뀌는 것처럼 주식시장에 상장된 기업들의 주가도 수시로 변하는데요. 이렇게 주식시장의 거래에 따라서 바뀌는 주가는 '시장가'라고 하고요. 기업이 처음에 상장할 때 "우리 기업은 한 주당 주가를 이렇게 정하겠습니다."라고 정한 주가를 '액면가'라고 해요. 케이크를 처음 자를 때

나는 가끔 민트크림 머핀을 먹는다.

한 입 먹으면 입안이 민트향으로 범벅이 된다.

다음으로, 쌉쌀한 풀 맛과 부드러운 빵 맛이 뒤엉키며

혀 위를 뒹군다. 이상한데, 정말 이상한 맛인데

생각보다 괜찮다. 그래, 이상해도 맛있으면 그만이지.

내 삶도 다르지 않을 것이라 위로 받으며,

조용히 입가에 묻은 크림을 핥는다.

정하는 조각당 가격이 케이크의 액면가죠. 상법에서는 액면가를 100원 이상으로 규정하고 있고요. 보통은 100원, 200원, 500원, 1,000원, 2,500원, 5,000원 여섯 가지 중에서 선택하고 있어요.

액면가를 얼마로 정하느냐에 따라서 기업의 주식 수도 결정 돼요. 예를 들어 굿잠기업의 자본금이 1억 원이라고 가정해 볼게요. 이때 굿잠기업의 액면가를 5,000원으로 정하면 주식 수는 1억 나누기 5,000원으로 계산해서 총 2만 주가 돼요. 액면가를 500원으로 정하면 총 20만 주를 발행하게 되고요. 케이크를 얼마나 작게 쪼갤지는 한 조각당 가격을 어떻게 설정할지에 따라 바뀌는 것이죠.

처음에는 1,000원이었던 케이크 한 조각은 시장에 나오는 순간 "제가 살게요! 저는 2,000원 드릴게요.", "아니에요! 저한테 파세요. 저는 5,000원 드릴게요."라고 구매의사를 밝힌 사람들에 의해서 가격이 오르게 되고요. 주식투자자들이 흔히 말하는 주가는 시장가예요. 파는 사람이 희망하는 가격과 사는 사람이 지불할 수 있는 가격이 맞아떨어질 때 주식거래가 성사되는 거니까 그 방식은 약간 경매랑 비슷하네요.

그럼 A기업의 주가가 1만 원이고, B기업의 주가가 5,000원일 때 두 기업 중 기업 전체의 규모가 더 큰 곳은 어디일까요? 이 정보만으로는 알 수 없어요. 케이크 한 조각의 크기가 작다고 해서 케이크 전체의 크기가 작다고 볼 수 없듯이, 주가만으로 기업의 규모를 추측하기는 어렵거든요.

예를 들어 A기업의 주가가 1만 원일 때 전체 주식 수가 1만 주고, B기업의 주가가 5,000원일 때 총 주식 수가 2만 주라면 둘의 결과 값은 10만 원으로 같아요. 이처럼 주가와 전체 주식 수를 곱한 값을 '시가총액'이라고 하는데요. 기업가치, 즉 기업의 경제적인 규모가 어느 정도인지 가늠하는 데 쓰는 지표예요. A기업과 B기업은 시가총액이 같으니 기업 규모가 같거나 거의 비슷하다고 볼 수 있겠죠. 케이크 한 조각의 크기로 케이크 한 판의 크기를 판단할 수 없는 것처럼 주가로 기업가치를 판단해서는 안 되는 이유랍니다.

콩 한 쪽도 나눠 먹는다? 주식 한 주도 나눈다!

대기업 주식 하면 떠오르는 삼성전자의 액면가는 100원이에요. "와 삼성전자 주가가 100원밖에 안 해? 미리 사 둘걸!"이라는 생각이 드시죠. 그런데 2018년 4월까지만 해도 삼성전자의 액면가는 5,000원이었어요. 그 사이에 삼성전자에 큰 리스크라도 생겼느냐고요? 사장님이 미쳤냐고요? 그건 아니고요. 삼성전자가 콩 한 쪽도 나눠 먹듯 자사 주식을 잘게 쪼갠 거예요.

한 주를 더 잘게 쪼개는 걸 '액면분할'이라고 해요. 원래 한 조각에 5,000원이던 케이크 한 조각을 다시 50조각으로 나눠서 한 조각에 100원짜리로 만들어 버린 거죠. 실제로 2018년 5월 삼성 전자는 주가를 50대 1로 액면분할하면서 액면가는 100원으로, 당시의 주가는 5만 원대로 떨어졌어요. 원래 주식 1주를 갖고 있던 사람은 50주를 갖게 됐고요.

기업은 자사 주식의 주가가 너무 비싸다고 판단할 때 액면분할을 선택해요. 한 주가 100만 원일 때는 쉽사리 투자를 결정하기가 힘들지만, 1/20 수준인 5만 원 정도라면 투자를 비교적 쉽게 결정할 수 있겠죠. 액면분할을 해서 주가를 떨어뜨리면 개인 투자자가 쉽게 유입할 수 있다는 장점이 있어요. 우리 가게 케이크를 사 먹는 사람이 많다는 건 케이크 맛을 인정받았다는 증거잖아요. 소액주주의 유입을 늘려서 기업가치를 인정받기 위한 장치로 액면분할을 활용하는 거예요.

액면분할이 단순히 주식을 쪼개는 개념이라면 기업 자체를 분할하는 개념도 있어요. 특정 사업을 독립적으로 분리하는 '기업분할'의 종류로 '인적분할'과 '물적분할'이 있죠. 둘 중 어떤 것을 선택하느냐에 따라서 회사를 분할하고 나서 기존 기업의 주인인 주주들이 새로 생긴 회사에 갖는 지배력에 차이가 생겨요. 굿잠기업이 베개, 이불 등 침구 사업으로도 확장하게 됐다고 생각해 봐요. 사업 규모가 너무 커지다 보니 수면 캡슐 사업과 침구 사업을 분리해서 전문성을 높일 필요를 느꼈죠. 굿잠기업에서는 침구 사업을 분리하여 새로운 회사인 '꿀잠기업'을 만들기로 했어요.

이때 굿잠기업과 꿀잠기업 간의 관계는 수평관계로 분리되는 '인적분할'이에요. 굿잠기업 기존 주주들은 굿잠기업과 꿀잠기업의 주식을 모두 받을 수 있죠. 기업분할 전에 굿잠기업 전체 순자산에서 꿀잠기업의 순자산이 얼마나 되는지 파악한 후 그 비율에 따라 기존 주주들에게 주식을 나눠 줘요. 예를 들어 굿잠기업 100억 자산 중에서 침구 사업인 꿀잠기업이 20억을 차지하고 있었다면, 기존 주식 수의 1/5 수준으로 꿀잠기업 주식을 나눠 주는 거예요.

반대로 굿잠기업과 꿀잠기업이 수직관계로 분리되면 '물적분할'이라고 불러요. 꿀잠기업을 새로 만들며 굿잠기업의 100% 자회사로 두는 선택을 하는 거죠. 꿀잠기업이 발행하는 모든 주식이 굿잠기업으로 귀속되지만, 굿잠기업 주주들에게 꿀잠기업의 지분을 나눠 주지는 않아요. 물론 굿잠기업이 꿀잠기업에 지배력은 갖고 있으니, 굿잠기업 주주들이 간접적으로나마 꿀잠기업의 지분도 갖게 된다고 볼 수 있어요. 하지만 직접적으로 기존 주주들의 손에 새 회사 주식이 쥐어지는 인적분할과는 명확한 차이가 있죠.

주식을 쪼개는 액면분할과 기업을 분할하는 인적분할, 물적분할은 주식시장에서 중요한 이슈예요. 기업의 주가 흐름을 바꿔 놓을 수도 있는 문제이기 때문에 눈여겨보는 것이 좋아요.

주식시장의 안녕을 확인하는 기준

백화점이든 쇼핑몰이든 물건을 파는 상점에서는 매달 어떤 물건이 어느 정도로 팔리고 있는지 데이터를 관리해요. 굿잠기업을 비롯한 모든 기업은 지난 달과 이번 달 판매량을 비교해서 실적이 어느 정도로 늘었는지 통계를 내고, 어떻게 판매 전략을 가져가야 할지 가늠하고요.

주식시장에서도 과거에 비해 현재의 주식시장이 어떤 상황인지 파악하기 위해서 '주가지수'라는 지표를 만들어 활용하고 있는데요. 대표적으로 코스피지수와 코스닥지수가 있어요. 각 주식시장의 성적표라고 할 수 있죠.

먼저 코스피지수는 1980년 1월 4일을 기준으로 해요. 이날의 각 기업 시가총액을 100으로 두고 오늘의 시가총액과 얼마나 차이 나는지 수치로 나타내는 건데요. 예를 들어 오늘의 코스피지수가 3100이라면 1980년 1월 4일에 비해 시가총액이 31배 커졌다는 의미라고 볼 수 있어요. 주가 변화에서 기업들의 가치를 알 수 있답니다.

코스닥지수는 1996년 7월 1일을 기준으로 하는데, 코스피지수와 기준단위가 조금 달라요. 코스닥지수의 기준은 1000부터 시작하거든요. 가령 오늘의 코스닥지수가 1000이라면 1996년 7월과 비교했을 때 기업가치에 변화가 없었다는 의미고, 코스닥지수가 900이라면 오히려 당시에 비해서 성장이 둔화됐다 혹은 가치가 떨어졌다고 해석할 수 있어요.

하지만 성적표를 볼 때도 우선적으로 보는 과목들이 있죠. 예를 들어 국어, 영어, 수학, 미술, 음악, 체육 과목 성적이 나왔다면 국·영·수 점수를 메인으로 보잖아요. 성적이 올랐는지 내렸는지를 판단할 때도 주요 과목 성적을 주로 활용하고요. 한국의 주식시장이 어떤 상태인지를 판단할 때도 '코스피200지수'를 주로 활용해요. 유가증권시장인 코스피시장에 상장한 기업 중에서 우리나라 시장을 대표할 수 있는 200개 종목을 골라서 지수로 만든 거죠.

우리나라의 코스피200지수를 볼 때 주로 미국의 3대 지수를 함께 보는데요. 미국의 3대 지수는 S&P500지수와 다우존스산업평균지수, 나스닥지수를 말해요.

미국의 주식시장은 크게 '뉴욕증권거래소'와 '나스닥시장'으로 나눠지는데요. 세계적인 신용평가사 스탠더드앤푸어스가 뉴욕증권거래소와 나스닥을 합쳐 500개 종목을 고른 지수가 S&P500지수고요. 미국 증시를 판단할 때 가장 일반적으로 활용돼요. 다우존스산업평가지수는 세계적인 경제데이터 기업 다우존스가 1884년에 처음 발표했고요. 다우존스가 우량기업 30개를 골라서 만드는 지수예요. 역사가 오래된 만큼 과거의 데이터와 비교하는 데 유용하게 활용되죠. 마지막으로 나스닥지수는 우리에게 익숙한 테슬라, 마이크로소프트 같은 미국의 첨단 기업들이 속해 있어요.

이런 주식시장의 성적표는 주식투자자들의 참고자료를 넘어 우리나라 경제의 중요한 신호등 역할을 해요. <경제> 파트에서 배웠듯이 기업은 경제주체 중 하나인데요. 기업이 생산을 늘려서 돈을 많이 벌어야 일자리도 생기고 지갑을 여는 사람들도 많아져요. 이렇게 기업이 물건을 많이 팔고 매출을 올리면 기업가치가 올라가니까 주가도 올라갈 가능성이 커지고요. 매일 아침저녁으로 신문과 뉴스 방송에서 '코스피지수3000 돌파!' 같은 소식을 중요하게 다루는 것도 그만큼 주가지수가 우리나라 경제를 점치는 중요한 기준이기 때문이랍니다. 모든 것은 다 연결되어 있다는 것을 잊으면 안 돼요.

정기적인 알을 낳는 거위, 배당

굿잠기업은 제 돈과 친구들의 돈을 합한 1,000만 원으로 시작했어요. 낮잠을 편히 자고 싶은 니즈가 많았는지, 수면캡슐이 불티나게 팔려 어느새 기업의 규모가 100배 증가한 10억 규모의 회사가 됐다고 생각해 봐요. 사실 다 처음에 부족했던 돈을 투자해 준 친구들 덕분이라는 생각이 들어, 회사의 이익 중 일부를 주주인 친구들에게 나눠 주기로 해요.

굿잠기업은 주주들에게 감사한 마음을 말로만 하지 않는다, 얻은 수익을 빈틈없이 나눈다는 게 소문이 나서 주식을 사겠다는 사람도 많아지고 주가도 날로 오르게 됐네요. 여러분이 굿잠 기업의 주주라면 정기적으로 수익의 일부를 받는 재미가 쏠쏠하겠죠. 이 기업의 주인이 되길 잘했다 싶은 마음도 들 것이고요. 이렇게 기업이 벌어들인 돈의 일부를 주주들에게 나눠 주는 형태를 '배당'이라고 칭해요.

보통 배당은 1년에 한 번 하고요. 배당 형태로 현금으로 하는 경우가 가장 많지만 이건 기업의 재량이라서 분기별, 월별로 지급하거나 현금 대신 주식을 추가로 지급하는 경우도 있어요. 배당에서 가장 중요한 건 어떤 종류의 주식을 고르느냐예요. '보통주'를 고르느냐 '우선주'를 고르느냐에 따라서 배당을 받는 비율이 달라질 수 있거든요.

기업의 주식을 산다는 것, 즉 지분을 갖는다는 것은 그 기업의 '주인'이 되는 것이라고 말했어요. 회사의 주인은 앞으로 회사에 대한 희망사항과 방향성에 대한 의견을 제시할 수 있는데, 이것을 '의결권'이라고 불러요. 보통주를 사면 의결권도 갖고 배당도 받을 수 있지만, 우선주를 사면 의결권이 없는 대신 보통주보다 배당을 더 많이 받을 수 있어요. 보통은 의결권과 배당권이 있는 보통주가 우선주보다 비싼 편이에요.

분식집에서도 A세트는 떡볶이가 많은 대신 순대는 적고, B세트는 떡볶이가 적은 대신 김밥은 많이 주는 것처럼 다양한 선택지가 있잖아요. 주식도 어떤 종류를 고르느냐에 따라서 '의결권'

이런 날씨에 출근이라니.

몇 년 만에 찾아온 혹한은 눈썹에

서리가 맺힐 정도로 강력했다.

재택하면 안 되나, 투덜하며 빙판 위를 걷고 있는데

저 멀리서 코트를 입은 커플이 다가왔다.

손에 아이스 아메리카노를 들고서……

을 갖느냐 '배당'을 좀 더 많이 받느냐가 달라지는 것이랍니다.

다만 모든 기업이 배당하는 건 아니에요. 기업의 영업이익을 어디에 어떻게 쓸지는 기업의 자유이기 때문에 배당금을 지급하는 건 의무가 아니거든요. 주주에게 배당하지 않는 대신 기업이 좀 더 빨리 성장할 수 있도록 공장을 확장하거나 제품을 개발하는 데 투자할 수도 있겠죠. 특히 하루하루가 다르게 성장하는 사업 초기에는 배당금을 지급할 여력 자체가 없을 가능성도 있어요. 그러나 당장 배당금을 받지 못해도 기업이 급속도로 성장하면 보유하고 있는 주식의 주가가 가파르게 올라가 전체적인 가격이 오를 수 있어요. 그러니 배당의 유무로 주식투자를 결정하기는 일러요.

금리가 오를 때는 주식 대신 예·적금?

지난 2020년에는 코로나19로 우리나라뿐만 아니라 세계경제가 전반적으로 얼어붙었어요. 아예 집 밖으로 나가는 것 자체가 두려울 정도였으니까 경제가 돌아가질 않는 거예요. 그래서 정부는 차갑게 얼어붙은 경제를 녹이기 위해서 기준금리를 제로금리에 가깝게 낮췄어요. 캠프파이어 불씨를 키우기 위해서 기준금리를 낮추고 시장에 통화를 풀어서 땔감으로 쓸 작정이었죠.

그런데 땔감의 양이 너무 많았던 탓인지 그 후로 약 3년 동안 물가가 지속적으로 오르는 인플레이션이 나타났어요. 이번에는 경기가 너무 달아올랐다고 생각한 정부는 물가상승을 잠재우기 위해서 기준금리를 빠른 속도로 올렸어요. 시장의 통화량은 서서히 줄어들었죠. 혹시 기준금리와 통화량의 관계가 아직 헷갈린다면 <금리>, <물가> 파트를 다시 보고 오는 걸 추천해요.

이렇게 금리가 빠르게 바뀌는 동안 주식시장에는 돈이 밀물처럼 들어왔다가 썰물처럼 빠져나갔어요. 기준금리가 제로금리에 가까울 정도로 낮을 때는 주식시장에 돈이 무서운 속도로 들어왔지요. 분명 코로나19 때문에 경기는 얼어붙은 반면, 주가지수는 최고치에 달했어요. 기준금리가 낮아서 은행의 예·적금도 연 1%를 간신히 넘기는 수준이었으니까 저축 상품에 돈을 넣어 두는 게 손해처럼 느껴진 거예요. 사람들은 입출금통장, 정기예금에 들어 있던 돈을 갖고 주식시장으로 향했어요. 주식시장에 사람들이 몰리고 돈의 양이 많아지면서 주가는 자연스럽게 올라갔고요.

반대로 금리가 올라가면서 주가는 하향세를 그렸어요. 돈의 가격이 비싸졌으니, 은행의 예·적금 금리가 매력적으로 느껴졌죠. 주식과 다르게 안정성도 보장받을 수 있으면서 이자도 높게 책정받으니 이번에는 주식투자를 했던 돈을 빼서 은행에 갖고 간 거예요. 주식시장에서 갑자기 돈이 썰물처럼 빠져나가면서 기업들의 주가는 곤두박질을 쳤어요.

한편 금리가 올라가면 기업의 이자 부담도 커지게 돼요. 기준금리가 올라간다는 건 대출금리도 올라간다는 얘기잖아요. 기업들은 사업을 하면서 규모를 확장하거나 신기술을 위한 투자를 하면서 대출을 받는 일이 흔한데요. 금리가 오르면 그만큼 이자가 많아지기 때문에 회사에 부담이 커지겠죠. 심하면 회사가 휘청이기도 하고요. 이 모습을 본 개인과 기관투자자들은 기업투자를 망설이게 돼요. 기업 스스로도 제품을 개발하고 생산하는 데 몸을 사리니까 주가는 더 내려가게 되죠.

다른 나라의 기준금리가 올라갔을 때 우리나라의 주가가 내려가기도 해요. 특히 기축통화인 달러를 보유한 미국이 우리나라보다 기준금리를 높게 올리면, 미국 달러가 우리나라 원화보다 값어치가 높아지잖아요. 사람들은 늘 값이 비싼 쪽으로 향하기 마련인데요. 달러 수요가 높아지고 상대적으로 원화 수요가 낮아지면 달러가치는 높아지고 원화가치는 낮아지겠죠. 그럼 국내 주식시장에서 투자하던 외국인들은 국내 주식을 팔고 썰물처럼 빠져나가요. 외국인 투자자들의 자금이 한 번에 빠져나가면 국내 기업들의 주가는 내려가고요.

한국은 늘 미국의 기준금리 인상에 촉각을 곤두세운다고 했잖아요. 미국이 우리나라보다 기준금리를 높여서 주식시장이 침체하는 걸 방지하는 것도 그 이유 중 하나예요. 기업들의 주가

하락은 기업과 그 기업의 주식을 보유한 주주들만의 슬픔이 아니라, 나라의 경제가 달려 있는 문제니까요.

환율과 주가는 반대로 움직인다

외국인 투자자들이 한국에 머물지 혹은 한국 주식시장에서 돈을 빼서 다른 나라에 투자할지 여부는 '환율'과도 관련이 있어요. 환율은 우리나라 돈과 외국 돈의 교환 비율을 말하는데요. 미국에 여행을 가려고 할 때 1만 원으로 미국 달러를 얼마나 받을 수 있는지 나타낸 게 원/달러 환율이에요.

금리가 오르면 주가가 내려가고, 금리가 내리면 주가가 올라갔던 것처럼 환율과 주식시장의 관계도 대체로 '역의 관계'예요. 시소를 타는 것처럼 한 명이 올라가면 나머지 한쪽은 내려가면서 반대로 움직이죠.

삼성전자에 투자한 외국인 투자자 A씨 처지에서 생각해 볼게요. 원/달러 환율이 1,000원, 삼성전자의 주가가 5만 원일 때 A씨는 1주당 50달러를 주고 샀어요. 그런데 시간이 흐르고 달러가치는 오르고 원화가치는 내려가면서 원/달러 환율이 1,200원이 된 거예요. 삼성전자 주가가 그대로 5만 원이라면, 다시 달러로 환전했을 때 50달러는 41.6달러가 돼 버려요. 환율 때문에 발생한 손실, 즉 '환차손'이 발생하죠.

주가가 올랐다고 해도 환율 때문에 본전치기일 수도 있어요. 원/달러 환율이 1,000원일 때 외국인 투자자가 100달러를 환전해서 10만 원으로 삼성전자 주식을 샀다고 가정해 볼게요. 한 달 후에 주가가 10% 상승했어요. 이 투자자는 수익률에 만족하면서 갖고 있던 주식을 11만 원에 팔았어요. 그런데 그사이 주가만 오른 게 아니라 환율도 오른 거예요. 원/달러 환율이 1,100원이 된 거죠. 결국 외국인 투자자가 손에 쥔 돈은 처음이랑 똑같은 100달러뿐이었어요.

상황이 이렇다 보니 외국인 투자자들은 원화의 가치가 떨어져서 환율이 오르면 '손해'라고 인식해요. 환율상승 조짐이 있으면 주식을 서둘러서 팔기 시작하죠. 우리나라의 주식시장은 외국인 투자자가 한국 주식 시가총액의 30% 안팎을 보유하고 있어서 그 비중이 높은 편인데요. 환율 변동 때문에 갑자기 큰돈이 주식시장에서 빠져나가면 주가는 하락할 수밖에 없어요. 시소처럼 환율이 상승하면 주가가 내려가고, 환율이 하락하면 주가가 올라가는 모습이죠.

해외 주식을 거래하는 서학개미의 투자도 환율에 따라서 결정돼요. 제가 테슬라에 투자했다고 가정해 볼게요. 원/달러 환율이 1,000원, 테슬라 주가가 100달러일 때 1,000만 원을 투자했어요. 1만 달러로 총 100주를 샀죠. 1년 후 테슬라 주식이 도통 오르지를 않아서 매도를 결정했는데 이때 원/달러 환율이 1,200원이 됐네요. 주식에서는 수익을 얻지 못했지만, 환차익을 얻어서 같은 1만 달러가 1,200만 원이 되어 수익 200만 원이 생겼어요. 외국인 투자자들과는 반대의 상황이죠.

외국인 투자자들이 원/달러 환율이 오르는 걸 손해라고 인식하는 것과는 달리 기존에 해외 주식을 거래하고 있었던 서학개미들은 환율이 오르는 걸 반겨요. 갖고 있던 해외 주식을 팔고 원화로 바꾸면 환율 변동으로 수익을 얻을 수 있으니까요. 하지만 해외 주식투자를 이제 시작해 보려고 하는 서학개미 입문자들에게는 부담으로 다가와요. 1년 전에 투자한 사람들은 100만 원으로 투자할 수 있었는데 이제는 120만 원이 필요하니까요. 투자단위가 큰 투자자들에게는 굉장히 민감한 문제예요.

하지만 환율과 주가의 시소 공식이 100% 적용되는 건 아니에요. 오히려 환율이 올라서 실적이 좋아지는 기업도 있거든요. 수출을 전문적으로 하는 기업을 생각해 보세요.

원/달러 환율이 1,000원에서 1,200원이 됐다면 외국인 입장에서는 같은 10달러로 기존에 비해 한국 물건을 2,000원어치 더 살 수 있게 되겠죠. 원/달러 환율이 올라가면서 상대적으로 한국 제품 가격이 저렴해진 거니 한국 물건을 사려는 국가가 많아져요. 그럼 수출 전문 기업은 매출이 올라가고, 매출이 올라가면 기업가치가 올라가니 주가도 오르게 되죠.

원/엔 환율이 800원대까지 떨어지면서 일본으로 여행을 가는 사람들은 환호성을 질렀어요. 반면 일본으로 수출하는 기업

은 우울했어요. 일본 사람들은 한국 물건을 사기 위해 값을 비교
적 더 많이 치러야 하고, 이건 가격경쟁력을 떨어트리니까요. 그
럼 일본에 물건을 팔던 수출 기업은 매출이 급격히 떨어지고, 연
쇄적으로 주가도 떨어질 수밖에 없어요.

'주식투자를 하기 위해서는 경제 흐름을 알아야 한다'라는 말
이 이해되시나요? 친구가 추천해 준 종목이 아무리 좋아도 수익
은 일회성이에요. 하지만 금리와 환율 같은 경제현상을 파악하
고, 이에 따라서 내가 주식을 더 사야 할지 혹은 팔아야 할지를
판단하는 건 평생 갖고 가는 지식이랍니다.

한 가지를 고르기 겁난다면? ETF!

개인투자자들에게는 주식만큼 익숙한 개념이 ETF죠. 오히
려 최근에는 주식보다 ETF를 선호하는 경향이 짙어지고 있는
데요. ETF는 'Exchange Traded Fund'의 앞 글자를 딴 약어로,
우리말로는 '상장지수펀드'라고 합니다.

ETF의 'F'는 펀드예요. 펀드는 여러 회사의 주식을 모아서 한
바구니에 담아 투자하는 상품인데요. ETF가 우리말로 '상장지
수펀드'라고 했잖아요. 즉, 코스피200지수, S&P500지수 같은 특
정 지수에 관련된 주식을 한 바구니에 모은 후 상장 등록을 하

고 주식처럼 한 주씩 쉽게 거래할 수 있는 형태로 만들었다는 의미예요. 막상 주식에 투자하자니 특정 분야, 종목을 잘 몰라 겁이 나는 사람들에게는 매력적인 투자 방법이지요.

앞서 주식을 설명할 때 기업 하나를 케이크 한 판으로 설명했어요. 이번에는 31가지 맛이 있는 아이스크림 브랜드를 생각해 볼까요? 오늘은 콘 위에 크게 한 스쿱이 올라가는 싱글 킹사이즈를 먹으려는데, 맛이 31가지나 있다 보니까 뭘 먹어야 하나 고민이 되는 상황인데요. 이때 알바생이 솔깃한 제안을 해요. "인기 아이스크림 네 가지를 골고루 섞어 둔 통이 있어요. 이건 어떠세요?" 인기 4종 한 스쿱을 선택하면 골고루 네 가지 맛을 즐길 수 있으니까 실패할 가능성이 적을 것 같아요. 오늘은 이걸로 선택하기로 했죠.

한 가지 맛 아이스크림을 사서 맛이 없으면 돈 낭비하는 게 아닐지 걱정됐던 분들은 애초에 섞인 인기 4종을 한 스쿱 드시면 위험 부담을 덜 수 있어요. ETF는 이와 같은 맥락이에요. ETF는 주식처럼 상장돼 있어서 원하는 시간에 사고팔 수 있다는 장점이 있어요. 게다가 여러 가지 회사를 한 바구니에 담아 이걸 여러 개로 쪼갠 후 한 주씩 사는 거라서 부담이 적죠. 한 회사 주식이 떨어져도 다른 회사 주식이 올라가면 손해를 덜 볼 수 있잖아요.

특히 주식투자는 앞서 같이 살펴본 것처럼 기준금리, 환율에 따라서 여러 가지 리스크가 따르지요. ETF는 여러 가지 주식을 모아서 만든 상품이라서 동시에 리스크도 분산돼요. '상장지수펀드'라는 이름처럼 특정 지수들을 바탕으로 하므로 자산을 어느 분야에 투자하는지 명확하게 인지할 수 있다는 장점도 있고요.

빌린 돈에 대한 약속, 채권

이번에는 기업이 돈을 조달하는 방법 세 가지 중에서 '채권'을 알아볼게요. 채권도 증권의 한 종류라고 했듯이 종이에 뭔가를 써서 경제적인 의미를 부여한 거예요. 그렇다면 무엇을 쓰는 것일까요? 돈을 빌리는 기업은 채무자가 되어 기관이나 개인인 채권자에게 "이만큼 빌리는 대신 언제까지 얼마의 이자를 돌려드릴게요."라는 문서를 작성하는 것이죠.

자칫 은행에 목돈을 넣어 두고 일정 기간 뒤에 원금과 이자를 찾아가는 정기예금과 유사해 보일 수 있지만, 거래 여부에 따라 달라요. 중간에 돈을 받고 다른 사람에게 내 예금통장을 팔 수 없는 정기예금과 달리, 증권은 돈을 받고 타인에게 넘길 수 있기 때문이죠. 이 과정에서 수익을 창출하기도 해요.

여기서 잠깐, 돈을 빌리는 주체가 누구인지에 따라 채권의 종류는 바뀌어요. 가장 기본적인 것은 정부가 자금을 조달하기 위

*
*

어느 날과 다름없이 침울한 발걸음으로 퇴근하는데,

노랗게 물든 은행나무들이 눈에 띄었다.

나란히 선 나무들 중 한 그루만이 초록 잎이었다.

갑자기 눈물이 흘렀다.

내 모습이 초록 나무와 겹쳐 아른거렸다.

해 발행하는 채권인 '국채'가 있지요. 지방자치단체가 발행하는 채권은 '지방채', 굿잠기업 같은 기업이 발행하는 채권은 '회사 채'라고 불러요. 그 외에도 특수채, 금융채, 국공채 등 종류가 다양한데, 웬만하면 발행주체의 특성이 이름에서 드러나기 때문에 어디에서 발행된 채권인지 구분하는 건 어렵지 않아요.

그럼 이 중에서 가장 안전한 채권, 즉 돈을 떼일 위험도가 가장 낮은 발행주체는 어디일까요? 고민할 것도 없이 단연 '국채', 나라에서 발행한 채권이겠죠. 물론 아예 일어나지 않는 일은 아니지만 한 국가가 망할 가능성은 기관이나 회사가 망할 가능성보다 훨씬 낮으니까 가장 안전해요.

채권은 만기에 돈을 안전하게 받을 가능성이 높을수록 금리가 낮아요. 그래서 보통 국채의 금리가 가장 낮은 편이에요. 예를 들어 '필리핀 10년물 국채 금리 8%'라면, 필리핀 정부가 발행한 10년 뒤에 만기가 도래하는 국채의 연간 수익률이 8%라는 뜻으로 해석하면 돼요.

기업 사이에서도 더 믿을 수 있는 기업과 상대적으로 신뢰도가 낮은 기업으로 나눌 수 있겠죠. 돈을 빌리는 기업의 신용도가 높다면 금리가 낮게, 상대적으로 신용도가 낮다면 금리가 높게 책정되는 편이에요. 친구 관계에서도 내가 평소에 친구에게 빌린 돈을 잘 갚고 거짓말도 하지 않는 등 신뢰가 잘 쌓여 있다면 수월하게 돈을 빌릴 수 있잖아요. 반면에 돈을 안 갚은 전적이 있다면 신뢰가 낮아졌을 거예요. 당연히 이자를 주는 조건과 설득이 있어야 돈을 빌릴 수 있겠지요. 기업의 신용도도 이와 같은 내용이랍니다.

회사채의 경우에는 AAA부터 D까지 알파벳으로 18개 신용등급을 매겨요. 이 등급을 보고 얼마나 믿을 만한 기업인지 가늠할 수 있어요. 이 신용등급은 신용평가사에서 매기는 신용도 성적표라고 볼 수 있죠.

한편 채권은 발행처뿐 아니라 만기기간에 따라서도 종류가 나뉘어요. "이 기간 뒤에 돈 돌려줄게~"라고 약속한 만기가 1년 미만이면 '단기채', 1년 이상 3년 미만이라면 '중기채', 3년 이상은 '장기채'라고 하는데요. 이때 이 기간은 거래할 때 시점의 기간을 의미하는 거라서 만일 10년 만기 장기채의 만기가 1년밖에 남지 않은 상황에서 채권을 샀다면 '단기채'라고 간주해요.

사실 우리 개인들에게는 채권보다는 주식이 더 익숙해요. 그래서 나라경제에서 채권의 비중이 작다고 생각하는 경우가 많은데요. 실제로는 우리나라를 포함해서 대부분의 나라에서 주식보다 채권의 비중이 훨씬 크답니다. 오히려 채권이 주식시장에 영향을 줘서 주가가 출렁이기도 하니 채권 공부도 소홀히 해서는 안 돼요.

금리가 높은 채권, 달콤하지만 위험한 이유

은행에서 고금리 정기예금을 내놓으면 사람들은 득달같이 달려가요. 선착순으로 한정 예금에 가입하려고 오픈런을 하는 상황까지 벌어질 정도죠. 하지만 채권의 금리는 높다고 해서 무조건 좋다고 할 수 없어요.

피자나 햄버거 같은 패스트푸드, 인스턴트 음식 등을 모두 합쳐서 '정크푸드'라고 부르잖아요. 쓰레기라는 뜻이죠. 채권시장에도 쓰레기 채권이 있어요. 이름도 거의 비슷해요. '정크본드'. 채권이 영어로 본드거든요. 채권시장에서 쓰레기라는 별명까지 갖고 있는 채권은 보통 신용등급 'BB+' 이하예요. 위험하다고 여겨지지만, 그와 동시에 금리가 높은 편이라서 수익이 짭짤하다고 볼 수 있죠.

인스턴트 음식도 그렇잖아요. 엄마가 몸에 안 좋다고 그렇게 잔소리하시는데도 계속 손이 가는 이유는 단 하나, 맛있으니까! 정크본드 투자를 이어 가는 사람들도 자칫 위험해질 수 있다는 걸 알지만, 수익의 맛을 잊지 못하는 거예요. 금리가 높다, 수익률이 높다는 의미로 '하이일드본드'라고 부르기도 하거든요.

돈을 빌리는 기관이나 기업 같은 '발행처'가 입이 떡 벌어질 정도로 높은 표면금리 조건을 내놓는 이유는 하나예요. 사람들이 신용도가 낮은 발행처의 채권을 외면하기 때문에 그만큼 달콤한 조건을 내놓죠. 돈을 빌려주는 사람도 신용도가 낮은 곳은 꺼려질 테니, 위험을 감수하기 위해 높은 대가를 받으려고 하는 심리를 활용한 거죠.

　신용도가 낮은 기업이 찍어 낸 고위험·고수익 채권인 정크본드는 금융시장의 '거품' 여부를 판단할 수 있는 잣대가 되기도 해요. 정크본드는 투자자들이 리스크를 적극적으로 감수하는 경기호황기에는 매력적인 투자처로 떠오르고는 하거든요. 하지만 경기불황기에는 발행처에서 빌린 돈을 갚지 못하는 채무불이행도 각오해야 해요. 2010년대 초 재정위기에 빠진 그리스와 헝가리는 국채가 정크본드 등급으로 추락하는 수모를 겪기도 했어요.

채권을 사고 팔 때 돈은 어디로 흐를까?

　채권을 사고팔 때 돈이 어디로 움직이는지 다시 한 번 생각해 볼까요? 개인인 제가 A기업의 채권을 사요. 그럼 돈을 빌리는 쪽은 A기업이죠. 이를 풀어서 설명하면, A기업이 사업자금이 필요해서 회사채를 발행했고 제가 그 채권을 사면서 만기일에 원금과 이자를 돌려받을 권리를 획득한 거잖아요. 채권은 발행처에 돈이 흘러 들어가고, 채권을 산 개인이나 기관에는 그 대가로 증권을 줘요.

앞서 <물가> 파트에서는 한국은행이 기준금리를 조절해서 시중에 통화량을 풀거나 거둬들이고, 이 과정에서 물가상승률을 조절한다고 배웠죠. 통화량을 조절하는 수단으로 '기준금리'를 활용하는 거예요. 그러나 이때 한국은행은 채권을 통해서도 통화량을 조절한답니다. 채권은 국가, 기업이 필요한 돈을 마련하는 수단으로만 활용되지 않아요. 중앙은행이 시중의 채권을 사들이는지, 혹은 반대로 파는지에 따라서 시중에 풀리는 돈의 양이 달라질 수 있어요.

이때 주 대상이 되는 건 정부, 지방자치단체, 공공기관이 발행하는 채권인 '국공채'예요. 중앙은행이 시장에서 은행이나 일반 국민에게 국채를 사려면 화폐를 새로 발행해야 해요. 그럼 시장에 통화량이 증가하겠죠. 반대로 중앙은행이 은행이나 개인에게 국채를 팔려면 현금은 다시 중앙은행으로 흘러 들어오면서 통화량이 감소하겠죠.

이렇게 시중에 풀려 있는 통화량을 짧은 시간 안에 조정하는 방법을 '공개시장운영'이라고 하는데요. 중앙은행이 채권을 사면서 통화량을 늘리는 걸 '자산매입'이라 하고, 반대로 채권 매입을 중단하거나 반대로 팔면서 통화량을 줄이는 걸 '자산매입 축소', '테이퍼링'이라고 해요. 기준금리를 조절해서 통화량을 조절하는 과정에 비해 효과가 빠르게 나타나는 게 특징이죠. 어렵지만, 이해하게 된다면 돈의 흐름이 눈에 잘 보일 거예요.

증권으로 경기의 건강을 파악하는 방법

증권은 경기가 얼마나 건강한지 체크하는 특별한 능력도 있어요. 만기가 긴 장기금리와 만기가 짧은 단기금리의 금리 차이가 어떤 상태인지 보고, 경기 상태를 점칠 수 있죠. 길거리 타로점보다 훨씬 더 적중률이 높아요.

보통은 장기금리가 단기금리보다 금리가 높아요. 만기가 긴 장기금리는 돈을 묶어 두어야 하고, 돈을 빌려주는 기간이 길면 길수록 중간에 돈을 떼일 위험이 커지니 불안한 심리를 적용한 거죠. 그사이 어떤 일이 일어날지는 모르니까요. 이런 불안함을 잠재우기 위해서 금리를 높게 측정했어요.

그런데 금융위기상황에 놓이면 사람들은 누구에게도 선뜻 돈을 빌려주지 않아요. 그럼 돈이 돌지 않아서 통화의 흐름이 막히게 되고, 당장 돈이 급해진 기업과 기관은 돈을 구하기 위해서 만기가 얼마 남지 않은 증권의 단기금리를 높여요. 그럼 장기금리보다 단기금리가 더 높아지는 상황이 벌어지기도 하지요. 이 상황을 '장단기금리 역전현상'이라고 불러요. 장단기금리가 역전되는 상황은 흔하지 않기 때문에 이런 현상이 벌어졌다면 그만큼 경기상황이 좋지 않다고 판단해요.

슬프게도 장단기금리 역전현상은 조만간 경기가 더 침체된다는 예고이기도 해요. 경기침체가 일시적이고, 곧 경제날씨가 맑아질 전망이 있다면 증권을 발행하는 기관이나 기업이 단기금리를 급하게 올리지 않았겠죠. 한동안 경기상황이 좋지 않고, 자금을 구하는 게 어렵다고 판단했기 때문에 울며 겨자 먹기로 단기금리를 올린 거예요. 그러니 단기금리가 장기금리를 앞지르는 현상은 몇 달 뒤 경기가 더 침체될 거라는 예고로 활용되죠.

이렇게 경기를 예측할 수 있는 지표들을 '선행지수'라고 불러요. 앞서 설명해 드린 것처럼 만기가 짧은 채권과 만기가 긴 채권이 있을 때, 돈을 빌려준 사람 입장에서는 후자인 만기가 긴 채권이 더 불안하기 때문에 금리를 더 높게 책정하게 돼요. 즉, 경기가 평탄하게 흘러갈 때는 장기채권의 금리가 단기채권의 금리보다 더 높은 게 일반적인 현상인데요. 비정상적으로 단기채권이 더 높다면 앞으로 경기가 더 침체될 거라고 여기는 거예요.

주식의 가격, 주가도 선행지수 중 하나예요. 주가가 일반적으로 경기 흐름보다 앞서기 때문이죠. 주식에 투자하는 사람들은 기업의 과거를 보지 않아요. 미래가치가 얼마나 더 오를지 보고 투자를 결정해요. 즉, 주가는 이미 확정된 과거 실적보다는 향후 발생할 이익 전망치에 더 큰 영향을 받는데요. 자연스레 주가는 향후 경기를 예측하는 선행지수 순환변동치와 같이 움직일 때가 많답니다.

마무리

주식, 채권 같은 증권은 개인의 주머니를 두둑하게 불려 주기도 하지만, 나라 경제의 곳간을 풍족하게 유지하는 데도 중요한 수단입니다.

우리나라 주식시장의 양대 산맥인 코스피시장과 코스닥시장을 나타내는 '코스피지수'와 '코스닥지수'를 주요 뉴스로 다루는 이유도 이제는 이해되시죠? 중요한 경제주체인 기업이 얼마나 건강하게 경제활동을 하고 있는지, 외국인 투자자들도 이 실적을 인정하고 있는지 보여 주는 지표이기 때문이죠.

채권이 기준금리 못지않게 중요한 통화량 조절 수단이라는 것도 알게 됐죠. 속도 면에서는 오히려 기준금리보다 더 빠르고 정확하다고 볼 수 있죠. 개인의 재테크 수단으로 증권을 활용할 때도 앞으로는 '감'이 아닌 경제상황을 고려해서 판단해 보세요. 진짜 재테크의 묘미를 알게 된답니다.

6장
/
PM
6:00

퇴근하고 일본에서
우동 한 그릇?

∼∼∼∼∼∼∼∼∼∼

요즘 들어 직장인 불금 풍경이 바뀌고 있어요. 수많은 직장인이 퇴근 후 곧장 향하는 곳은 유명 오마카세도, 핫한 팝업 스토어도 아닌 '공항'인데요. 퇴근 후 곧장 여행을 떠나는 이른바 '틈새여행족'이 늘고 있기 때문이에요.

'연차 안 쓰고 주말에 괌 가기 도전' 영상으로 화제가 된 유튜버도 있어요. 금요일 퇴근 후에 바로 인천공항으로 가서 8시 30분 비행기를 타고 새벽 2시에 괌에 도착하여 다음 날 아침에 브런치를 먹은 후 다양한 레저도 즐겨요. 마지막 날에는 투몬 비치에서 여유를 만끽하고 아울렛 쇼핑도 놓치지 않아요. 모든 일정을 마무리하고 저녁 비행기를 타 월요일 아침 6시 30분에 도착, 여유롭게 출근하는 모습에 입이 떡 벌어지죠.

이렇게 금요일 퇴근 후 여행을 떠나는 사람이 많아지면서 캐리어 배송서비스가 등장했어요. 출근길에 캐리어를 맡기고 퇴근 후 두 손 가볍게 공항에 가면 캐리어가 도착해 있죠. 여행을 다녀와 캐리어를 잠시 맡겨 두는 것도 가능해서 월요일 아침 공항에서 회사로 곧장 출근도 가능해졌어요.

우리나라에서 틈새 여행족에게 가장 인기 많은 나라는 일본이에요. 2시간 이내로 이동할 수 있어 당일치기도 많은 편이고요. 이른 아침 첫 비행기로 일본에 도착하여 현지 맛집을 돌면서 초밥, 우동을 먹고는 저녁에는 쇼핑을 즐기고 돌아오는 식이죠. SNS에는 '일본 당일치기' 해시태그를 단 글이 1만 개가 훌쩍 넘어요.

특히 2023년부터 2년간 일본 여행의 인기가 식을 줄을 몰랐던 건 '엔화 약세'의 영향이 컸어요. 원/엔 환율이 800원대까지 떨어지면서 역대급 엔저 현상이 지속됐죠. 사람들은 쇼핑만 해도 비행기 값은 충분히 건진다며 일본을 부담 없이 찾았어요. 분명 몇 년 전에는 노재팬으로 일본 제품 불매운동까지 벌어졌는데 상황이 180도 바뀐 거예요.

환율이 정확하게 뭐길래, 환율이 오르고 내리는 게 어떤 의미이길래 이런 변화가 생길까요? 이번에는 일상에서는 우리 여름휴가 계획을 결정하고, 세계 금융시장에서는 우리나라 입지를 결정 짓는 '외환' 얘기를 해 보려고 합니다.

하늘을 나는 차가 안전 테스트를 통과했다는 뉴스에
사람들은 야단법석이다. 이제 정말 미래 도시의 시대가 오는 건가.
그렇다면, 쓸모를 다한 비행기와 자동차들은 어떻게 되는 걸까.
대체되고 버려지겠지.

환율은 무엇일까?

해외여행 가기 전에 필요한 준비물에 뭐가 있을까요? 캐리어, 세면도구 등은 현지에서 구매해도 되지만, 절대 잊으면 안되는 것은 현지에서 사용할 외화를 환전하는 거죠. 미국여행을 준비 중이라면 우리나라 돈을 미국 돈으로 미리 바꿔야 해요.

앞의 <금리> 파트에서 금리를 '돈의 가격'이라고 정의했어요. 아메리카노 1잔은 4,500원, 냉면은 1만 원으로 가격이 매겨져 있는 것처럼 돈에도 가격이 있다고 했죠. 금리가 돈을 빌릴 때 가격을 의미한다면, 환율은 우리나라 돈과 외국 돈을 바꿀 때 비율이에요. 즉, '외국 돈의 가격'이라고 볼 수 있겠네요.

미국여행을 앞두고 있다면 포털사이트에 '미국 달러 환율'이라고 검색하겠죠. '원/달러 환율=1,300'이라고 가정해 볼게요. 이건 미국 돈 1달러가 우리 돈으로는 1,300원이라는 뜻이에요. 즉, 외국 돈 1단위를 얻기 위해서 지불해야 되는 우리나라 원화 가격을 표시한 게 환율이에요.

우리나라에서는 환율을 표기할 때 '원/달러', '원/위안', '원/유로'처럼 우리나라 통화를 먼저 표기하는데요. 국제 기준은 반대예요. 우리가 '원/달러=1,300'이라고 표기한 걸 해외에서는 'USD/KRW=1,300'이라고 표기하죠. 이때 1단위의 기준이 되는 화폐를 '기준통화'라고 해요. 마치 미국 달러처럼요. 기준통화를 사기 위해서 지불하는 통화, 가격이 매겨지는 통화를 '가격통화' 라고 해요. 예시에서는 미국의 1달러를 사기 위해서 우리나라 돈을 얼마나 지불해야 되는지 가격을 표기한 거니 미국 달러가 '기준통화', 우리나라 원화가 '가격통화'가 되는 거예요. 쉽게 이 해되나요?

신문이나 뉴스 기사를 자주 보셨던 분들은 화폐를 문자로 표 기한 것도 떠오르실 거예요. 각 나라의 화폐에는 'Korean Won', 'United States Dollar', 'Euro'처럼 고유의 이름이 있는데요. 공식 문서에서는 편의상 ₩, $, € 등 문자로 표기되는 경우가 많아요. 대부분 각 화폐 이름에서 첫 번째 알파벳을 문자화한 거죠.

그중 미국 달러를 $로 표기하는 데는 재미있는 이야기가 숨 어 있죠. 가장 유명한 것은 스페인의 신대륙 발견 이후, 미국에 서 쓰였던 스페인 화폐에서 달러의 표기가 시작됐다는 이야기 인데요. 그 화폐의 이름이 '페소'였고, 이걸 PS라고 줄여서 쓰다 가 나중에는 수직선을 그은 $로 표기하게 됐다고 해요. 그 외에 도 스페인 국왕의 문장에서 유래했다는 이야기, 로마제국 후기 금화인 솔리두스에서 유래했다는 이야기도 있어요.

흠, 어째 환율에 관해 이야기하는데, 유독 미국 달러를 강조 하는 것 같나요? 사실, 이유가 숨어 있어요. 우리나라 외환에서 는 원/달러 환율이 모든 환율의 기준이 되고 있거든요. <금리> 파트에서 금리도 '기준'이 되는 '기준금리'가 있다고 했었잖아요. 환율에서는 원/달러 환율을 '기준환율'로 삼고 있어요.

즉, 미국 달러 이외 통화 환율은 모두 원/달러 환율을 기준으로 재산정한 거예요. 외환시장에서 원화로 유로화를 사려면 우선 원화를 달러로 바꾸고요. 그다음 달러로 유로화를 사야 해요. 표면적으로 드러나지는 않지만, 미국 달러 이외의 통화와 원화 사이에는 늘 미국 달러가 끼어 있죠. 이렇게 기준환율을 기준으로 재산정하는 건 '재정환율'이라고 불러요.

은행마다 환율이 다른 이유

은행에서 환전할 때 '왜 내가 인터넷에서 본 환율과 다르지?' 라고 많이 생각했을 거예요. 우리가 가장 흔하게 접하는 환율은 '살 때 환율'과 '팔 때 환율'인데요. 외국 돈이 하나의 상품이라고 생각했을 때 고객 입장에서 외화를 살 때와 팔 때 각각 다른 환율이 적용되는 거예요.

이해하기 쉽도록 외환거래에서 외국 돈을 '당근'이라고 할게요. 당근 가게에 갔더니 메뉴판에 가격이 총 세 가지가 있네요. 원가는 1,000원, '살 때 가격'은 1,100원, '팔 때 가격'은 900원. 당근 원가는 가게가 당근을 농장에서 공수해 온 가격을 말하고요. 가게에서 당근을 사고팔 때는 바로 이 원가를 기준으로 하고 있어요. 다른 말로는 '매매기준율'이라고 부르죠.

이때 당근을 사려면 1,100원을 지불해야 해요. 메뉴판은 고객 중심, 상품 중심으로 표기돼 있기 때문에 '살 때 가격'은 고객이 원화를 내고 당근을 살 때 1,100원을 지불해야 한다는 의미고요. 반대로 '팔 때 가격'은 고객이 남은 당근을 가게에 팔 때 당근을 받고 900원을 내어 주겠다는 말이에요.

이때 당근 가게는 은행을 의미해요. 고객이 은행에서 외국 돈을 환전할 때는 '사실 때', '파실 때' 환율을 적용받게 되고요. 외화를 송금할 때는 '송금받을 때', '송금 보낼 때' 환율이 적용돼요. 이해되셨나요? 쉽게 얘기하면 외화 현금을 바꿔서 해외여행을 가는 사람이라면 '사실 때' 환율을, 해외 유학을 떠난 딸에게 외화로 생활비를 보내는 부모님이라면 '송금 보낼 때' 환율을 확인하게 되겠네요.

한편 당근 가게는 농장에서 당근을 공수해 오면서 발생한 운반비, 당근 보관 비용, 가게에서 서비스를 제공하는 직원 인건비 같은 여러 가지 비용을 당근 원가에 수수료로 붙여서 장사해요. 이것처럼 은행도 매매기준율에 수수료로 붙여서 장사하는데요. 가게마다 당근을 공수해 온 방식이 다른 것과 마찬가지로 은행도 수수료가 천차만별이에요. 은행이 외화에 붙이는 수수료율을 '스프레드'라고 불러요.

보통 은행은 '살 때' 환율을 높게, '팔 때' 환율을 낮게 설정해서 이윤을 남기는데요. 매매기준율에서 스프레드를 더하면 살 때 환율이 되고 반대로 스프레드를 빼면 팔 때 환율이 돼요. 미국 달러 매매기준율이 1,000원일 때 스프레드, 즉 수수료가 100원이라면 살 때 환율은 1,100원이 되겠죠. 팔 때 환율은 900원이 되고요.

그래서 여행을 갈 때는 필요한 외화금액을 잘 예측해서 환전하는 게 좋아요. 무턱대고 원화를 외화로 많이 바꿨다가 다시 외화를 원화로 재환전하면 이전보다 낮은 환율을 적용받으니까 억울하잖아요. 작고 소중한 5만 원이 가만히 앉아서 4만 5,000원이 된다? 상상만 해도 너무 아깝네요.

환율이 정해지는 곳, 외환시장

이제 환율은 이해했는데, 이것은 누가 어디에서 정할까요? 기준금리를 정하는 게 한국은행이니까, 환율도 한국은행? 아니면 뉴스나 신문에서 환율 소식을 다룰 때마다 언급되는 '외환 당국'? 둘 다 아니에요. 환율은 외환시장에서 정해요.

우리나라의 환율은 외환시장에서 알아서 결정되도록 두는 방식이에요. 이걸 '자유변동환율제도'라고 부르죠. 물론 환율이 급격하게 오른다거나 금융시장이 침체될 위험이 있다고 판단하면 외환당국인 기획재정부와 한국은행이 개입할 때도 있는데요. 최대한 개입하지 않는 게 이 제도의 기본 룰이에요. 정원에 심어 둔 나무가 최대한 자연에서 내리쬐는 햇빛, 불어오는 바람, 내리는 비를 맞으며 알아서 크도록 두었다 비가 너무 오래도록 안 내려서 나무의 생명이 위태롭다고 생각하면 물을 뿌려 주는 것처럼요.

외환시장은 외국 돈을 사고파는 시장을 말해요. 실제 장소가 존재하는 건 아니고요. 외환에 관련된 거래가 전부 이루어지는 시스템 그 자체가 외환시장이에요. 명동에서 흔히 볼 수 있는 환전상도 외환시장, 외화를 바꿀 수 있는 은행도 외환시장, 외화를 취급하는 인터넷도 외환시장이죠. 외화는 세계 곳곳에서 거래되기 때문에 24시간 열려 있어요.

외환도 하나의 물건이라고 했었죠. 모든 재화와 서비스가 그러하듯 외환도 수요와 공급에 따라 가격이 오르내려요. 예를 들어 세계 곳곳에서 한국 원화에 대한 수요가 많아지면 원화의 가격은 올라가고, 반대로 인기가 식으면 원화가치는 떨어지죠.

앞서 외화를 당근이라고 생각하기로 했으니, 외환시장 전체를 당근 도매시장이라고 가정해 볼게요. 도매시장에서는 오로지 당근 가게 사장들만 거래를 할 수 있어요. 나라에서 "그래 너는 당근 도매시장에서 당근을 사서 개인 고객들에게 팔아도 좋아!"라고 허가를 받은 사람들만 도매시장에 들어올 수 있죠. 이때 도매시장에서 당근의 원가는 전날 당근 가게 사장들이 당근을 얼마나 많이 사고 팔았는지로 정해요. 당근 가게 사장들이 당근을 많이 사는 시기에는 당근의 가격이 올라가고, 당근의 수요가 떨어지면 가격도 같이 내려가게 되죠.

사실 당근의 구매 수량은 당근 가게 사장이 결정하는 게 아니에요. 도매시장에서 당근을 많이 사 가도 개인 고객들이 그만큼 당근을 사 가지 않으면 손해를 보잖아요. 당근 가게와 고객 사이의 거래량이 어느 정도냐에 따라 다음 날 도매시장에서 구매하는 수량이 달라져요.

이제 하나씩 대입해 볼까요? 당근 도매시장은 외환시장, 당근 가게는 외국환은행, 고객은 우리 같은 개인이에요. 외국환은행은 정부에서 외환거래를 할 수 있도록 허가받은 은행을 말하는데요. 우리가 환전을 위해서 찾았던 국민은행, 우리은행, 신한은행 같은 시중은행이 모두 외국환은행이에요.

환율은 외환시장에서 전날 은행들 사이에 오갔던 외환거래량에 따라서 달라지고요. 매일 아침 금융결제원이 고시해요. 앞서 당근 도매시장에서 당근 가격을 결정하는 건 결국 고객들에게 당근이 얼마나 필요한지였던 것처럼 은행과 고객 사이에 이루어지는 거래, 즉 '대고객 거래'가 환율에 큰 영향을 끼쳐요. 결국 우리 개인들도 국가의 환율에 영향을 미치고 있는 거죠.

통화가 강하다? 약하다?

외환시장에서는 전 세계 통화 중 '누가 힘이 제일 센가'를 끊임없이 겨뤄요. 통화의 힘이 셀 때는 '강세', 반대로 힘이 약할 때는 '약세'라고 표현해요. 그러니 '원화 약세'라는 표현은 우리나라 돈인 원화의 힘이 약해진 상태, 반대로 '원화 강세'는 원화의 힘이 강해진 상태예요.

그런데 각 나라의 통화가 사람이 팔씨름하듯이 실제로 힘겨루기를 할 수 있는 것도 아닌데, 어떻게 힘의 크기를 판단할 수 있는지 의아하지 않나요? 그 궁금증을 해결해 드릴게요! 각 통화의 교환 비율이 '강세'와 '약세'를 정한답니다.

예를 들어 환율이 1달러=1,300원일 때는 1달러짜리 인형을 하나 살 때 1,300원이 필요했어요. 그런데 환율이 1달러=1,000원으로 내려갔어요. 그럼 이제는 1,000원만 지불해도 인형을 살 수 있게 되었죠. 이전보다 실제 지불하는 금액이 적어졌다는 건 우리나라 화폐가치가 상승했다는 뜻이잖아요. 그만큼 원화의 힘이 세진 거죠. 이게 '원화 강세'예요. '높을 고(高)'를 써서 '원고'라고도 하고요.

반대로 환율이 1달러=1,000원일 때는 1달러짜리 젤리를 사 먹을 때 1,000원만 내면 됐어요. 하지만 환율이 1달러=1,100원으로 오르면 이제 100원을 더 내야 해요. 이런 상황이 '원화 약세'예요. 원화의 힘이 약해져서 한국 돈의 가치가 떨어진 상황인

누군가에게는 일상의 풍경이

내게는 여행의 하이라이트가 되는

아이러니.

데요. '낮을 저(低)'를 써서 '원 저'라고도 해요.

앞에서 일본으로 당일치기로 여행을 가는 사람들이 갑자기 늘어나게 된 건 '엔화 약세', '엔 저 현상' 때문이라고 표현했어요. 일본여행을 부담 없이 떠날 수 있게 했던 엔화 약세는 예전에 100엔=1,000원이었던 환율이 100엔=800원으로 떨어진 걸 말해요. 팔씨름은 늘 한 명이 이기고, 나머지 한 명이 지는 게임이잖아요. 외환시장의 힘겨루기도 마찬가지라서 통화가 강하고 약하다는 표현은 늘 상대적이에요. 엔화가치가 내려가면 우리나라의 원화가치를 비교적 세게 만들어서 환율 부담을 줄여 줘요. 이전에는 일본여행을 위해 환전할 때는 환율이 100엔=1,000원이라서 100만 원을 지불하고 10만 엔을 받을 수 있었는데요. 이제는 같은 100만 원을 약 12만 엔으로 바꿀 수 있으니 이득이라고 생각한 거죠.

이때 우리는 환율이 올랐다고, 내렸다고 얘기해요. 이 표현은 외국 돈 1단위를 살 때 지불하는 우리나라 돈의 많고 적음을 얘기해요. 원/달러 환율이 1,000원이었다가 1,200원으로 올라가면 '달러 환율이 올라갔다'고 표현하고요. 반대로 1,300원이었던 원/달러 환율이 1,100원으로 내려가면 '달러 환율이 내려갔다'고 해요. '달러 환율이 올라갔다', '유로화 환율이 떨어졌다'처럼 외국 통화를 주체로 표현하다 보니 헷갈릴 수 있는데요. 해당 통화를 사기 위해서 우리나라 돈을 얼마나 지불해야 하는가에 초점을 맞추면 돼요.

그런데 앞서 얘기한 것처럼 우리나라는 '자유변동환율제도'를 택하고 있어서 환율을 기준금리처럼 인위적으로 올리고 내릴 수 없어요. 환율은 경제상황에 따라서 저절로 올라가고 내려갈 뿐이죠. 각 나라의 통화도 하나의 상품이기 때문에 환율을 결정하는 건 기본적으로 수요와 공급이에요. 그러니 전 세계 외환시장에서 인기가 많은 통화는 시세가 오르고, 수요가 적은 통화는 시세가 내려갈 수밖에 없죠.

질 좋은 상품을 판매하는 기업 매출이 올라가는 것처럼 국가도 많이 팔리는 상품이나 서비스를 보유하고 있으면 통화가치를 높일 수 있어요. 전 세계에 "스마트폰은 한국산이 최고야!"라고 소문이 났다고 가정할게요. 그럼 우리나라 스마트폰을 수입하려는 나라가 많아지겠죠. 각 나라에서 외화를 원화로 바꿔서 대금을 지불하는 일이 많아질수록 외환시장에서 원화 수요가 커질 거고요. 시간이 갈수록 자연스럽게 원화가치는 높아지게 돼요.

결국 나라를 대표하는 상품과 서비스를 보유하고, 기업이 수출로 매출을 올리면 올릴수록 통화가치도 절로 올라가는데요. 흔히들 하는 "대기업이 나라를 먹여 살린다."라는 말이 틀린 말이 아니에요. 국가 경제력은 늘 통화 시세와 함께 움직이기 마련이거든요.

우리나라의 환율은 적절한 수준일까?

여러분은 햄버거 좋아하시나요? 많은 사람이 '햄버거' 하면 맥도날드의 빅맥을 떠올리는데요. 1968년에 미국에서 탄생한 빅맥은 경제학에서도 중요한 존재예요. 빅맥으로 각 나라의 '환율'을 비교할 수 있거든요.

영국의 경제전문지 『이코노미스트』는 1986년부터 매년 1월과 7월에 빅맥지수를 발표하고 있어요. 각 나라의 빅맥 가격을 달러로 환산한 후 미국 내 빅맥 가격과 비교한 지표인데요. 세계 각국의 빅맥 가격을 비교하면 그 나라의 환율과 물가 수준이 적절하게 평가됐는지 알 수 있다는 게 빅맥지수의 탄생 목적이었어요.

맥도날드는 전 세계에서 약 3만 7,000여 개 매장을 운영 중인데요. 『이코노미스트』는 빅맥은 어딜가나 똑같은 빅맥이라는 점을 활용했어요. 방법은 간단해요. 먼저 국가별 빅맥 가격을 달러로 환산해서 미국의 빅맥 가격과 비교해요. A국가의 환율이 빅맥지수보다 낮다면 그 나라의 통화가치는 고평가됐다고 보고, 미국 빅맥지수가 더 높다면 통화가치가 저평가됐다고 보는 것이죠.

2024년 1월 기준 『이코노미스트』가 발표한 한국의 빅맥지수는 4.11달러였어요. 한국 빅맥 가격 5,500원에 1달러당 1,338.9원인 당시 원/달러 환율을 적용해서 달러로 나타낸 수치죠. 빅맥지수에서 기준이 되는 미국의 빅맥지수 5.69달러보다 27.8% 낮은 수치였어요. 즉, 우리나라는 빅맥지수를 바탕으로 '우리나라의 통화가치가 27.8% 저평가됐다'고 해석할 수 있어요.

빅맥지수는 동일한 상품은 어떤 시장에서든 가격이 같다는 '일물일가의 법칙'을 바탕으로 계산하는 이론이에요. 이 법칙에 따르면 한국 빅맥 가격 5,500원과 미국 빅맥 가격 5.69달러가 같은 가치를 가져야 하는데요. 이렇게 계산하면 원/달러 환율이 966.61원이 돼요. 실제 환율과 다소 차이가 있죠.

그렇지만 빅맥지수만으로 돈의 가치를 논하는 것은 한계가 있어요. 국가마다 점포 임대료, 직원들의 임금, 세금이 다 달라서 빅맥지수의 뿌리인 '일물일가의 법칙'을 현실에서는 적용할 수 없으니까요. 그렇지만 다른 나라와 우리나라의 환율 수준을 파악할 수 있기 때문에 매년 맥도날드를 찾아 가격을 확인해 보는 것도 재미있는 공부가 되겠네요!

환율이 오르면 무슨 일이 생길까?

"6kg 무게인 엽전 6,000개가 현재 환율로 1달러에 해당한다. 수백 달러짜리 물건을 사려면 짐꾼들을 고용해서 돈을 실어 날라야 한다." 오스트리아인 에른스트 폰 헤세-바르텍이 19세기 말 조선을 여행한 후 쓴 『조선, 1894년 여름』에 나오는 한 구절이에요. 극단적으로 엽전 1개가 현재의 1원이라고 가정한다면, 원/달러 환율이 6,000원인 셈인데요. 당시 조선의 화폐가치 얼마나 낮았는지 짐작할 수 있죠. 동시에 현대의 우리나라 원화가치는 상당히 높아졌다는 걸 알 수 있고요.

이렇게만 보면 환율하락이 무조건 나쁘다고 생각할 수 있는데요. 외환시장에서 환율상승과 환율하락은 이분법적으로 가를 수 없어요. 누군가는 환율이 상승했을 때 이득을 보고, 반대로 누군가는 환율이 떨어진 상황이 더 반가울 수 있거든요. 특히 환율상승은 우리나라의 주 수입원인 수출을 증가시키고 수입을 감소시키기 때문에 경제에 도움이 되지만, 환율하락은 수출실적을 떨어트리니 부정적이라고 생각하기 쉬워요. 알고 보면 다 그렇지는 않답니다.

환율이 내려갔다는 건 원/달러 환율이 1,000원이던 상황에서 800원으로 떨어졌다는 거잖아요. 우리나라의 화폐가치가 올라가서 1달러를 살 때 더 적은 돈을 지불해도 된다는 얘기고요. 세계적으로 우리나라 통화의 힘이 세졌다는 증거인데, 이 상황을 무조건 부정적이라고 할 수 있을까요? 절대 아니에요. 그저 장단점이 있을 뿐 좋고, 나쁘고의 문제가 아니죠.

그럼 환율이 상승했을 때 일어나는 일들을 먼저 정리해 볼까요? 외국 돈도 하나의 상품이라는 공식을 계속 기억해 주세요. 환율이 오른다는 건 물건 값이 오른다는 거잖아요. 자연스럽게 필수적으로 소비했던 생활비도 늘어나지요.

앞서 <물가> 파트에서 원유는 달러로 거래한다고 했어요. 달러 가격이 오르면 원유를 사 올 때 기존보다 많은 원화를 지불해야 돼요. 그럼 휘발유 가격, LPG 가격이 모조리 다 올라가니까 집을 따뜻하고 시원하게 만드는 냉난방비가 상승하겠죠. 요즘은 우리 밥상 위에 올라가는 식재료 둘 중 하나는 수입산일 정도로 수입산 먹거리가 흔해졌는데요. 환율이 올라서 수입 새우 가격이 비싸면 밥상에 5마리씩 올라오던 새우는 3마리가 되고, 급기야는 새우 반찬을 못 올리게 될 수도 있어요. 환율 오르기 전에는 1마리에 5,000원이던 새우가 환율이 올라서 7,000원이 되면 생활비가 늘어나서 부담을 느끼게 되겠죠.

아들딸을 유학 보낸 부모님은 더 예민해져요. 환율이 오르면 자녀에게 보내는 돈의 액수가 줄어들게 되거든요. 6개월에 한 번 아들에게 1만 달러를 보내고 있어요. 원/달러 환율이 1,000원일 때는 1만 달러가 1,000만 원이었는데, 환율이 1,300원으로 오르면 똑같이 1만 달러를 마련하기 위해서는 300만 원이 더 필요해요. 돈을 보내는 엄마 아빠도 힘들고, 돈을 받아 쓰는 아들딸도 눈치가 보이기는 마찬가지죠. 해외여행을 생각하고 있던 사람들도 환율이 오르면 국내여행으로 계획을 변경하게 되고요.

미국 주식에 주로 투자하는 사람들을 '서학개미'라고 하는데요. 반면 그들에게는 환율상승이 희소식이에요. 원/달러 환율이

상승하면 주식투자 수익 외에 환율 변화로 얻는 이익인 '환차익' 까지 챙길 수 있거든요. 예를 들어 미국 주식에 투자할 때 원/달러 환율이 1,200원이었는데, 주식을 팔고 원화로 바꿀 때는 환율이 1,300원으로 100원 올라가면 투자수익률에 환차익 약 8.3% 수익을 더 얻는 셈이 돼요. 가만히 앉아서 실질수익률이 올라가니까 환호성을 지르겠죠.

삼성전자, 현대자동차처럼 수출을 많이 하는 기업들도 환율 상승을 반기는 쪽이에요. 개당 100달러인 제품을 팔았을 때 원/달러 환율이 1,000원일 때는 10만 원을 버는 셈이잖아요. 하지만 환율이 1,300원이 되면 같은 제품을 팔아도 3만 원을 더 벌 수 있어요. 이렇게 환율이 올라갈 때는 수출 기업이 수출 상품 판매가를 내리는 것도 가능해요. 1달러에 수출하던 걸 90센트로 낮추면 가격경쟁력이 올라가겠죠.

품질은 기존과 똑같은데 가격이 낮아진다? 마다할 사람은 없겠죠. 해외에서 우리나라 수출 기업들의 시장점유율이 올라가고 수출 실적은 점점 더 좋아질 가능성이 커져요. 특히 우리나라는 수출로 먹고사는 국가라고 표현해도 과언이 아니기 때문에 수출 기업의 매출이 높아지면 국가의 경상수지가 좋아져요. 이 내용은 <무역> 파트에서 자세히 다룰 예정이에요.

반대로 수출이 아닌 수입 위주의 기업은 환율상승이 야속해요. 원/달러 환율이 1,000원일 때는 1만 달러 수입대금을 지불할 때, 1,000만 원이 필요했어요. 하지만 환율이 1,300원으로 오르면 수입대금이 1,300만 원으로 올라가요. 우리나라에서 생산하는 제품 중에는 해외에서 재료를 수입하는 경우가 많아 환율 때문에 국내 제품의 가격이 올라가는 상황도 생겨요. 그럼 결국 또 생활비가 증가하는 악순환이 벌어지죠.

환율이 내려가면 무슨 일이 생길까?

환율이 하락할 때 벌어지는 일은 환율상승기의 상황과 거의 반대예요. 환율이 하락하면 반대로 수입 기업이 이득을 봐요. 수입대금으로 달마다 1만 달러를 지불해야 하는 기업이 있어요. 원/달러 환율 1,300원일 때는 1,300만 원이 필요했지만, 환율이 1,000원으로 떨어지면 300만 원을 절약하게 돼요. 환율하락기에는 수입 기업이 환차익을 누리는 거죠. 대표적으로 수입한 원유를 휘발유, 경유 같은 석유 제품으로 정유하여 판매하는 정유업계는 환율하락기에는 환호성을 질러요.

반대로 수출 기업은 환율하락이 반갑지 않아요. 환율이 떨어지면 같은 가격의 제품을 팔아도 이전보다 벌어들이는 원화의 금액이 적어지니까요. 그렇다고 수출 제품의 가격을 무한정 올릴 수도 없어요. 환율이 떨어져서 1만 2,000원이 1만 원이 됐다고 1달러짜리를 2달러로 올리면 해외 현지에서 가 아침 먹는 습관을 들이려고 사진을 찍기 시작했다.

정성껏 차린 음식이 카메라에 예쁘게 나오면

얼마나 기분이 좋은지.

꼭 모든 일이 다 잘 풀릴 것만 같다.

격경쟁력에 밀릴 수 있잖아요. 이러지도 저러지도 못하는 상황이 되죠.

한국에서 일하고 있는 외국인 노동자들은 환율이 떨어지면 일할 맛이 나요. 외국인 노동자들은 한국에서 받은 월급의 절반 이상을 고향의 가족에게 외화로 보내는 경우가 많은데요. 원/달러 환율이 1,300원일 때는 130만 원으로 100달러를 보낼 수 있었는데, 환율이 1,000원으로 떨어지면 30만 원 여유가 생기게 돼요. 가족에게 돈을 더 많이 보내거나, 한국에서 본인이 쓸 수 있는 여윳돈이 생기니 기쁠 수밖에요.

일상에서는 수입 제품을 구입할 때 부담이 줄어들어요. 환율이 떨어지면 3개에 1만 원이었던 망고를 이제 4개에 1만 원에 사먹을 수 있죠. 대체로 환율하락기가 되면 수입 제품의 선호도가 높아지는 이유예요. 이렇게 환율상승과 환율하락은 웃는 이와 우는 이가 공존하는 상황이라서 선과 악, 좋은 일과 나쁜 일로 나눌 수 없어요. 하지만 각 상황이 우리나라 경제에 어떤 영향을 끼치는지 잘 파악해 둔다면, 일상의 변화를 조금이나마 예측할 수 있겠지요.

환율과 물가는 어떤 관계가 있을까?

환율은 국내 물가에도 많은 변화를 불러와요. 환율이 물가를 움직이기도 하고, 반대로 물가가 환율 변동을 가져오기도 하죠.

원/달러 환율이 올랐다고 가정해 볼게요. 기존에 1,000원이던 원/달러 환율이 1,300원으로 올랐어요. 수입 기업은 기존보다 더 비싼 값에 물건을 수입하게 되겠죠. 비싼 값에 수입대금을 치른 수입 기업은 손해를 방어하기 위해서 이 비용을 소비자들에게 전가해요. 그럼 1,000원이던 젤리가 1,300원이 되고 1만 원이었던 바디 스크럽은 1만 3,000원이 되겠죠.

환율이 올라서 우리나라 원화가치가 떨어졌을 때는 수입 제품을 쓰지 않으면 될 것 같나요? 이는 좋은 생각일 수는 있지만, 현실적으로는 불가능해요. 개인들의 사치품은 당분간 사지 않고 값이 올라간 수입 과일은 국산 과일로 대체할 수 있지만, 대체할 수 없는 경우가 훨씬 많거든요. 나라경제 전반에서는 구매를 중단할 수 없는 경우가 있어요. 기업들이 제품 생산을 위해서 원자재를 수입하거나, 100% 수입에 의존하고 있는 원유가 그런 케이스죠. 특히 우리나라 제조업 기업들은 제품을 생산할 때 필요한 원자재를 수입하는 경우가 많아요. 이런 경우에는 환율이 올라가더라도 울며 겨자 먹기로 수입할 수밖에 없어요.

프랑스 음식 전문점을 운영하면서 식자재를 모두 프랑스에서 수입하고 있다고 가정해 볼게요. 환율이 올라서 기존에 1만 원에 사 오던 재료를 이제는 1만 3,000원에 사 와야 하는 상황이에요. 저는 식재료 수입을 중단할 수 있을까요? 재료를 프랑스에서 들여오지 않으면 아예 가게 문을 닫아야 하는 상황인데요.

더 비싼 값을 치르고 재료를 수입해 온 만큼 가게 앞에는 공지문이 하나 붙게 되겠죠. "재료비 인상으로 부득이하게 메뉴 가격을 올리게 됐습니다. 많은 양해 부탁드립니다." 수입 원자재, 수입 재료를 쓰는 기업과 가게들이 하나둘씩 국내 판매 제품의 가격을 올리면 결국 연쇄적으로 전반적인 물가가 올라갈 수밖에 없고요. 물가는 전파 속도가 꽤 빠른 편이거든요.

특히 100% 수입에 의존하고 있는 원유는 돌아갈 길이 없어요. 사우디아라비아에서 수입하는 원유의 가격이 올랐어요. 원유 수입대금을 치르는 기업들의 지출은 하루에도 수천만 원이 올라갈 수 있어요. 원유 가격이 오르면 원유를 활용해서 생산하는 휘발유, 등유, LPG 가격이 모두 오르는 건 당연한 수순인데요. 자연스럽게 추운 겨울을 버티게 해 주는 난방비도 오르고, 집에서 편히 시켜 먹는 배달료도 올라가요. 버스회사들도 더는 못 견디겠다면서 또다시 버스요금 인상을 발표하겠죠. 안 오르는 게 없는 상황이 펼쳐지게 되고, 결국 내 주머니에서 나가는 돈의 액수도 커지죠.

앞에서 환율이 올라서 우리나라 통화가치가 떨어지는 '원 저'

상황이 되면, 수출 기업은 환호성을 부른다고 얘기했었죠? 아이러니하게도 환율이 오르면 수출 기업도 마냥 좋은 것만은 아니에요. 수출하기 위해서는 제품을 생산해야 하는데, 생산에는 원자재가 필요하잖아요. 우리나라 기업들은 원자재를 수입하는 경우가 많아서 '수출'을 위한 '수입'이 필요한 상황이 되죠. 수요와 공급 원칙에 따라서 수입을 많이 하면 수입 물가는 더 올라갈 테니까, 이 역시 물가상승을 더 부추기는 꼴이 돼 버려요. 다 장단점이 있죠.

반대로 물가 때문에 환율이 움직일 때도 있어요. 예를 들어 환율은 안정적인데 물가가 빠르게 상승하고 있는 상황이에요. <물가> 파트에서 살펴봤듯이 물가가 오르면 전반적인 물건 가격이 다 올라가니까 사람들은 지갑을 닫겠죠. 그럼 시장에 풀리는 돈의 양이 적어지니까, 경기는 순식간에 얼어붙게 돼요.

이 상황을 예의 주시하는 사람들이 바로 '외국인 투자자'예요. 여러분이 투자자라면 경기가 차갑게 식어 있는 국가에 투자하고 싶으실까요? 시장에 돈이 잘 돌고 있지 않다는 건 그 나라의 기업들도 매출이 떨어졌다는 증거잖아요. 국내 기업의 상황에 의구심을 품을 수밖에 없겠죠.

급기야는 기존 투자금을 빼는 상황도 생길 수 있어요. 우리나라 주식시장에서 외국인 투자자들이 대거 빠져나가거나 혹은 새로운 투자자들이 들어오지 않게 될 수도 있죠. 한국 주식시장을 빠져나가는 외국인 투자자들의 움직임은 결국 외환시장에도 영향을 끼치게 돼서 원화의 수요를 떨어뜨려요. 이런 현상이 길어질수록 결국 물가가 자국 통화가치를 떨어뜨리게 되는 거죠.

환율과 주가는 어떤 관계가 있을까?

<증권> 파트에서 살펴봤듯이 주식시장에서 외국인 투자자는 중요한 존재예요. 주식투자를 한다는 사람이 환율의 움직임에 따라서 외국인 투자자들이 우리나라 주식시장에 들어오고 나가는 구조를 이해하지 못한다면, 투자를 잘한다고 얘기하기는 힘들죠.

우리나라 사람, 외국 사람 구분할 것 없이 '투자'를 하는 사람들의 목표는 단 하나예요. '수익을 남기는 것'. 우리나라 사람이 우리나라 주식시장에서 투자할 때는 주가가 오르는지, 내리는지만 보면 되잖아요. 외국인 투자자들은 여기에 한 가지를 더 따져요. 그게 바로 지금 얘기하고 있는 '환율'인데요.

외국인은 우리 주식시장에서 투자할 때 외화를 원화로 바꿔서 투자해요. 투자를 마칠 때는 다시 원화를 외화로 바꾸죠. 그러니까 이 과정에서 환율 변동으로 이익을 보는 '환차익'과 손실을 보는 '환차손'에 굉장히 예민하게 반응할 수밖에 없어요. 투자 수익을 남겨서 돌아가나 싶었는데, 환차손 때문에 손해를 입는다면 억울하잖아요. 누구나 투자를 마칠 때는 '실'보다는 '득'이 남기를 바라니까요.

그럼 환율에 따른 이득과 손해를 한 번 따져 볼게요. 외국인 투자자가 2023년에 1억 달러를 우리나라 주식에 투자했어요. 원/달러 환율이 1,000원인 상황이어서 원화 1,000억 원으로 환전해서 투자했죠. 1년이 지나도록 수익이 전혀 나지 않아서 주식을 매도하고 다시 달러로 환전하려고 해요.

그런데 1년 사이에 환율이 많이 올랐어요. 원/달러 환율이 1,000원에서 1,200원이 됐죠. 투자했던 원화 1,000억 원을 달러로 환전하니까 약 8,300만 달러밖에 안 돼요. 수익률에는 변동이 없었는데, 환율 때문에 1억 달러가 약 8,300만 달러가 돼서 무려 1,700만 달러나 손해를 본 거예요. 우리 돈으로 약 190억 원에 달하는 돈이에요. 환율이 올라간 바람에 외국인 투자자는 환차손을 입게 됐죠.

환율이 올랐다는 건 우리나라 경제가 좋지 않다는 증거이기도 해요. 환율상승 영향으로 수출 실적이 적자를 기록하고, 물가가 오르는 등 우리나라 경제가 악화된 상태라면, 기업들의 매출도 부진하겠죠. 주가가 오르기 힘든 상황이에요. 그래서 외국인들은 한국의 환율이 오를 조짐을 보이거나 이미 오른 상태라면 주식을 팔고 주식시장을 빠져나가는 경우가 많아요. 침체된 경제로 주식의 수익률이 낮아지고, 환차손을 입을 가능성을 고려한 결정이죠. 이렇게 외국인 투자자들이 우리 주식을 팔고 시장을 빠져나가는 걸 '셀 코리아'라고 해요.

반대로 원/달러 환율이 1,000원에서 800원으로 내려갔어요. 이번에도 투자했던 원화 1,000억 원을 환전하는 데 환율이 내려가서 1억 2,300만 달러로 바꾸게 됐어요. 수익률에는 변동이 없었는데 환율 덕분에 2,300만 달러 환차익을 본 거예요.

게다가 환율이 내려갔다는 건 우리나라 통화가치가 높게 평가받고 있다는 얘기잖아요. 통화가치가 높아졌다는 건 우리나라 경기가 호황이라는 증거이기도 하고요. 경기가 달아오르면 기업들의 매출도 올라갈 테니 주가는 올라갈 수밖에 없어요. 게다가 외국인 투자자 입장에서는 환율이 내려가서 환차익까지 얻을 수 있으니 자연스럽게 우리나라 주식시장으로 유입이 커지죠. 환율하락기에 주식시장에 외국인 투자자들이 '바이 코리아'를 하면서 대거 들어오는 이유예요.

특히 경제위기상황에서 외국인 투자자들의 돈은 미국, 유럽 등에 몰려요. 우리나라 주식에 투자했던 돈을 거둬들이고 미국, 유럽의 주식에 투자하는 거죠. 씁쓸하게도 외국인 투자자들은 우리나라 주식시장이 여전히 불안정하다고 보고 있는데요. 우리나라처럼 경제가 빠르게 성장하고 개방이 급진전된 자본시장을 '이머징 마켓'이라고 불러요. 세계경제가 휘청이는 상황일

수록 이머징 마켓을 이탈하고 선진국 주식의 비중을 높이는 이른바 '안전자산 선호현상'이 강해지죠.

이렇게 우리나라 금융시장에서 외국인의 자금이 급격하게 빠져나가면 주식은 더 급격하게 하락해요. 국내에 유입됐던 달러가 빠져나가면서 환율도 더 올라갈 가능성이 커지고요. 반대로 국내 금융시장으로 외국인 투자자들의 돈이 몰리면 주가는 올라가고 환율은 하락하는데, 그만큼 경제상황이 좋다는 걸 인정받은 셈이니 환율이 내려가는 경우가 많아요. 주가와 환율은 시소처럼 역의 관계에 있다는 걸 기억한다면, 주식투자로 경제상황을 파악하기에 좋을 거예요.

온 국민을 공포로 몰아넣은 외환위기

은행에서 금고에 현금을 쌓아 두는 것처럼 중앙은행인 한국은행도 외화 금고가 있어요. 여기에 정부와 중앙은행이 거액의 외화를 쌓아 두는데요. 외환보유액은 일종의 국가 비상금이에요. 비상금은 넉넉할수록 안심이 되죠. 외환보유액이 넉넉한 나라는 대외적으로 지급 능력이 탄탄한 나라로 인식될 수 있어요.

사실 우리나라는 방금 얘기한 '외환보유고' 염려증이 있어요. 사람이 한 번 크게 아프고 나면 조금만 컨디션이 안 좋거나, 그전에 앓았던 병과 유사한 증상을 보일 때 극도로 예민해지게 되

농구대에 붙은 매미 한 마리가

요란스럽게 맴맴 울고 있다.

그건 나무가 아니라고 말해 주었지만,

우렁찬 목청에 들리지 않는 모양이다.

는데요. 이런 심리가 계속되면 건강에 대한 우려가 짙어지는 건강염려증이 생길 수밖에 없어요. 우리 국민들은 이와 비슷하게 외환보유고에 대해 유독 예민하게 반응하죠.

그 원인은 바로 1997년 12월에 겪은 '외환위기'예요. IMF 사태, IMF 경제위기라고도 부르는데요. 이 시기를 정통으로 겪은 엄마 아빠 세대는 지금도 그때의 한국경제가 '악몽' 같았다고 얘기해요. 이대로 나라가 망하는 게 아닌가 싶을 정도였다고 하죠.

1997년 겨울, 외환위기는 한마디로 '갚을 외화는 많았고, 갚을 수 있는 외화는 바닥났다'고 표현할 수 있는데요. 외환위기를 겪기 직전에 우리나라는 선진국이 주로 가입하는 경제협력개발기구 OECD에 가입하고, 국민소득이 1만 달러를 넘었어요. "이제는 우리도 선진국!"이라면서 축배를 들었죠. 그런데 사실은 축배를 들 때가 아니었어요. 무역은 수출보다 수입이 더 많아서 경상수지 적자를 기록하고 있었고요. 세계화가 가속화되면서 기업들이 너도나도 해외 진출에 속도를 냈어요. 기업이 덩치를 키울 때는 대출도 많이 받기 마련인데요. 외화자금을 앞다퉈서 끌어다 쓰다 보니 갚아야 할 외화 채무도 날이 갈수록 커졌어요.

이 시기쯤 동남아시아 국가들이 외환위기를 맞아요. 학교 다닐 때 친구들이랑 같이 어울리다 보면 나는 분명 잘못이 없는데 "너도 그랬지?"라며 선생님이 같이 혼내시는 경우가 있잖아요. 외국인 투자자들은 동남아시아 국가들이 위기를 맞자 '한국도 위험하다'며 너도나도 자금을 빼 갔어요.

이때 미국의 언론사 블룸버그통신이 "한국의 외환보유액이 150억 달러밖에 남지 않았다!"라는 오보를 내면서 상황은 더 악화돼요. 외환보유액은 그 나라의 재정이 얼마나 탄탄한지 보여주는 요소 중에 하나라고 했잖아요. '한국의 통장이 바닥을 드러냈대!'라고 전 세계적으로 가짜 뉴스가 퍼지면서 한국에 대한 불안감이 더 심해진 거나 마찬가지죠.

외화 유출 속도는 더 빨라졌어요. 우리 정부, 기관, 기업은 빌렸던 외화 채무를 제때 갚지 못해서 독촉받았죠. 결국 정부는 갖고 있는 외환보유액으로 이 상황을 방어하고자 계속 외화 자금을 풀었고, 결국은 가짜뉴스가 현실이 돼서 외환위기가 덮친 1997년 12월 18일의 외환보유고는 39억 4,000만 달러까지 떨어졌어요. 2024년 4월의 외환보유고가 4,100억 달러가 넘었으니, 1/100도 안 되는 외화만 손에 겨우 쥐고 있었던 거예요.

지금의 우리는 삼성, LG, 네이버, 카카오 같은 대기업들을 보며 "설마 저런 큰 기업들이 망하겠어?"라는 생각을 당연하다는 듯이 하잖아요. 이때는 외환위기로 '설마'하는 일들이 현실로 일어났어요. 탄탄한 대기업들이 줄줄이 무너졌죠. 사태가 이렇게까지 악화하자 정부는 결국 국제통화기금인 IMF에 구제금융을 요청해요. 개인들도 갚을 돈이 있는데 도저히 갚을 여력이 없을 때는 파산 신청을 하잖아요. 대한민국 정부가 공식적으로 국가

부도 선언을 하면서 "도와주세요!"라고 손을 내민 순간이었죠.

시간이 지나서 2024년 기준 대한민국의 외환보유고는 전 세계 9위 수준으로 상당히 안정적인 상태를 유지하고 있어요. IMF가 요구하는 혹독한 구조조정을 견디면서 현재의 경제 상태를 이뤄 냈죠. 이 시간을 직접 겪은 엄마 아빠, 할머니 할아버지 세대는 지금도 뉴스에서 '외환'이라는 단어가 나오면 예민해져요. 실제로 외환보유고가 얼마나 중요한 역할을 하는지 두 눈으로 봤으니까요.

다행히도 지금은 우리나라도 '통화 스와프'를 적극적으로 활용하기 때문에 또다시 그런 악몽이 펼쳐질 가능성은 조금이나마 적어졌어요. 통화 스와프는 각 국가가 일정 기간 서로의 통화를 교환해서 이용하다 만기가 되면 다시 통화를 돌려주는 약속인데요. 은행에서 많이들 만드는 마이너스 통장과 비슷하다고 생각하면 돼요.

예를 들어 한국과 미국이 통화 스와프를 맺었다고 가정해 볼게요. 환율은 1,200원, 총 200억 달러 규모로 1년 만기 계약을 맺었어요. 그럼 우리나라는 계약 기간 1년 동안 200억 달러를 언제든지 인출해서 쓸 수 있고, 반대로 미국도 원화 24조 원을 자유롭게 쓸 수 있어요.

환율은 외화의 수요와 공급에 따라서 오르고 내리는 거라서 심리도 굉장히 중요한데요. 외화가 부족해서 환율이 급등할 때는 언제든 쓸 수 있는 마이너스 통장의 존재만으로도 달아오른 외환시장의 분위기를 잠재울 수 있어요. 실제로 외화를 사용하지 않더라도 통화 스와프를 체결함으로써 심리적 안정이 가능하답니다.

마무리

환율은 전 세계 국가가 모두 참여하는 체력장에서 각 나라의 체력을 증명하는 기록이에요. 신체가 건강하고 다부진 사람에게 '체력이 좋다'고 얘기하잖아요. 체력은 사람에게만 중요한 게 아니에요. 국가도 기초체력이 탄탄하게 뒷받침돼야 국가경제를 잘 이끌어 갈 수 있죠.

한 나라의 기초체력을 경제에서는 '펀더멘털'이라고 하는데요. 체력장에도 오래달리기, 멀리뛰기, 높이뛰기처럼 다양한 종목이 있잖아요. 펀더멘털에도 물가상승, 경상수지 등 다양한 요소가 있어요. 그중 절대 빠지지 않는 게 '환율'이죠. 전 세계 돈은 국가의 기초체력인 펀더멘털이 튼튼한 국가로 향하게 돼 있답니다.

그러니 앞으로는 환율을 '여행 경비가 달라지는 척도'가 아니라, 우리나라의 건강 상태를 측정할 수 있는 지표라고 생각해 보세요. 경제기사에서 환율을 읽는 자세가 달라질 거예요.

7장
/
PM
8:00

용인 푸씨 푸바오에게
숨겨진 표정

결국 푸바오가 갔네요. 지금까지 별별 앓이를 다 들어 봤지
만, '판다 앓이'까지 듣게 될 줄은 몰랐어요. 정확하게는 '푸바오
가족 앓이'죠.

푸바오는 2020년 7월 20일에 한국에서 처음으로 태어난 자
이언트 판다예요. 2016년에 용인 에버랜드 개장 40주년을 기념
해서 한국에 들어온 엄마 아이바오와 아빠 러바오 사이에서 태
어났죠. 푸바오가 태어나고 사람들은 '용인 푸씨'라서 푸바오라
는 우스갯소리를 하기도 하고, 판다 사육사들에게 애칭을 붙이
기도 할 만큼 엄청난 사랑을 보냈어요.

'저녁에 푸바오를 보면 하루 스트레스가 다 풀린다'는 사람부
터 '퇴근 후에 푸바오네 가족 영상 정주행하는 게 삶의 낙'이라는

반응까지. 심지어는 주말만 되면 에버랜드로 달려가서 하루 종일 판다들과 함께하는 사람들도 생길 정도였죠. 다들 동물과의 교감으로 안정감을 느끼는 '애니피' 효과를 제대로 본 거예요.

하지만 지난 2024년 4월에 푸바오는 중국으로 돌아갔어요. 수많은 팬이 비를 맞으면서 푸바오의 중국행 배웅을 함께했는데요. '돌아가다니' 이상하지 않나요? 분명히 푸바오는 한국에서 태어났는데요. '중국 이외의 나라에서 태어난 판다라고 해도, 만 4세가 되면 반드시 중국으로 돌아와야 한다'는 워싱턴 조약 때문에 전 세계 판다는 중국 소유이며 '대여' 방식으로만 주고받을 수 있기 때문이에요.

이렇게 중국과 다른 나라가 판다를 주고받는 걸 '판다 외교'라고 해요. 1941년 중일전쟁 당시에 장제스 총재가 미국에 중국을 지원해 줘서 고맙다는 의미로 판다 한 쌍을 보내면서 시작됐는데요. 사실 판다 외교 뒤에는 경제적인 목적이 숨어 있어요. 2011년 영국이 중국과 26억 파운드에 달하는 무역 거래를 했을 때 판다 두 마리를 받았고요. 같은 해 캐나다와 프랑스에서도 중국과 우라늄 수출 협정을 체결한 후 각각 판다 한 쌍을 받았어요.

그리운 푸바오와 귀여운 푸바오네 가족 이면에는 중국의 속내가 숨어 있는데요. 그 속내가 가리키는 곳은 결국 '무역'이에요. 이번 파트에서는 우리나라 경제를 일으킨 일등 공신 무역을 알아볼게요.

어릴 때만 해도 하늘이 정말 맑았는데,

이제는 맑은 날이 얼마 없다.

미세먼지 농도는 해가 갈수록 짙어져

거의 모든 날의 하늘이 뿌옇다.

남산타워도 미세먼지 위험 신호인 빨간색이나,

매우 나쁨인 주황색으로 빛난다.

남산타워가 푸르게 빛나던 때로 돌아가고 싶은데.

방법을 모르겠다.

무역 맛집, 대한민국

뉴욕 타임스퀘어 전광판에는 삼성전자의 스마트폰 광고가 나와요. 최신 스마트폰 언팩 행사를 하면 전 세계 곳곳에서 실시간 영상을 시청하고요. 얼마 뒤에는 미국, 유럽, 동남아시아 한복판에서 삼성전자 최신 스마트폰을 쓰는 사람들을 볼 수 있어요. 세계 각국에서 초록색 츄리닝을 입은 적도 있어요. 넷플릭스 시리즈 <오징어 게임>의 영향이었는데요. 실제로 사람들이 오징어 게임에 참여하는 프로그램까지 제작했을 정도로 파급력은 어마어마했어요. 대한민국의 제품, 콘텐츠의 힘을 보여 주는 사례들이죠.

한국은 '수출주도형 국가'예요. 경제에서 수출이 차지하고 있는 비중이 어마어마해서, '수출로 밥 벌어먹고 사는 나라'라고 해도 과언이 아니죠. 일상에서 음식점을 얘기할 때 대표 메뉴를 가게 앞에 붙이는 경우가 많잖아요. 중국음식전문점을 '짜장면 전문점', 분식집을 '떡볶이 전문점'이라고 부르는 것처럼요. 나라가 각각의 가게라면 우리나라의 이름은 '수출전문점' 정도인 거예요.

각 나라의 경제에서 무역이 차지하고 있는 비중을 나타내는 지표가 '무역의존도'인데요. 2022년 기준 우리나라의 무역의존도는 84.6%였어요. 가게의 1년 매출 총 100만 원에서 84만 원 정도를 무역으로 번 셈이에요. 진정한 무역 맛집 아닌가요.

무역의존도는 수출액과 수입액의 합을 우리나라에서 생산된 모든 제품과 서비스의 합인 국내총생산인 GDP로 나눠서 계산해요. 한국의 무역의존도는 상당히 높은 수준에 속하는데요. 다른 나라와 비교해 보면 어느 정도인지 알 수 있어요. 특히 우리나라의 무역은 일본과 자주 비교하니까 일본의 무역의존도와 놓고 볼게요. 일본의 무역의존도는 같은 2022년 기준 38.9%였어요. 우리나라의 무역의존도가 2배 이상 큰 거죠.

무역의존도가 높다는 건 동시에 '내수시장'이 약하다는 말이랑 같아요. 우리나라 상품을 다른 나라와 교역하는 시장이 '무역시장'이니까, 반대말인 내수시장은 국내시장을 의미하는 거겠죠. 즉, 국내인구의 구매력을 상징하는 개념인데요. 뉴스 기사에도 꽤 많이 나와요. '내수 진작 차원에서 임시공휴일 지정을 결정했다'는 문구와 같이요.

휴일과 휴일 사이에 평일이 끼어 있으면 하루를 더 쉬는 징검다리 휴일로 임시공휴일을 지정하는 경우 꽤 많잖아요. 학생이든 직장인이든 쉬는 걸 마다할 사람은 없으니까, 애매하게 끼어 있는 휴일이 있으면 임시공휴일 지정을 손꼽아 기다리게 되죠. 정부는 임시공휴일을 지정할 때마다 국민들이 나들이도 가고 쇼핑도 가면서 돈을 쓰기를 바라요. 사람들이 돈을 쓰면 국내시장에 돈이 풀리고 '내수시장'이 활성화될 수 있으니까요. 이렇게 국내에서 소비가 늘어나는 걸 '내수가 진작된다'고 표현해요.

정부가 내수시장을 키우려고 발버둥을 치며 노력하고 있지만 여전히 대한민국은 수출전문점이에요. 우리나라 경제를 공부한답시고 경제뉴스를 아무리 들여다봐도 무역을 모르면 말짱 꽝인 이유죠.

소변도 팔던 나라 대한민국 7,000배 성장하다

우리는 보통 '무역'하면 커다란 배에 컨테이너가 형형색색 쌓여 있는 모습을 떠올려요. 빈틈없이 빼곡한 상태를 기준 값으로 생각하죠. 그런데 우리나라의 무역 규모가 처음부터 그렇게 큰 건 아니었어요. 60여 년 전만 해도 소변까지 내다 팔던 나라가 바로 대한민국이었답니다.

지금이야 누가 남의 오줌을 돈 주고 사나 싶잖아요. 그런데 1960년대 초반의 소변은 없어서 못 사는 품목이었어요. 소변에서 추출되는 유로키나제 1㎏이 당시에 2,000달러, 원/달러 환율 1,000원 기준으로 200만 원이 넘을 정도였죠. 유로키나제는 중풍치료제의 원료인데요. 지금이야 의학이 발전해서 중풍치료제로 대체제가 있지만, 당시에는 소변 한 방울조차 아쉬운 상황이었대요. 우리나라는 '수출만이 살길'이라면서 이 기회를 놓치지 않았고요. 이런 악바리 정신으로 우리나라는 1964년 11월 30일에 처음으로 수출 1억 달러를 기록해요.

시간이 조금 흘러 1970년대에 와서는 우리가 교과서에서 배우던 제품들을 수출하기 시작했어요. 최근 2030세대에게 인기가 많은 '아크네 스튜디오', 'H&M', '앤아더스토리즈'의 공통점은 스웨덴 브랜드라는 건데요. 1970년대에는 상황이 반대였어요. 당시에 우리나라는 섬유를 수출 선두 주자로 내세우면서 경공업 제품을 주로 수출했는데요. 이때 스웨덴 사람 두 명 중 한 명은 한국산 스웨터를 입었을 정도로, 한국 옷이 인기가 많았어요. 외화벌이의 효자 노릇을 톡톡히 했죠.

1980년대부터는 우리가 흔히 아는 대기업들이 몸집을 키우면서 수출 규모가 압도적으로 커져요. 현대그룹이 본격적으로 선박 수출을 시작했고요. 수출품목이 기계, 선박, 철강 등으로 다양해졌어요. 1970년대부터 1980년대까지는 해마다 수출이 40%씩 늘어났고요. 자고 일어나면 또 키가 자라 있는 성장기 청소년처럼 수출을 등에 업고 무서울 정도로 경제성장 속도를 높여 갔답니다. 그 결과, 1988년 88올림픽도 개최하게 됐어요.

물론 우리의 수출 역사가 줄곧 승승장구한 건 아니에요. 1990년대는 무역적자가 줄곧 이어졌고 결국 경제를 들어 올리고 있던 수출이 많이 약해졌어요. <외환> 파트에서 살펴봤던 IMF 사태가 터지면서 한강의 기적이 이 정도에서 멈추나 싶었죠. 하지만 수출로 일어난 나라답게, 대기업들이 자동차, 컴퓨터, 반도체 등 지금까지 없던 새로운 품목을 만들며 길이 열리기 시작했어요. 파리만 날리면서 손님들 발길이 뚝 끊긴 식당에서 신메뉴 개발 성공으로 대박 신화를 쓰게 됐죠.

결국 2011년 12월 5일에 한국은 수입과 수출을 합친 무역액 1조 달러 기록을 쓰면서 무역 맛집 타이틀을 다시 한 번 문 앞에 붙일 수 있었어요. 2024년부터는 수출 목표 7,000억 달러를 세우면서 달려가고 있고요. 1960년대 이후 무려 7,000배의 성장 기록을 쓰고 있는 거예요.

우리나라의 가계부, 국제수지

무역을 하다 보면 다른 나라들과 많은 돈을 주고받게 돼요. 우리가 돈을 주고 물건을 사기도 하고, 돈을 받고 물건을 팔기도 하죠. 이렇게 무역으로 오가는 돈의 금액이 워낙 크다 보니, 나라에서는 꼼꼼하게 기록을 해 둬요. 마치 우리가 수입과 지출 내역을 가계부에 쓰는 것처럼요.

나라에서 작성하는 무역 가계부의 이름은 '국제수지'예요. 우리나라가 외국과 물건이나 돈을 얼마나 주고받았는지 모조리 다 여기에 기재하죠. 여기서 수지는 '수입'과 '지출'을 줄여서 부르는 말이에요. 가계부를 보면 한 달 동안 얼마를 벌었고 어느 정도를 썼는지 한눈에 파악할 수 있잖아요. 마찬가지로 국제수지를 보면 우리나라의 무역 규모를 확인할 수 있어요.

보통은 가계부를 쓸 때 지출내역을 식비, 교통비, 문화비처럼 세부적으로 나누죠. 국제수지도 마찬가지예요. 물건이나 서비스를 얼마나 수출했고 수입했는지 기록하는 걸 '경상수지'라고 하는데요. 예를 들어 수출이 3,000억 달러, 수입이 2,500억 달러라면 '경상수지가 500억 달러 흑자를 기록했다'고 표현해요.

경제뉴스에서 무역 관련 기사가 나왔다면 열의 아홉은 경상수지를 언급하고 있는 거예요. 그만큼 경상수지는 무역에서 중요한 지표인데요. 경상수지는 '상품수지', '서비스수지', '본원소득수지', '이전소득수지'로 나눌 수 있어요.

상품수지는 '물건'을 사고판 내역을 기재하는 항목이에요. 자동차, 배 같은 상품의 수출액과 수입액의 차이를 기록하죠. '무역'하면 떠올리는 수많은 컨테이너 안의 물건과 관련된 내역이 상품수지로 포함돼요. 특히 우리나라는 제조업 비중이 큰 나라라서 상품수지는 해마다 거의 흑자를 기록해 왔고요. 상품수지가 적자라면 경제에 굉장히 큰 타격을 입을 수 있어요.

상품수지와 비슷한 개념으로는 '무역수지'가 있는데요. 뉴스 기사에서 무역수지와 상품수지를 동일한 개념으로 이해하는 경우가 많지만, 두 지표는 집계하는 주체가 달라요. 상품수지는 한국은행에서 집계하고, 무역수지는 관세청에서 집계하죠. 그래서 결과 값도 약간의 차이가 있어요.

관세청의 목표는 관세를 정확하게 잘 걷는 거예요. 그러니까 무역수지를 집계할 때 공항이나 항구를 통해서 물건이 얼마나 들어오고 나갔는지에 주목해요. 즉, 한국 기업이 인도 공장에서 만든 상품을 미국으로 수출하면, 이건 무역수지에 잡히지 않아요. 한국을 거치는 것만 무역수지에 포함하죠. 하지만 상품수지는 직접적으로 한국을 거치지 않는 '무통관 수출'도 포함해요. 생산된 장소는 외국이지만 한국 기업이 벌어들이는 돈이므로 결국 한국으로 들어올 돈이라고 보는 거죠.

시기에도 차이가 있어요. 무역수지는 물건이 들어가고 나가는 시기를 '통관' 기준으로 판단하고, 상품수지는 '소유권 이전'을 기준으로 판단하죠. 예를 들어 한국 기업이 독일에 배를 팔았다고 가정해 볼게요. 무역수지는 한국 기업이 배를 완성해서 독일에 넘기는 통관 시점으로 금액을 기록해요. 하지만 상품수지는 한국 기업이 배를 만들기로 계약하고 독일에서 대금을 받으면 소유권이 넘어갔다고 봐서 즉각 수출 실적에 반영해요.

최근에는 한국 기업이 해외에 공장을 세우는 사례가 많아지고 있기 때문에 무통관 수출을 수출로 인정하지 않는다면 수출 실적에 오류가 생기기 쉬워요. 그래서 정확도는 무역수지보다 상품수지가 더 높다고 볼 수 있어요. 무역수지는 통관이 기록되는 즉시 집계할 수 있어 통계를 빠르게 즉각 반영할 수 있다는 장점이 있고요.

한편 경상수지 중 서비스수지는 제가 강의를 해서 버는 소득을 기록하는 거랑 비슷해요. 대표적으로 교육, 관광, 금융서비스, 운수가 해당하고요. 이 분야에서 발생한 수입액은 더하고 지출액은 빼서 서비스수지로 집계해요. 우리나라는 유독 서비스수지에서 적자가 크게 나는 편이에요.

본원소득수지와 이전소득수지의 규모는 크지 않아요. 본원소득수지는 거주자와 비거주자 간에 송금된 급여, 해외에 보유한 금융자산으로 발생한 이자, 배당수익이 모두 포함되는데요. 미국에서 일하고 있는 우리나라 사람 A의 소득에서 한국에서 일하고 있는 스리랑카 사람 B의 소득을 빼서 계산해요. 이전소득수지는 대가 없는 거래를 말하고, 다른 나라에서 재난상황이 생겼을 때 보내는 의약품, 무상 원조액 등이 포함돼요.

국제수지에는 경상수지 외에 자본수지, 금융계정, 오차 및 누락도 있는데요. 비중이 작아서 보통 '국제수지=경상수지'라고 생각하는 경우가 많아요. 이때 자본수지와 금융계정을 하나로 묶는 경우도 많아요. 나라와 나라 사이의 상품이나 서비스 이동 없이 '돈'만 왔다 갔다 하는 건데요. 외국에 있는 부동산을 매매하는 돈 송금, 해외주식에 투자한 돈이 다 자본수지에 해당하죠. 국제수지도 하나의 통계니까 계산하다 보면 오차가 있을 수 있잖아요. 통계 오류를 막기 위해서 플러스, 마이너스로 오차를 조정하는 게 '오차 및 누락'이에요.

학생 때 쓰던 용돈기입장에서 가계부로 넘어가는 게 겁나는 이유는 이게 다 무슨 소리인지 모르는 단어들이 가득하기 때문이잖아요. 국제수지 용어들만 알아 둬도 경제기사에서 무역 소식은 대부분 읽을 수 있어요. 특히 상품수지와 서비스수지의 비중이 크기 때문에 두 지표를 잘 봐 두는 것이 좋아요.

경상수지가 흑자면 경제가 좋아질까?

우리나라는 경상수지가 '흑자'를 기록하면 축제, '적자'를 기록하면 초상집 분위기가 돼요. 그만큼 경상수지가 우리 경제를 좌지우지할 만큼 영향력이 크기 때문이죠.

결국 한 나라, 한 나라는 각각의 가게나 다름없어요. 가게가 많이 알려지고 손님들이 우리 가게의 물건을 많이 사 가면 매출이 올라가요. 그럼 가게는 더 많은 직원을 고용할 수 있죠. 2호점과 3호점을 내면서 물건도 더 다양하게 확장할 수 있어요. 사업자 통장에는 현금이 차곡차곡 쌓여 가요. 이 자금은 혹여나 가게가 불황을 마주해도 무탈하게 그 시기를 지나갈 수 있도록 해주는 버팀목이지요.

실제로 수출액이 수입액보다 많아서 경상수지가 흑자를 기록하면 한국에는 달러가 유입돼요. <외환> 파트에서 살펴봤듯이, 외환시장에서 한 국가에 달러의 유입이 많아지면 해당 국가의 화폐가치가 올라가요. 즉, 수출액이 늘어서 달러를 많이 벌면 기존에 1달러=1,300원이었던 원/달러 환율이 1달러=1,100원이 될 수 있는 거죠.

보통 경상수지가 흑자를 기록하면 뉴스에서는 "우리 경제가 회복되고 있다."라고 표현하지요. 맞는 말이에요. 대한민국 가게의 물건을 사 가는 손님들이 점차 많아지고 수입이 높아지고 있거든요. 가게 주인은 활짝 웃을 수밖에 없겠죠. 하지만 아이러니하게도 우리나라의 경상수지 흑자 기록은 대외적으로 '적'이 늘어나고 있다는 말과도 같아요.

친구가 나를 자꾸만 의심하고 감시한다면 하루하루가 어떨까요. 자신보다 성적이 더 잘 나올 때 축하는커녕 커닝을 한 건 아니냐며 밀어붙이고 "너 내가 지켜볼 거야. 두고 봐."라며 으름장을 놓기까지 한다면요. 믿고 싶지 않겠지만, 실제로 미국이 하는 행동이에요. 우리나라가 미국을 상대로 경상수지 흑자를 낸다 싶으면, 우리나라를 '환율관찰대상국'으로 지정하여 대놓고 감시하죠.

환율관찰대상국으로 지정한다는 의미는 '환율 조작'을 한 건 아닌지 감시하겠다는 의미예요. 대한민국 정부가 외환시장에서 일부러 달러를 사들여서 원/달러 환율을 끌어내리고, 원화 시세

망원한강공원은 볼 때마다 부둣가 같다.

한강이 바다처럼 넓게 펼쳐져 있는데다

갈매기가 날아다니기까지.

커브 구간이라 그렇다는데,

역시 강도 사람도 굴곡이 있어야 하나 보다.

를 낮춘 덕분에 경상수지 흑자를 기록한 건 아닌지를 보겠다는 거죠. 한국은 꽤 오랜 시간 미국에서 감시를 받아 왔어요.

2023년 11월에는 드디어 미국의 환율관찰대상국에서 제외됐는데요. 환율관찰대상국에서 제외됐다고 마음껏 웃기도 힘들어요. 더 이상 감시하지 않는다는 것은 믿는다는 긍정적인 신뢰의 시그널이라고 볼 수는 없기 때문이에요.

사실상 경상수지 흑자 규모가 축소한 이유로 환율관찰대상국에서 해제된 거라서, 우리의 경제성장이 더디다는 걸 인정받은 거나 다름없어요. 친구는 내 성적이 자신보다 떨어졌을 때 비로소 그때야 "역시 우리는 둘도 없는 친구야. 그렇지?"라며 손을 내미는데, 어떻게 활짝 웃을 수가 있겠어요. 분명 경상수지 흑자는 마땅히 축배를 들 일인데, 동시에 다른 나라에서 무역 보복을 받을 수도 있는 웃을 수도 울 수도 없는 상황이 벌어지는 거죠.

K-컬처만으로는 적자를 벗어날 수 없다

'공부를 잘하는 학생'이라는 말을 들으면 여러분은 어떤 이미지를 떠올리시나요. 모든 과목을 다재다능하게 다 잘하는 학생? 아니면 수학은 30점이지만 나머지 과목이 모두 100점이라서 평균이 꽤 높은 학생? 어느 과목 하나 특출나지는 않지만, 모든 과목이 평균 이상인 학생? 저마다의 기준은 다르겠지만, 적어도 한 과목과 다른 과목들의 편차가 지나치게 크다면 '잘한다'는 말을 붙이는 데 무리가 있지 않을까 싶어요.

우리나라 국제수지에서 서비스수지는 지속적으로 '적자'를 내고 있어요. 외환위기를 겪고 난 후, 1998년부터 우리나라는 대부분 경상수지 흑자를 기록했어요. 경상수지가 흑자를 기록했다는 건 시험 성적 평균이 높다는 의미로 해석할 수 있겠죠.

하지만 평균 점수가 높다고 해서 모든 항목 점수가 다 높은 건 아니잖아요. 우리가 그동안 경상수지 흑자를 기록할 수 있었던 건 상품수지 덕분이었어요. 서비스 교역은 지난 2000년부터 한 번도 빠지지 않고 줄곧 적자를 기록해 왔죠.

"우리는 BTS 보유국인데?", "우리나라 영화 <기생충>을 모르는 사람 없지 않나?" 저마다 떠오르는 무형의 산업들이 있을 거예요. 특히 최근 우리나라의 미디어 산업은 전 세계에서 인정할 만큼 주목을 받고 있으니까요. 하지만 우리나라는 여행과 사업 서비스 부분에서 산업 경쟁력이 다른 나라에 비해서 크게 뒤처져요. 당장 주변의 사람들이 어디로 여행을 가는지만 떠올려 봐도 답은 쉽게 나올 거예요.

2023년 코로나19로 멈춰 있던 해외여행이 엔데믹으로 넘어가면서 본격적으로 활기를 띠었어요. 해외여행을 못 가는 대신 제주도로 향했던 사람들의 발걸음을 다시 해외로 옮겼죠. 특히 <외환> 파트에서 알아보았던 것처럼 엔 저 현상으로 사람들은 당일치기 일본 여행도 거침없이 떠났고요. 대한민국 여권만 있으면 북한 빼고 못 가는 곳이 없다고 할 만큼 해외여행이 대중화돼 있잖아요.

서비스수지는 우리가 잘 알고 있는 K-컬처를 포함한 문화뿐만 아니라 운송, 여행, 건설, 가공서비스 등 12개 항목으로 구성돼 있어요. 금융, 광고, 컨설팅 등 서비스 경쟁력이 해외 기업들에 비해 낮은 편이라서 해마다 벌어들이는 돈보다 쓰는 돈이 더 많은 상황이에요. 그래서 대한민국은 '서비스의 질'을 개선하지 않으면 서비스수지 적자의 늪에서 빠져나올 수 없다고 평가되고 있죠.

한 과목에서는 지속적으로 낙제점을 받는 학생을 과연 '공부 잘하는 학생'이라고 칭할 수 있을까 의문이 들어요. 장기적으로는 서비스수지도 흑자를 기록하고, 우리나라만의 특색 있는 서비스가 정착해야 진정한 무역 강국이 될 수 있어요.

장기적으로는 서비스산업의 경쟁력을 키워야만 하는데요. 가장 많이 언급되는 게 '관광'이에요. 즉, 외국인들이 우리나라를 관광하면서 즐길 수 있는 볼거리, 먹거리 등 수준을 높여서 찾고 싶은 나라가 되게 만드는 거예요. 당장 한국을 찾는 외국인들에게 따뜻한 미소를 건네는 것만으로도 서비스수지 개선에 조금이나마 도움이 되지 않을까 싶네요.

공짜 이벤트에 당첨됐는데도
웃을 수가 없는 이유

한때 바디프로필이 한창 인기였어요. 운동으로 몸을 예쁘게 만들어서 자신의 청춘 한 조각을 기록하는 것이 트렌드가 됐죠. 심지어 바디프로필을 준비하다가 건강이 악화돼 병원 신세를 지게 된 2030이 많아졌다는 뉴스 보도가 나올 정도로 바디프로필을 찍는 사람이 많았어요. 유행을 마케팅에 활용하기 위해서 바디프로필 무료 촬영 이벤트를 여는 헬스장도 많았는데요. 회원 중 인바디 수치가 가장 극적으로 변하는 회원에게는 바디프로필 촬영권을 선물하는 식이었어요.

과연 이 이벤트가 운동에 도움이 됐을까요? 순위를 가르는 '상대평가'에서는 내가 열심히 하지 않아도 다른 사람들이 나보다 더 열심히 하지 않는다면 상대적으로 나는 '열심히 한 사람'이 돼요. 내가 운동을 열심히 했든 안 했든 다른 사람들이 나보다 운동을 더 게을리했다면 1등으로 이벤트 당첨자가 될 수 있겠죠. 몸이 이전과 별반 차이가 없다고 하더라도요. 분명 순위는 1등인데 카메라 앞의 내 몸은 아직 준비돼 있지 않다면 이 당첨을 마냥 기뻐할 수 있을까요.

경상수지 흑자도 비슷한 이유로 언제나 기뻐할 수만은 없어요. 분명 흑자는 흑자인데 '진짜 흑자'가 아닐 때가 있거든요. 특히 2023년 같은 경제불황일 때 이런 경우가 많아요.

여러분이 자영업자라고 가정해 볼게요. 경제가 어려워서 너도나도 지갑을 닫고 소비를 멈춘 상황이에요. 가게의 매출은 제자리걸음이면 그나마 다행이죠. 줄어드는 날이 허다해요. 그런데 장부는 자꾸만 우리 가게가 '남는 장사'라고 말하고 있어요. 분명 직원 급여 주기도 빠듯한 상황인데 계산기를 아무리 두드려 봐도 '흑자'라는 결과가 나오는 거죠. 이런 알 수 없는 셈의 비밀은 '감소 폭'에 있어요. 버는 돈보다 쓰는 돈이 더 많이 줄어들어서 이윤을 남긴 것처럼 착각하게 되는 거죠.

즉, 투자와 소비가 모두 부진해서 수출과 수입이 함께 줄어드는 상황에서 수출보다 수입이 더 많이 줄면 상품수지는 흑자가 날 수도 있어요. 경상수지에서 상품수지의 비중이 가장 크다고 했잖아요. 상품수지가 흑자가 나면 경상수지는 흑자가 날 확률이 높아요. 이 경우를 우리는 '불황형 흑자'라고 하는데요. 장부는 우리나라 무역 실적이 '흑자'라고 말하고 있지만 경제상황은 도무지 나아질 기미가 없는 상태죠.

이런 상황에 놓인 자영업자 여러분은 어떻게 행동하시겠어요? 어찌 됐든 '흑자'이니 마음을 놓을 수 있다고 생각할까요? 절대 그럴 리 없죠. 더 많은 비용을 아끼기 위해서 추가 직원 고용은 꿈도 꿀 수 없고요. 오히려 재직 중인 직원도 해고를 고민하게 돼요. 제품을 만드는 데 드는 원료의 가격도 최대한 절감하기 위해서 대체제를 찾아 나설지도 모르겠네요. 이처럼 불황형 흑자는 고용을 줄이고 장기적으로 기업이 수출을 늘리는 데 필요한 자재 수입조차 망설이게 만들어요. 결과적으로 경제성장 잠재력 자체가 약해질 수밖에 없죠.

"경상수지가 뭐 어쨌다고, 난 당장 취업 준비하기도 바빠 죽겠는데 무역 소식이 무슨 상관"이냐며 관련 기사를 등한시해 왔다면, 이제라도 무역지표를 꼼꼼하게 챙겨 보세요. 대한민국 경제를 잠식하고 있는 불황형 흑자는 당신이 준비하고 있는 대기업 공채 자리도 앗아 갈 확률이 높거든요.

미국, 중국이 기침을 하면 한국이 몸살감기를 앓는 이유

여전히 대한민국은 수출로 먹고사는 나라예요. 샌드위치전문점 서브웨이 매장에서 샌드위치보다 샐러드 매출이 더 잘 나온다고 해서 한순간에 샐러드 전문점이 되는 게 아니잖아요. 한국은 오늘도 '수출전문점'으로 자리하고 있어요.

그런데 가게가 운영되고 있다고 해서 마냥 안심할 수는 없죠. '단골 위주 장사'는 자영업자들이 가장 경계하는 운영 형태인데요. 단골들이 매번 가게를 찾을 때는 문제되지 않지만, 가게 매출을 책임져 주던 단골이 가게를 찾지 않으면 큰 타격을

"손잡고 가래."

뜬금없는 말에 옆을 돌아본다. 장난스러운 표정으로
어딘가를 가리키고 있다. 손가락이 향하는 방향을 보니,
노란 표지판이 눈에 띄었다. 서른도 넘은 사람이
어린이 보호 표지판을 보고 그러는 게 어이없고 귀여워서
모르는 척 손잡아 주기로 했다.

입게 돼요. 그러니 단골 의존도가 너무 높지 않은 단골'도' 확보해 둔 가게가 돼야 장기적으로 진짜 장사가 잘되는 가게가 될 수 있어요.

무역전문점 한국의 단골은 대표적으로 미국, 중국, 유럽연합이에요. 2023년에는 중국, 미국, 베트남, 일본, 홍콩 순으로 수출 규모가 컸고요. 2024년 1분기에는 2003년 2분기 이후로 처음으로 대미 수출액이 대중 수출액을 넘었어요. 약 20년 만이었죠.

순위는 엎치락뒤치락하지만 결국 지금까지 한국이 무역 장사를 해 온 방식은 '단골 위주' 장사였어요. 주로 경제 규모가 큰 나라와 교역을 해 왔고 그 의존도가 심했죠. 그래서 우리나라는 나라 밖의 상황, 즉 대외 변수에 따라서 큰 폭으로 롤러코스터를 탔지요. '미국이나 중국이 기침하면 한국은 몸살감기를 앓는다'는 말은 여기서 나왔고요.

그렇다고 단골들에게 등을 돌리면 안 돼요. 적당히 거리를 두어야 하는데, 이 얘기만 나오면 빠지지 않는 나라가 '중국'이랍니다. 사실 중국은 눈살을 찌푸리게 하는 사건이 많아서 비호감 이미지가 강하지만 우리나라와 교역하는 양이 상당해서 결코 무시할 수 없는 중요한 손님이거든요.

미국이 좋아? 중국이 좋아?

아이들을 향한 어른들의 짓궂은 장난 중 하나가 "엄마가 좋아? 아빠가 좋아?"를 묻는 거예요. 엄마와 아빠 둘 중 어느 누굴 선택하든 아이를 향한 부모의 마음이 달라지는 건 아니잖아요. 하지만 그 순간 엄마를 선택하면 아빠가 섭섭, 아빠를 선택하면 엄마가 입이 삐죽 나오는 건 어쩔 수 없다고 하더라고요. 사람 마음이 참 간사하죠.

"미국이 좋아? 중국이 좋아?" 요즘 세계의 무역 구도는 이 질문을 우리에게 끊임없이 던지고 있어요. 그리고 이런 상황에서 우리는 자칫 상대의 마음을 상하게 할까 싶어 쉽사리 입을 열지 못한 채 이러지도 저러지도 못하고 있고요.

미국과 중국 사이에 벌어지고 있는 소위 '무역 전쟁'이라고 부르는 총성 없는 전쟁은 우리나라 일이 아니라고 강 건너 불구경하듯 쳐다볼 수 있는 사안이 아니에요. 당장 우리의 내일과도 관련이 있거든요. 예를 들어 미국과 중국의 무역 전쟁이 오래도록 지속되면 중국의 경제성장률이 반토막 날 수도 있어요. 그렇게 되면 지갑이 가벼워진 중국 자국민들은 해외여행을 줄일 것이고, 중국인 관광객이 줄어든 우리나라의 관광산업은 크게 타격을 입을 것이에요. 전 세계는 이미 거미줄처럼 얽혀 있어서 '그래 너네는 싸워. 이기는 나라 우리 편!'이라고 손 놓고 있어서는 안 돼요.

미중 무역 전쟁도 하루아침에 균열이 생긴 건 아니었어요. 중국은 문화대혁명을 거치면서 경제상황이 크게 나빠졌어요. 그래서 결국 1978년 덩샤오핑은 폐쇄적이던 중국경제를 열고 개혁개방정책을 도입했죠. 이때부터는 외국인 투자도 적극적으로 수용하면서 제조업을 키우기 시작했고요.

한동안 전 세계 어디를 가든 제품 라벨에는 '메이드 인 차이나'가 새겨져 있었어요. 그만큼 지난 40년간 중국은 미국과 활발하게 교류했고 전 세계 국가와 수교하며 '세계의 공장'이 됐어요. 그 수많은 나라 중에서도 미국은 중국의 가장 중요한 시장으로 자리매김했고요. 미국 역시 중국의 저렴한 노동력 등을 활용하며 경제활황에 불을 붙였어요. 그런데 이토록 오랜 시간이 흐르며 서로가 서로에게 의존도가 커진 상황에서 이제는 그 관계를 청산하려고 하는 게 미중 무역 전쟁의 핵심이에요.

총성이 없는 전쟁이라면 무엇이 총알 역할을 할까요? 대표적으로 '관세'가 무역 전쟁의 총알을 대신해요. 보통 무역정책의 수단은 '관세'와 '비관세장벽'으로 나눌 수 있는데요. 여기서 관세는 한 나라로 수입되는 상품이나 서비스에 부과되는 세금을 뜻해요.

국산보다 값싼 수입품에 세금을 매기면 가격 매력이 다소 떨어지겠죠. 그럼 국내시장에서 국산제품이 경쟁력을 유지하고 산업이 무너지지 않고 보호받을 수 있어요. 실제로 2018년 미국과 중국 정부는 서로 수천억 달러 규모의 교역품에 보복성의 높은 관세를 매기면서 관세 전쟁을 벌였고요. 이런 모습은 해마다 반복되고 있죠.

특히 미국과 중국이 부딪히는 문제 중 핵심으로 꼽히는 것이 '기술 패권'이에요. 막대한 기술을 갖고 있는 나라가 21세기에 군사적으로도 막강한 국가가 된다는 것이 바로 이 기술 패권의 바탕인데요. 중국은 아예 청사진을 전 세계적으로 공표한 상태예요.

'메이드 인 차이나 2025'는 2025년까지 중국산 제품의 시장 점유율을 크게 높이겠다는 선언인데요. 특히 중국 내 반도체 자급률을 70% 이상으로 올리는 것이 중국 정부의 목표예요. 실제로 이를 위해 중국은 무서울 정도로 빠르게 기술 발전을 이루고 있고요. 결국 미중 무역 전쟁은 단순히 '무역'을 두고 벌이는 다툼이 아니라 21세기 글로벌 패권을 놓고 다투는 전쟁이라고 할 수 있어요.

글로벌 무역 전쟁은 우리의 생존과도 직결되는 문제예요. 당장 반도체만 해도 우리나라 수출의 일등 공신인데요. 중국이 자체적으로 생산하는 반도체를 주로 이용하게 되면 우리나라 제품을 더 이상 쓸 이유가 없잖아요. 우리나라는 중국이 무역 단골 손님인데 큰 타격을 입게 돼요.

엄마가 좋냐 아빠가 좋냐는 인생 최대의 난제. 엄마가 좋다고 하면 아빠가 삐져서 앞으로 퇴근길에 장난감을 사다 주는 일은 없을 것이라며 으름장을 놓고요. 반면에 아빠가 좋다고 하면 오늘 저녁밥은 없는 줄 알라며 엄마가 얼굴을 붉히는 상황이에요. 우리는 미국이 좋냐 중국이 좋냐는 국제적인 난제 속에서 대안을 찾아야만 해요.

중국, 고마운 단골손님일까?
경계대상 1호일까?

여기 친구 3명이 있어요. A는 B와도 친하고 C와도 친한데요. B와 C는 서로를 보기만 하면 으르렁거릴 만큼 적대적이에요. 실은 B와 C도 친구였던 시기가 있었지만, 지금은 이보다 더 서로를 싫어할 수가 있을까 싶을 만큼 서로에게 날을 세우고 있죠.

어느 날 선생님이 2명씩 짝을 지어야 하는 과제를 주셨어요. A는 둘 중 누구와 함께할지 한참을 고민하다 해당 과목에서 좀 더 성적이 좋은 B와 함께하기로 했어요. 이 사실을 안 C는 "나 이제 너희 집에 놀러 안 갈 거야!"를 선언하고 등 돌리고 말았죠. 여기서 A는 우리 대한민국, B는 미국, C는 중국이에요.

2016년 7월, 미군의 미사일 방어 체계인 사드 배치 결정으로 중국은 군사 전략상 반대를 표명하고 우리나라를 향해서 무역 보복에 나섰어요. 급기야 '한한령'이 내려졌어요. 한국행 단체비자 발급 자체가 중단됐죠. 이에 따라 한 해 중국인 관광객 수는 거의 반토막이 났어요. 시간이 흘러 2023년 여름, 약 6년 만에 중국이 자국민을 대상으로 한국 단체관광을 허용하면서 국내 여행업계는 미소를 되찾았죠.

우리는 "중국이 또 중국했다."라며 중국을 조롱하기도 하잖아요. 하지만 이 일은 중국이 우리에게 얼마나 큰 영향을 미치는 나라인지 다시 한 번 깨달을 수 있는 사건이었어요.

하지만 중국은 여전히 '중국답게' 행동하고 있어요. 중국에서 반도체 분야 같은 국가의 핵심경쟁력이 되는 산업 기술을 빼내가기 위해서 비양심적인 온갖 방법을 동원하고 있는 건 기사를 통해서 많이 보셨을 거예요. 한국의 현직 직원을 매수하여 설계도면을 유출하거나 기술을 유출한 경우가 한두 번이 아니니까요. 드라마, 영화보다 더 드라마틱한 방법으로 기술을 빼돌리고 있는 게 바로 중국이에요.

친구 사이가 늘 그렇듯 처음에는 모든 것이 좋았던 시절도 있었어요. 한국과 중국은 2003년 8월 24일, 무역 등을 기반으로 교제를 맺기 시작했어요. 이를 '수교'라고 하는데요. 중국과 수교를 시작하면서 대한민국과 중국은 서로의 덕을 봤죠.

2021년 우리나라는 중국에 1,629억 1,000만 달러어치를 수출했어요. 중국에서 수입한 규모는 1,386억 3,000만 달러어치였고요. 수출과 수입을 합친 교역액이 2,015억 4,000만 달러에 달했죠. 30년 전인 1992년에는 양국의 교역액이 63억 8,000만 달러였어요. 무역 규모가 무려 47배나 커진 셈이죠. 현재 우리나라의 무역 장사에서 1등 단골은 '중국'인데요. 1992년에는 무역량에서 중국의 비중이 4%에 불과했어요. 그리고 2004년부터는 미국을 제치고 무역 비중 1위 국가가 됐죠.

'무역' 그 자체만 놓고 봤을 때 중국이라는 친구를 둔 한국도 결코 손해는 아니었어요. 한국은 중국과의 교역에서 30년 동안 거의 흑자를 유지했거든요. 1992년 8~10월에만 적자를 냈을 뿐, 이후에는 줄곧 수출이 수입을 초과했죠.

최근에는 배터리, 양자컴퓨터 등 고부가 산업에 들어가는 핵심 소재, 예를 들어 리튬, 니켈, 코발트 등을 중국에서 들여오지 않으면 안 되는 상황이 됐어요. 일부 산업에서는 중국이 우리를 앞지르고 있고요. 우리나라가 중국에 의존하는 정도는 가면 갈수록 심해지고 있는데, 중국은 홀로서기를 시도하고 있어요. 건강한 관계라고 하기에는 약간 갸우뚱하네요.

설빙에서 왜 떡볶이를 팔까?

빙수전문점 '설빙' 많이들 좋아하시죠. 여러분이 설빙 가맹점주라고 가정해 볼게요. 1년 중 언제 가장 매출이 높을까요? 당연히 여름일 거예요. 뜨거운 햇빛 아래에서 땀을 뻘뻘 흘리던 사람들이 열을 식히고자 설빙을 찾겠죠. 설빙의 빙수를 먹으면서 시원한 에어컨 아래에서 행복을 만끽하는 그림이 그려져요.

반대로 겨울에는 상대적으로 매출이 적을 수밖에 없어요. 가만히 서 있기만 해도 온몸이 움츠러들 만큼 추운 계절이잖아요. 과연 빙수를 먹으려고 설빙을 찾는 사람이 몇이나 될까요? 일단 추위를 많이 타는 저는 어림도 없겠네요. 설빙뿐만 아니라 계절을 타는 품목을 다루는 가게를 운영하는 사람이라면 누구나 골칫거리로 안고 있는 문제이기도 하고요.

하지만 실제로 설빙 매장에는 겨울철에도 사람들이 북적북적해요. 겨울철 별미 붕어빵, 호떡 다음 주자로 빙수가 급부상하기라도 했냐고요? 다들 아시다시피 그건 아니에요. 설빙에서 겨울에도 살아남기 위해서 제3의 메뉴를 선보였거든요. 떡볶이, 붕어빵, 크로플 심지어 볶음밥까지 팔기 시작하면서 겨울철 장사 분위기가 180도 바뀐 거예요.

더 이상 설빙은 단순히 '빙수 파는 가게'가 아니에요. '빙수와 떡볶이를 같이 먹을 수 있는 가게', '빙수와 붕어빵을 같이 파는 곳'으로 이미지 변신에 성공했죠. 어쩌면 대한민국의 수출을 주도하고 있는 기업, 전문가들은 설빙에 가르침을 전수받아야 하는 게 아닐까 싶은 대목이에요.

우리나라의 수출 품목은 1970년대는 경공업, 1980년대는 중공업, 1990년대 이후로는 컴퓨터, 반도체로 수출품목을 나열할 수 있어요. 수출품목을 몇 가지로 명확하게 정리할 수 있다는 건 그만큼 해당 제품군에 전문성을 갖는 의미인데요. 이걸 반대로 얘기하면 '그 제품만' 집중해서 팔았다는 말이 돼요.

실제로 대한민국의 2020~2022년 수출품목 집중도는 세계 10대 수출국 가운데 가장 높았어요. 품목으로는 전기장치, 기계 등 반도체가 20%를 넘었고요. 자동차도 10%를 넘겼어요. 물론 특정 제품을 집중적으로 수출하는 건 우리나라만의 얘기는 아니에요. 전 세계 10대 수출국에서 상위 10대 품목이 수출액에서 차지하는 비율이 평균적으로 58.5%거든요. 다만 우리는 그 정도가 다소 심한 편이에요. 그 비율이 68.7%로 크게 차이 나죠. 집중되는 건 품목뿐만이 아니에요. 특정 국가에 대한 수출 의존도도 세계 10대 수출국 중에서 두 번째로 높아요.

설빙에서 빙수만 고집하며 팔았다면 가맹점주 여러분은 일찍이 장사를 접었을 확률이 높아요. 빙수의 인기가 떨어지는 가을, 겨울 매출은 급감하고, 이 시기를 견디기 힘들었겠죠. 결국 품목의 다양화로 설빙은 본사도 살고 가맹점도 살았어요.

반면에 대한민국 무역은 2023년 이후로 '적자'의 늪에서 허우적대고 있어요. 주 원인이 '반도체 수출 감소'죠. 반도체 외에도 정밀기기, 철강 제품, 컴퓨터 주변기기 등 대한민국의 수출 TOP을 찍는 품목들의 수출이 줄어들면서 선박 위 컨테이너는 하나둘씩 비어 갔어요. 빙수전문점은 빙수를 팔아야 한다고 굽히지 않았다면 고집은 아집이 되고 폐업에 한걸음 가까워졌겠죠.

지난 2013년, 글로벌컨설팅업체 맥킨지앤드컴퍼니는 대한민국 경제를 '서서히 뜨거워지는 냄비 속 개구리'라고 비유했어요. 그리고 2023년에는 10년 만에 '한국의 다음 S곡선'이라는 보고서를 새로 발표했죠. 이 보고서에서 맥킨지앤드컴퍼니는 대한민국 수출에서 역동성이 사라졌다고 꼬집었어요. 대한민국 대표 수출품목은 지난 20년간 고작 한 품목만 바뀌었다고 문제점을 짚었죠.

우리나라는 지금까지 수출로 먹고살았지만, 앞으로도 그럴 수 있다는 보장은 없어요. 한번 대박 난 가게라고 해서 평생 장사가 잘되는 건 아니잖아요. 트렌드를 파악하고 시장조사를 하며 변화를 꾀하지 않으면 손님들은 언제든지 발길을 끊을 수 있어요. 우리나라 무역의 단골손님인 주요 국가, 주로 판매하는 품목에 어떤 변화를 줄 수 있을지 고민해야 할 때예요.

마무리

떡볶이집 후계자는 떡볶이를 잘 알아야 해요. 어떻게 하면 떡볶이를 맛있게 만들 수 있는지, 우리 집 떡볶이가 왜 잘 팔리고 때로는 실적이 안 좋은지. 떡볶이를 제대로 이해해야 우리 가게를 번창하게 만들 수도 있고, 떡볶이와 잘 어울리는 사이드 메뉴도 개발할 수 있겠죠.

　우리나라 무역의존도는 갈수록 높아지고 있어요. 물론 내수 시장을 함께 키우면서 무역의존도를 줄여 가는 것이 이상적인 방향이에요. 하지만 당장 우리 경제를 먹여 살리고 있는 무역을 모른다면, 우리 경제를 안다고 얘기하기 힘들죠. 자칫 우리 일상 과는 동떨어진 분야로 여기고 무관심하기 쉬운데요. 기억합시 다. 우리는 수출 맛집의 후계자라는 것을요.

8장
/
PM
10:00

화려한 부동산 불빛에
눈을 감는 청년들

~~~~~~~~~~~~

네 여러분, 밤이 됐습니다. 마피아는 고개를 들어 주세요……
가 아니라 밤이 됐으니 집으로 가야죠. 낮에 그렇게 사람이 많던
강남 한복판도, 한 공간에 이렇게 많은 사람이 모이는 것이 가능
한가 싶던 신도림역도 밤이 되면 한적해요. 하루를 마치고 모두
집으로 돌아간 도시에는 화려한 야경만 남아 있어요.

서울을 찾는 외국인 관광객들이 감탄하는 것 중 하나가 '야
경'이라고 해요. 깜깜한 밤에 어디를 가도 불빛이 반짝반짝 빛나
는 화려한 도시로 통한다고 하더라고요. 그 화려한 불빛은 크게
두 가지로 만들어져요. 하나는 웃기지만 슬프게도 밤늦은지 모
른 채 야근하는 어느 직장인의 눈물이고, 다른 하나는 성냥갑처
럼 빼곡히 서 있는 아파트의 존재감이죠.

드라마에서는 그 화려한 불빛을 보며 "저 수많은 불빛 중 왜 내 집은 없을까." 신세 한탄을 하는 장면이 자주 나와요. 한강 공원에 앉아 한숨을 푹 쉬다가도, 언젠가 내 집 마련에 성공할 미래를 그리면서 집으로 향하죠. 그런데 현실에서는 그 화려한 불빛 때문에 눈을 질끈 감는 청년이 점점 많아지고 있어요.

치솟는 부동산 가격, 도대체 누가 당첨되는 건지 모르는 청약 등 2030 청년 중 상당수가 아예 내 집 마련을 포기하거나 갖고 있던 청약통장을 해지하고 있어요. 씁쓸하게도 대다수 청년에게 수많은 아파트 불빛은 그저 화려한 야경일 뿐, 동기 부여 요소라고 보기 어려워요.

언젠가 될지도 모르는 내 집 마련보다 지금이라도 잘 먹고 잘 살자 주의를 선택한 건 끝없이 치솟는 부동산 가격이 영향이 컸어요. 지금 집을 사면 대박이라는 말에 영혼까지 끌어모아 매수했더니 부동산 시장은 침체기가 오지 않나, 가격이 더 떨어질 것 같아 최대한 빨리 팔아 버리니 하늘 높이 치솟지 않나……. 마음처럼 되지 않는 변화에 차라리 관심을 두지 않는 것을 선택했어요.

그렇지만 아직 관심을 끄지는 마세요 혹시 몰라요. 저 집 중 하나가 우리를 기다리고 있을지. 화려한 야경 속에서 희망을 그릴 수 있게 지금부터 부동산 공부를 같이 해 봐요 저는 아는 만큼 보인다는 말을 믿어요 이번 파트를 끝까지 따라오다 보면 부동산 시장만큼 이 말이 잘 통하는 경제 분야도 없다는 생각이 드실 거예요.

벚꽃이 만개한 나무 아래 여자아이 둘이 쪼그려 앉아 있다.
처음에는 꽃잎을 줍는 줄 알았는데,
자세히 보니 개미를 잡아 손에 쥐고 있는 것이었다.
멀리서 보면 희극, 가까이서 보면 비극이라고 했던가.
인간에게는 평화로워 보이는 광경이 개미에게는 무시무시한
재난이라니 이상하기 짝이 없었다.

도대체 부동산이 뭐길래

"넌 전세 사니까 우리랑 같이 못 놀아!" 어느 막장 드라마 대사가 아니에요. 요즘은 초등학생들도 집의 소유 여부를 따진다고 해요. 사는 집이 자가인 아이와 전세, 월세로 사는 아이가 나뉘어서 이런 냉정하고 차가운 믿을 수 없는 말을 실제로 내뱉는다는 건데요. 제 때는 아이들이 부동산에 대해 잘 몰랐는데, 이게 감사할 줄이야. 꿈도 꾸지 못했네요.

누군가에게는 평생의 염원이 되고, 순수하기만 했던 아이들을 물들여 사이를 갈라놓는 부동산. 속내를 들여다보기 전에 부동산의 몇 가지 특징을 같이 짚어 볼게요.

부동산은 혼자 움직일 수 있나요? 아니죠. 영화에서는 건물이 움직여 주인공을 덮치기도 하지만, 현실에서는 불가능한 일이죠. 부동산은 혼자 태어나고 증식하는 것도 불가능해요. 부동산은 한자로 '不動産'이라고 표기해요. 스스로 움직이지도 못하고 태어나지도 못하는 것이라고 해서 '아닐 부', '움직일 동', '태어날 산' 세 글자로 구성된 단어죠. 굉장히 직관적이에요. 민법에서도 부동산 정의를 내리고 있는데요. 민법 제99조에 이렇게 나와 있어요. "토지 및 그 정착물은 부동산이다. 부동산 이외의 물건은 동산이다." 법이라고 해서 어렵게 생각할 거 없어요. 토지나 건물을 부동산이라 부르고, 그 외에는 모두 동산이라고 부르겠다는 얘기예요.

의외로 우리가 '부동산'이라는 단어를 쓴 건 그리 오래되지는 않았어요. 토지와 주택을 합쳐서 '부동산'이라 부르고, 부동산 등기제도가 생긴 것은 일제강점기부터였는데요. 이때 일본이 'Real estate'를 부동산으로 번역했어요. 등기부등본은 집에 들어와 살 권리가 있다는 것을 공식적으로 '등'록하고 '기'재하며 전입신고 같은 내역을 기록하는 거예요. 일제강점기 시절, 일본은 조선의 토지제도를 완전히 뒤엎고 새로운 등록, 기록 체계를 만들었어요. 우리는 이때부터 본격적으로 토지와 건물을 합쳐서 부동산이라는 단어를 사용하게 된 거예요.

조선시대에도 골칫거리였던 내 집 마련

'부동산' 하면 가장 먼저 떠오르는 이미지는 아마도 '비싸다'일 겁니다. 집값이 내려갔다고 해도 여전히 입이 떡 벌어지는 가격인 건 변함이 없고요. 내 집 마련은 남의 세상 얘기처럼 어렵게 느껴지잖아요. 이런 팍팍한 현실을 우리는 '헬조선'이라고 부르며 희망이 없다고 얘기해요.

그런데 헬조선이 아닌 과거의 진짜 조선에서도 내 집 마련은 결코 쉬운 문제가 아니었어요. 현재의 부동산 경제 얘기를 하기 전에 그 옛날 조선시대의 부동산 시장 얘기를 들려 드릴게요.

현대사회에서 대한민국 서울은 그야말로 포화 상태죠. 하지만 조선시대 개국 당시에 지금의 서울에 해당하는 한양은 그다지 인기 있는 도시가 아니었어요. 지금 여러분에게 서울의 토지를 무료로 나눠 주겠다고 하면 어떻게 하시겠어요? 뭘 주저하겠어요. 두 팔 벌려 환영하며 냉큼 받아야죠.

조선시대 개국 당시에 한양은 일종의 신도시였어요. 어느 누구도 선뜻 이사하려고 하지 않았죠. 오히려 나라에서 한양의 토지를 무상으로 나눠 주면서 "한양에 한번 살아보지 않으시겠어요?"라고 유인했다고 해요. 결과는 대성공! 개경 사람들이 한양으로 하나둘씩 이주하기 시작했고 개인 간에 자유로운 부동산 거래도 성행하기 시작했지요. 이때부터 '가쾌', '집주름' 등 지금의 공인중개사에 해당하는 직업들이 생겨났어요.

그런데 문제는 이 정책이 단기적인 성공이었다는 거예요. 가면 갈수록 한양에 사람이 몰려들다 보니 집이 부족해졌죠. 사람이 너무 많아져서 동대문, 남대문을 비롯한 조선 사대문 안이 포화 상태가 됐고요. 처음에 "여기서부터 여기까지가 한양이다!"라고 선을 그었던 범위조차 지키기 어려운 상태가 됐대요. 청계천 인근에는 집 없는 사람들이 움막을 짓고 살았는데, 그 수가 어찌나 많았는지 구체적인 규모를 파악할 수 없을 정도였다고 하고요. 시간이 흘러 조선시대 중기의 한양인구는 약 10만 명으로 늘어났는데요. 조선시대 후기에는 그 수가 2배 가까이 급증했다고 하니, 인구가 밀집된 현재의 서울과 닮은 점이 많은 것 같죠.

특히 조선시대에 부동산 거래가 급증한 건 1876년 강화도조약 이후였어요. 개항의 물결로 외국인들이 쏟아져 들어온 후였죠. 외국인들이 살 집을 구하기 위해 무분별하게 매입하다 보니, 조선인들이 살 집이 없어져 버렸어요. 이때의 상황은 조선왕조실록에도 기록되어 있지요.

"각 나라 사람들이 영구히 구매한 집이 400여 곳이나 되고 거래 중인 것은 헤아릴 수 없을 정도입니다. 또 백성들 중 높은 값으로 집을 팔거나 이득을 노리는 자들을 통제한다면 좋은 계책이 될 겁니다."

— 조선왕조실록 1891년(고종 28) 11월 19일

이런 상황이다 보니 당시에 수도를 관할하던 관청인 한성부는 책임 있는 중개문화 조성을 위해서 가쾌 인허제를 도입해요. 공식적으로 조선시대의 공인중개사, 가쾌의 존재와 역할을 인정한 셈이었죠. 당시에 주택난이 워낙 심하다 보니 가쾌의 영향력도 꽤나 컸는데요. 낮은 신분인 가쾌가 되레 양반한테 큰소리를 떵떵 칠 정도였어요. 지금의 부동산 시장, 공인중개사와 닮은 점이 꽤 많은데요. 더 놀라운 건 심각한 부동산 사기마저 닮았다는 거예요.

"집값의 1할인 중개수수료를 그 이상 받는 일이 비일비재했고 월세 든 사람에게 집이 전세로 바뀌었거나 팔렸다며 내보내고 다른 사람에게 월세를 다 받아 수수료를 챙긴다"

- 대한매일신보 1916년 11월 26일

가쾌가 부동산 사기를 치면서 이렇게 사회적 문제를 일으키기는 했지만, 나라에서는 그 존재를 없앨 수가 없었어요. 당시에 가쾌는 중개뿐만 아니라 매매 증명, 가격 결정 같은 부동산 거래의 주요 역할을 하면서 관청인 한성부의 업무를 조력하고 있었기 때문이었죠. 결국 조선의 나랏님들도 골칫거리인 부동산 문제를 누군가 해결해 주기를 바라는 마음이었던 것 같아요. 예나 지금이나 부동산은 손에 쥐고 싶지만, 쉽사리 그럴 수 없는 존재인가 봐요.

부동산은 언제부터 투자 대상이 됐을까

현대로 넘어올게요. 아마 길 가던 사람들에게 "대한민국에서 가장 비싼 땅은 어디일까요?"라고 물으면 10명 중 9명은 "강남이요."라고 대답할 거예요. 사실이죠. 당장 주택 가격을 비교해 보는 방법도 있겠지만 유독 기억에 남는 사례가 하나 있어요.

2023년 1월, 국토교통부에서 대부분 지역을 투기과열지구에서 제외했어요. 하지만 '강남 3구'라고 불리는 강남구, 서초구, 송파구와 용산구만은 투기과열지구로 남았는데요. 투기과열지구는 부동산 가격 상승률이 소비자물가지수 상승률을 넘어선 지역 중에서 특히 부동산 투기가 과열된 지역을 지정하는 건데요. 쉽게 말해 부동산 가격이 비정상적으로 빠른 속도와 큰 폭으로 올라가는 곳이라는 걸 의미해요. 다른 곳은 다 투기과열지구에서 빼더라도 이 네 지역만큼은 남겨 두어야겠다고 판단했다는 건, 그만큼 이 지역들은 집값이 비싸다는 거잖아요. "국민 여러분! 대한민국에서 이곳이 가장 집값이 비싼 곳입니다."라고 공식적으로 인정을 한 거나 다름없었죠.

하지만 강남이라고 해서 처음부터 비싼 동네였던 건 아니에요. 동시에 처음부터 우리나라에서 부동산이 투자 대상으로 여겨졌던 것도 아니었죠. 그 시작은 1960년대 우리나라가 본격적으로 산업화에 박차를 가했던 시기로 거슬러 올라가요. 이때는 서울이 강북 중심으로 성장하고 있었는데요. 이 시기쯤 농촌을 떠나서 도시로 가는 일명 '이촌향도' 행렬이 본격적으로 시작됐어요. 1950년에 약 150만 명 정도였던 강북인구가 1965년에는 약 350만 명이 됐죠. 지방에서 서울로 간다는 뜻의 '상경'도 이때 많이 쓰였던 말이고요.

좁은 지역에 주택 수는 한정되어 있는데 사람들이 갑자기 몰려드니까 정부에서 이대로는 안 되겠다 싶었나 봐요. '신도시 개발 계획'을 돌연 발표해요. 새로 지역을 개발하겠다는 거죠. 그때 발표된 개발사업의 이름이 바로 '영동지역 개발사업'이었는데요. 영등포의 동쪽지역을 개발한다고 해서 줄여서 '영동 개발사업'이었어요. 그 지역이 바로 지금의 강남이었죠.

사실 강남은 옛날에는 허허벌판이었어요. 강북에 사는 사람들이 먹을 채소나 과일 등을 재배하는 농가지역이었는데요. 하루아침에 "너 도심이 되어라!"라고 결정이 내려진 거죠. 실제로 1963년에서 1979년 사이 강남지역의 땅값 상승률은 무려 1,000배가 넘어요. 1960년대에 담배 한 갑이 약 50원 정도였는데요. 같은 시기 강남지역의 땅값은 1평에 약 400원 정도였다고 해요. 담배 여덟 갑이면 강남땅 1평을 가질 수 있었던 거예요.

진정한 강남 개발의 서막은 1970년대 초에 열려요. 강북에 몰려 있던 사람들이 강남에 가서 살게 하려면 뭔가 달콤한 유인책이 있어야 하잖아요? 대규모 아파트 단지를 조성하기 시작했고요. 강남이 교통의 허브로 자리 잡을 수 있도록 경부 고속도로가 강남과 연결되도록 개통해요. 지금도 서울의 고속버스터미널이 강남 한복판에 자리하고 있고 지하철 노선도 3개나 지나가는 허브 역할을 해내고 있죠.

이것만으로는 부족하죠. 강북에 있던 유명한 명문 고등학교도 다 강남으로 옮겼어요. 학교를 옮기면 학부모들이 강남으로 이사하는 걸 주저하지 않는다고 생각한 거죠. 그 생각은 정확하게 적중했고 이 결정은 지금의 강남 8학군을 만들었지요.

지금도 부동산 투자에서 '초품아'는 투자가치가 있는 중요한 요소로 통해요. 초품아는 초등학교를 품은 아파트라는 뜻인데요. 아무래도 어린 자녀를 둔 부모들은 좋은 교육환경을 선호하다 보니, 안전하고 편리한 생활환경이 조성된 학교 근처 지역으로 이사하는 경우가 많아요. 특히 학급당 학생 수가 많은 과밀 초등학교 주변은 교육환경이 좋다는 인식이 강하게 작용해서 부동산 가격이 주변보다 높게 형성되고요. 어쩌면 초품아 시초도 강남지역일지 모르겠네요.

그 후로 1974년, 반포주공 1단지가 생기고 중산층을 겨냥한 소위 럭셔리 콘셉트의 아파트가 하나둘 들어오면서 강남지역 부동산 가격은 끝없이 올라가요. 부동산이 사회적인 문제가 되기 시작한 건 1980년대 초반부터였는데요. 사람들은 이때부터 본격적으로 "아파트가 돈이 되는구나."라는 인식을 갖게 됐어요.

특히 1986년부터 1980년대 후반기까지는 대한민국 경제가 그야말로 불탔던 시기였어요. 이렇게 짧은 기간에 이 정도로 성장할 수 있다는 게 놀라울 만큼 경제호황기를 맞았죠. 이 책에서 반복해서 다루고 있는 달러, 금리, 유가 세 가지 지표가 모두 낮은 3저 시기를 맞은 거예요.

저달러, 저금리, 저유가 이 세 가지가 한 번에 맞물린다는 건 다시 오지 않는 골든타임이었는데요. 수출 증가 폭은 최고치를 찍었고 달러는 넘쳐 났어요. 금리도 낮아져서 돈이 저렴해졌으

한옥카페를 좋아하는 건
시간이 느리게 흐르는 듯해서가 아닐까?
도시에 살다 보면 마음에 여유가 없어지기에
안식처로 삼을 만한 곳이 필요하다.

니, 사람들은 어디에든 투자를 하고 싶어 안달이 났죠. 그때 부동산 투기 열풍이 불었어요. 좋은 집에 대한 열망이 폭발하고 아파트 분양 모델하우스 근처에 천막을 설치하고 그 자리에서 분양권을 사고파는 이동식 중개업소, 일명 '떴다방'이 성행할 정도였죠.

실제로 1987년에서 1989년 단 3년 안에 집값 변동 폭은 엄청났어요. 서울의 아파트 매매 가격이 47.4% 올랐고요. 전세 가격은 더 심해요. 무려 69.3%가 오른 거예요. 보고도 믿을 수 없는 숫자죠. 이후로 사람들의 머릿속에 부동산은 '투자'의 수단으로 제대로 자리하게 됐어요.

부동산 가격은 왜 계속 오를까?

아파트 매매가와 전세, 월세는 예전에 비해 많이 올랐어요. 집 모양은 변한 게 없는데 가격은 왜 폭등했을까요. "부동산 가격은 어차피 우상향하게 돼 있다." 부동산에 관심을 두게 되면 꼭 한 번씩 듣게 되는 말이에요. 부동산 가격 추이 그래프를 확대해서 보면 그 안에서는 조밀하게 오르락내리락하는 등락이 있을 수 있지만, 결국은 부동산 가격이 상향 곡선을 그리고 있다는 거죠. 장기적인 관점에서 부동산 가격은 무조건 올라간다는 거예요.

무엇보다 이거 하나는 확실해요. 부동산은 늘 비쌌어요. 물건 살 때 '가성비'라는 말 많이 쓰잖아요. 가격 대비 성능이 좋다는 뜻이죠. 부동산 매매에서 이런 말 쓰는 거 보셨어요? "와 이 집은 가성비가 정말 좋게 나왔네요?", "아파트 가격이 너무 합리적이에요!" 일단 저는 한 번도 못 들어 봤고 아마 앞으로도 이런 말은 듣기 힘들 것 같은데요.

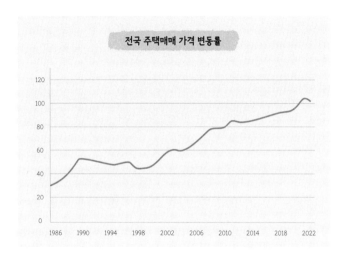

실제로는 어떨까요. 이 그림은 KB부동산이 2021년 6월을 기준 시점으로 잡고 이때의 주택 매매 가격을 100으로 설정한 후 각 연도별로 주택 매매 가격을 비교한 그래프인데요. 이 그래프를 보면 부동산은 장기적으로 우상향한다는 말에 고개를 끄덕일 수밖에 없을 것 같죠. 네, 맞아요. 부동산 가격은 지금까지 오랜 시간 동안 오르고 내리고를 반복하며 결국은 상승 곡선을 그려 왔어요.

그럼 도대체 무엇이 부동산 가격을 이렇게 끌어올렸을까요? 다양한 원인 중 가장 먼저 지목할 범인은 '통화량'이에요. 범죄자 무리가 체포되면 주동자가 있고 나머지는 공범으로 숟가락을 얹은 사례가 꽤 많잖아요? 부동산 가격의 머리채를 잡고 끌어올린 주동자는 바로 통화량이라고 해도 과언이 아니에요. 잡았다, 요 녀석!

뭐든 양이 늘어나면 귀한 줄을 모르고 가치가 떨어진다고 했어요. <물가> 파트에서 언급했듯, 돈도 풀린 양이 많아지면 그 가치가 떨어져요. 화폐가치가 떨어지고 물가는 오르게 되죠. 물건의 성질은 바뀌지 않았는데 이전에 비해 더 많은 돈을 지불해야 돼요.

부동산 가격이 계속 우상향을 그리며 올라가는 것도 통화량의 상승으로 화폐가치가 하락하는 현상과 관련이 있어요. 통화지표를 보면 시중에 돈이 얼마나 풀려 있는지 알 수 있지요. 통화지표는 여러 종류가 있는데요. 그중에서 M1, M2만 봐도 통화량 파악은 충분히 가능해요.

M은 '돈'을 뜻해요. Money에서 앞 글자를 가져온 건데요. M1은 바로 현금화가 가능한 입출금통장에 들어 있는 돈을 의미해요. 언제든지 ATM에서 뽑아서 쓸 수 있는 돈이죠. 반면에 M2는 M1과 정기예금에 저축한 돈을 합친 거로 생각하면 쉬워요. 입

출금통장에 예치된 돈은 언제든지 인출해서 현금으로 활용할 수 있지만, 정기예금은 저축성 상품이잖아요. 만기가 될 때까지는 돈이 묶여 있어요. 이자를 포기하면서 해지하면 현금화할 수 있지만 입출금통장에 있는 돈보다는 덜 자유롭죠.

통화지표에서 M1은 협의통화, M2는 광의통화라고 불러요. M2에 M1이 포함되기 때문에 M2가 더 넓은 범위라고 생각하시면 되고요. 보통 경제기사에서 '다섯 달째 통화량 증가'라고 표현하는 통화량은 M2 통화량을 의미해요.

실제로 M2 통화량은 2000년에는 691조 원이었는데 2024년에는 약 4,000조 원이 됐어요. 우리는 이걸 보고 '24년 동안 6배가 넘는 돈이 시중에 풀렸구나!'라는 걸 알 수 있지요. 시간이 지남에 따라서 꾸준히 상향 곡선을 그려 온 것이에요.

이렇게 통화량이 늘어나면 돈의 가치는 하락해요. 분명 집의 상태가 저절로 좋아진 건 아니에요. 그런데 통화량이 늘어나면서 화폐가치가 떨어져 과거보다 더 많은 돈을 주고 집을 사야 하는 상황이 됐지요. 예를 들어 2020년과 2021년에는 전 세계적으로 부동산 가격이 급등했는데요. 코로나19로 경제가 어려워지면서 각 국가가 통화량을 급격히 증가시켰기 때문이에요. 이렇게 풀린 돈이 많아지면서 돈의 가치가 떨어졌죠.

결국 통화량 증가가 화폐가치를 떨어뜨리고 물가를 올리면서 부동산 가격도 지속적으로 상승하게 만든 거죠. 이렇게 통화지표와 통화량의 변화를 이해하면 왜 부동산 가격이 계속해서 상승하는지 명확하게 이해할 수 있답니다.

금리가 부동산 시장을 움직이는 방법

자 그럼 앞서 배운 개념을 가져올까요? 방금 부동산 가격을 끌어올린 주범이 바로 통화량이라고 했죠. 이 통화량을 쥐었다 폈다 하는 '금리'도 부동산 가격을 움직이는 원인 중 하나예요.

여러분이 그동안 꿈꿔 오던 내 집 마련을 실현하기 위해서 준비하는 상황이에요. 대부분은 집을 살 때 은행에서 대출받을 텐데요. 이때 여러분은 금리가 낮을 때 집을 사시겠어요, 아니면 금리가 높을 때 집을 사시겠어요? 당연히 금리가 낮을 때죠.

금리는 돈의 가격이라고 했어요. 기준금리를 올리면 돈의 가격이 비싸져요. 그럼 여러분이 은행에서 돈을 빌릴 때도 더 많은 이자를 줘야겠죠. 은행에서 매달 내 주머니에서 돈을 더 많이 가져간다는데 "웰컴!"을 외칠 사람이 과연 있을까요? 당연히 반대로 기준금리가 내려가서 더 적은 이자를 내고 집을 사는 상황을 반기겠죠.

금리가 낮으면 부동산 가격이 올라가는 이유예요. 높은 대출 금리가 부담스러워서 집을 살 수 없었던 사람들이 금리가 하락하면 태도가 바뀌어요. 이자가 저렴해진 대출을 이용해서 비교적 쉽게 집을 사죠. 제로금리에 가까웠던 2020~2021년도에 영혼까지 끌어모아 내 집 마련을 한 '영끌족'이 대거 등장한 것도 저렴한 이자 때문이었어요. 저금리 현상이 이어지면서 '이 정도 이자면 내 집 마련 가능하겠는데?'라는 생각이 들었던 거죠.

금리가 내려가면 은행의 예·적금 이자도 적어져요. 적어진 이자수익에 아쉬움을 느끼는 사람들은 '더 좋은 투자처 없을까?' 주변을 두리번거리기 시작해요. 이때 눈에 들어오는 것이 '부동산 시장'인 셈이지요. 방금 얘기한 것처럼 대출 이자 부담도 적어졌으니 해 볼 만하다고 생각하게 되죠. 수요와 공급의 법칙에 따라서 부동산 매수를 희망하는 사람이 많아지면 부동산 가격은 점점 오르게 되고요. 이런 흐름에 따라서 보통 금리와 부동산 가격은 반대로 움직여요.

물론 금리가 내려갔는데 집값이 오르지 않을 때도 있어요. 경기 자체가 안 좋을 때가 그렇죠. 경기가 전반적으로 침체되어 있으면 부동산 가격이 오를 거라고 기대하는 사람도 적어지기 마련이거든요. 그럼 사람들은 집값도 계속 떨어질 것으로 보고, 쉽사리 매수 결정을 내리지 않아요.

이미 부동산을 사서 보유하고 있던 사람들도 금리 변동에서 벗어날 수 없어요. 기준금리가 올라가면 부동산을 사기 위해서 받았던 대출의 이자 부담이 커져요. 예를 들어 한 달에 200만 원씩 내던 원금과 이자의 합계가 금리 인상으로 250만 원이 됐어요. 상환금액이 늘어나서 생활비 부담이 늘어나게 되는데요.

특히 2022~2023년처럼 기준금리가 가파르게 올라갈 때는 계속 부동산을 보유하는 게 힘들어져요. 이 때문에 많은 사람이 매도를 선택하기도 했고요. 이처럼 대출 상환 부담 때문에 부동산을 파는 매도 결정이 한꺼번에 일어나면 부동산 시장은 연쇄적으로 폭락을 맞을 가능성이 커지게 되죠.

어디 이뿐일까요? 설사 부동산을 당장 팔지 않는다고 해도 금리가 올라가서 부동산 대출 이자가 불어나면 다른 지출을 줄일 수밖에 없어요. 그러면 지갑은 저절로 닫히고, 이런 사람들이 많아지면 시장 전반적으로 소비가 줄어들어 이 악순환은 차갑게 얼어붙은 공기를 더 차갑게 만들지요.

다만 실제로 이 같은 변화가 시장에 반영되는 데는 시간이 꽤 걸리는 편이에요. 부동산은 의사 결정을 하고 계약까지 이어지는 데 상대적으로 오랜 시간이 걸리기 때문에 기준금리 인상 혹은 인하 시점에서 보통 3~4개월 후에 부동산 시장이 움직여요.

자 이런 배경지식이 있다면, 예언을 해 볼 수 있어요. 기준금리가 움직인 시점을 기준으로 3~4개월 후에 부동산 시장이 어느 방향으로 흘러갈지 말이에요. 실제 매수 혹은 매도 계획이 있다면 계획을 수정할 수도 있고요. 신문에서 부동산 시장을 예측할 때도 어떤 것을 근거로 하는지 알고 볼 수 있어요. 누군가 떠먹여 주는 식사는 재미없잖아요. 배운 내용을 떠올려 보면서 내

손으로 음식을 떠먹으며 꼭꼭 씹어 넘기는 재미를 느껴 보세요.
생각보다 즐거울 거예요!

환율이 오르면 부동산 가격이 떨어진다

환율은 두 나랏돈의 교환 비율이에요. 한 나라의 돈을 다른
나라 돈으로 바꿀 때의 비율이죠. 예를 들어 1달러를 1,000원에
바꿀 수 있다면 원/달러 환율은 1,000원이 되는 건데요. 부동산
시장과 외환시장도 서로 영향을 주고받아요.

원/달러 환율이 1,000원에서 1,300원으로 올랐어요. <외환>
파트에서 살펴봤듯이 원/달러 환율이 올랐다는 건 우리나라 통
화의 가치가 떨어지고 상대적으로 달러의 수요가 더 증가했다
는 의미인데요. 우선 환율이 오르면 수입 기업이 더 비싼 값에
물건을 수입하게 되면서 수입물품의 소비자물가가 올라가요.
수입 물품은 개인들이 쓰는 소비재뿐만 아니라 원자재도 모두
포함이라서 전반적인 물가를 끌어올리죠.

물가가 올라서 당장 주머니에서 한 푼을 꺼내 쓰는 게 아쉬운
상황에서 부동산 매수를 결정하는 사람은 많지 않을 거예요. 게
다가 환율이 올랐다는 건 우리나라 원화보다 달러의 선호도가
높아져서, 한국에 유입됐던 돈이 미국으로 향할 가능성이 높다

는 의미잖아요. 시중에 유동성이 줄어들면 불씨를 키울 땔감이 줄어들어서 경기침체로 이어질 가능성이 커져요. 그럼 사람들의 구매력이 위축돼서 부동산 수요는 점차 줄어들고, 부동산 가격은 하락하게 되죠.

반대로 원/달러 환율이 1,500원에서 1,000원으로 내려갔어요. 환율이 내려갔다는 건 우리나라 경제상황이 회복됐다는 걸 의미하죠. 원화의 가치가 올라간 거예요. 보통 이런 상황에는 <무역> 파트에서 살펴본 것처럼 경상수지 흑자를 기록하는 경우가 많아요. 한국에 유입되는 달러 통화량이 증가하게 되죠. 사람들의 주머니는 이전에 비해서 쉽게 열리게 되고, 부동산에 대한 수요도 증가하게 돼요. 수요가 늘어나면 부동산 가격은 상승할 가능성이 높죠.

즉, 환율이 오르면 부동산 가격은 내려가고, 환율이 내려가면 부동산 가격은 올라가는 경향이 있어요. '달러로 집을 사는 것도 아닌데 무슨 상관?'이라고 의아했을 수 있어요. 앞에서도 항상 얘기했지만, 경제는 모든 것이 연결되어 있답니다. 돈은 단독 행동을 하는 경우가 없어서, 돌고 돌아 서로에게 영향을 끼치게 돼요. 환율로 경제상황을 점치고 이 흐름에 따라서 움직이는 부동산 가격을 예측해 보는 것도 좋은 공부이지요.

집이 부족하면 새로 지으면 되는 거 아닌가?

부동산 시장에 대해서 제대로 알지 못할 때는 철없이 "집 좀 많이 지으면 좋겠다. 다들 살 집이 없어서 난리구만." 같은 소리를 하고 다니기도 했어요. 지금 와서 생각하면 정말 부끄러운 일이죠. 자녀에게 용돈을 주면서 아껴 쓰라고 하니 "왜 아껴 써야 해? 아빠가 또 주면 되잖아."라고 해맑게 말하며, 부모의 뒷목을 잡게 하는 것과 다를 바 없는 소리거든요.

경제이론 '수요와 공급'에 따르면 공급보다 수요가 많을 때 가격이 올라가요. 부동산도 실제 존재하는 집은 10채인데 필요한 집이 12채라면, 사람 수보다 집의 수가 더 적으니까 가격이 비쌀 수밖에 없는데요. 주택공급이 충분한지 여부를 따질 때는 '주택보급률'이라는 지표를 가장 많이 활용해요.

별로 어렵지 않아요. 이름 그대로예요! '보급'이라는 뜻이 물건이나 돈이 잘 퍼져서 혜택을 누리게 하는 것을 말하니까, 주택이 필요한 만큼 공급되고 있는지 확인하는 지표라는 건데요. 2022년도 기준 우리나라 주택보급률은 102.1%예요. 우리나라에 살고 있는 사람들에게 필요한 집이 총 100채라면, 약 102채가 존재 및 공급되고 있다는 뜻이죠.

엄밀히 말하면 '살 집'이 없는 건 아니라는 얘기예요. 뉴스에서 '미분양' 소식을 계속 다루는 걸 보면 분명 대한민국 어딘가에는 빈집이 존재한다는 거겠죠. 집을 살 돈이 없다거나, 대출

막 자취를 시작했을 때는 밥 먹는 게 쓸쓸했는데,

요즘은 아무렇지도 않은 걸 보니

혼자만의 시간을 보내는 데 익숙해졌나보다.

이자가 너무 부담된다거나, 아직은 내 집 마련의 필요성을 못 느끼다거나 저마다의 이유가 있으니 집을 사지 않았을 거예요. 반드시 사야 하는 의무가 있는 것도 아니고요.

설사 전국적으로 '살 집'이 부족하다고 해도 무작정 집을 지을 수도 없는 일이에요. 부동산 특히 그중에서도 주택은 '배추'에 비유되는 경우가 많아요. 우리 한국인들의 밥상에서 절대 빼놓을 수 없는 음식이 바로 김치잖아요. 차가운 바람이 불어오는 늦가을이 되면 주부들은 김장을 준비하고, 배추 농사를 지은 농부들의 노력이 빛을 보는 때죠.

그런데 농부들이 1년 동안 피땀 눈물로 재배한 배추를 팔지도 않고 쓰레기통에 버리는 경우도 적지 않아요. 배추 농사가 '풍년'이 났을 때 농부들이 어쩔 수 없이 하는 선택인데요. 소비자인 우리가 봤을 때는 풍년이 나면 좋은 일 아닌가 싶잖아요. 그런데 농부들에게 풍년은 마냥 행복한 일이 아니에요. 풍년으로 평소보다 배추를 많이 생산하면, 배추의 '공급'이 많아지잖아요. 경제시장에서 공급이 많아진다는 건 곧 '가격의 하락'을 의미해요.

즉, 배추가 지나치게 많이 생산되면 팔아도 남는 것이 없어요. 그래서 농부들은 피눈물을 머금으며 1년간 키운 배추를 버리고 공급량을 조정해요.

풍년이 난 다음 해에는 일부러 배추 농사의 규모를 줄이는 일도 많다고 해요. 그런데 작년처럼 풍년이 날 걸 예상하고 배추 농사 규모를 줄였더니, 이번에는 이상 기온으로 배추 농사가 시원치 않아요. 이때는 판매할 수 있는 배추가 적어지겠죠. 주부들은 김장철이 되면 배추를 사려고 기다리고 있는데, 공급이 줄어서 가격이 폭등해 버려요. 가격이 지나치게 비싸지면 아예 김장 자체를 포기하는 사람도 생기게 돼요.

이처럼 주택도 함부로 공급을 줄이고 늘리게 되면 부동산 시장에 큰 혼란을 불러올 수 있어요. 공급량을 적당하게 조절하는 게 정말 중요하죠. 특히 주택은 공급을 조절하기 위해서 쓰레기통에 버릴 수도 없으니 애초에 지을 때부터 계획을 잘 세워야 해요. 주택량이 너무 많지도 적지도 않게 계속 조정을 해야 하죠.

A정부에서 부동산 공급을 확대하면 다음 시기에는 부동산 가격이 폭락하고, B정부에서 부동산 공급을 줄이면 그다음에는 부동산 가격이 무섭도록 상승하는 모습. 지난 역사에서 수없이 반복돼 온 장면들이에요. 이를 지켜보면서 사람들은 무조건적인 공급확대도 지나친 공급축소도 정답이 아니라는 걸 뼈저리게 느꼈죠.

보통은 부동산 시장이 침체할 때 주택 공급량을 축소하는데요. 이 영향으로 4~5년 후에는 부동산 값이 폭등할 가능성이 크고요. 반대로 집값이 오른다고 대규모 공급을 하면 마찬가지로 4~5년 후에는 부동산 가격이 크게 떨어질 수 있어요. 주택을 건설하는 기간이 통상 4~5년 정도 걸리거든요.

왜 서울은 집값이 더 비쌀까?

흠, 그런데 서울을 비롯한 일부 지역의 부동산 가격은 왜 유독 비쌀까요? 이유를 생각해 본 적 있나요? 말을 시작하기 전에, 이탈리아에서 1유로짜리 집이 등장했던 얘기를 먼저 들려 드릴게요. 10여 년 전, 이탈리아의 남부 시칠리아에 있는 작은 마을인 '비보나'에는 12채의 집이 1유로로 시장에 나왔어요. 이곳은 16세기 르네상스 시대에는 번성했던 지역이었는데, 빠른 속도로 인구가 감소하면서 빈집이 증가했고 급기야 마을이 점차 폐허처럼 변했다고 해요. 그래서 지자체에서 새로운 주민을 유입시키기 위해서 집을 단돈 1유로에 내놓은 거예요.

우리나라도 다르지 않아요. 서울과 수도권에는 인구가 집중돼 있고, 지방에는 사람이 점차 줄어들고 있죠. '지방 소멸'이라는 무시무시한 단어도 적지 않게 들려오는데요. 2022년도 기준 우리나라의 주택보급률은 102.1%였지만, 모든 지역에서 주택보급률이 100%를 넘기는 건 아니에요. 같은 해 기준으로 서울, 경기, 인천 등 수도권은 주택보급률이 90%대에 그쳤죠. 이 지역들의 공통점은 '집값이 비싸다'는 거예요.

서울, 수도권에는 일자리가 많아요. 인구가 집중돼 있죠. 그러다 보니 수도권에는 점차 주택이 부족해지고, 주택보급률도 낮아졌어요. 이에 따라서 수도권의 부동산 가격은 가파른 상향 곡선을 그리고, 상대적으로 지방의 집값은 폭락하는 경우가 많아졌고요.

<고용> 파트에서 인구가 줄어들고 있다는 얘기를 실컷 했는데 인구 때문에 집값이 올라간다니, 이게 무슨 모순인가 싶으신가요. 수험생과 대학 정원에 비유해 볼게요. 이미 대한민국 전체의 인구는 줄어들기 시작해서 몇 년 전부터 수험생 수보다 대학 정원 수가 더 많아졌어요. 전체 대학의 정원은 10명인데, 학교에 입학할 수험생은 7~8명에 불과한 상황이 됐죠.

학생 수가 적어졌다고 대학교에 진학하는 게 쉬워졌나요? 꼭 그렇다고 볼 수는 없어요. 누구나 가고 싶은 대학, 학과는 늘 경쟁이 치열하죠. 특정 학교와 학과에는 여전히 많은 학생이 몰려서 경쟁률이 높은 현상이 유지되는 거예요.

현재 대한민국의 부동산 상황도 다르지 않아요. 좋은 대학을 진학하고 싶어 하듯이 서울, 수도권에서 살기를 바라는 사람은 많으니 부동산 가격도 끝없이 올라가고 있죠. 인구 자체는 줄어들어도 가구가 쪼개지면서 1인 가구가 늘어나서 '살 집'은 점점 더 많이 필요해졌으니까요. 언젠가는 인구 자체가 급격히 줄어서 이런 현상도 잦아들겠지만, 당분간 수도권 인구 심화현상이 해결되지 않는 한 주택보급률은 크게 변할 것 같지 않아요.

적절한 공급의 기준, 미분양

　현실적으로 부동산의 공급이 적절한 수준인지 가장 쉽게 파악할 방법은 미분양 물량을 살피는 거예요. 엄밀히 말하면 미분양 수치를 통해서 수요와 공급의 균형을 확인할 수 있는 건데요. 어느 지역에 미분양 물량이 늘고 있다는 건 그 지역 수요보다 더 많은 물량이 공급되고 있다는 걸 의미하고요. 음식물이 위에 잔뜩 쌓여서 소화불량 상태가 된 거라고 볼 수 있어요. 집을 원하는 수요에 비해서 집을 너무 많이 만들었죠.

　시장에 미분양 물량이 늘어나고 있다는 건 시장이 침체되고 있다는 뜻으로 해석할 수도 있어요. 실제로 주택시장이 침체됐던 2022년과 2023년 초까지만 해도 시장에 미분양 물량이 계속 늘어났고요. 2021년 9월 1만 3,800여 채까지 줄어들었던 미분양 물량이 2023년 2월 7만 5,000여 채까지 증가했어요. 불과 1년 5개월 사이에 6만여 채나 늘어났어요.

　미분양은 분양에 실패한 물량을 의미하기 때문에 그 단지가 준공될 때까지 팔리면 문제가 되지 않아요. 하지만 준공 후 미분양은 경제적으로 심각한 문제예요. 준공 후 미분양은 아파트가 준공될 때까지도 팔리지 않은 물량을 말하는데요. 건설사나 분양사에 자금 부담이 되기 때문에 준공 후 미분양은 악성 미분양이라고 불리죠. 전체 분양 물량 중 준공 후 미분양 물량 비율이 낮을 때는 문제가 되지 않겠지만 비율이 높아지면 시장가를 하락시키면서 이미 분양받은 사람들의 자산 가격을 낮추게 돼요.

더구나 준공 후 미분양뿐만 아니라 전체 미분양 물량이 늘고 있다면 이는 경제 전체로 볼 때 상당히 위험한 신호라고 볼 수 있어요. 예를 들어 어떤 단지가 절반밖에 분양에 성공하지 못했다고 가정해 볼게요. 그러면 시공사는 공사를 중단해야 할까요? 그럴 수는 없죠! 분양한 사람들과 한 약속이기 때문에 공사는 진행해야만 해요. 그런데 예상했던 자금의 절반밖에 분양 대금이 들어오지 않았기 때문에 자금압박을 받을 수밖에 없어요.

은행에서 돈이라도 빌릴 수 있으면 다행이에요. 하지만 돈을 돌려받지 못할 수도 있다는 불안을 느낀 금융권에서 쉽게 대출을 해 줄 가능성은 작아요. 이렇게 되면 미분양이 난 건설사나 시행사는 자금난에 빠지면서 심하면 부도사태가 벌어지게 되는데요. 이 경우 <고용> 파트에서 살펴본 것처럼 줄줄이 일자리를 잃고 경기가 침체되는 현상까지 벌어질 수 있어요.

그렇다면 미분양이 발생한다는 건 무조건 부정적인 의미일까요? 그건 아니에요. 평소 먹는 음식량보다 약간 더 많은 양을 섭취하며 포식한다고 해서 무조건 체하는 게 아니잖아요. 적정 미분양 수치는 부동산 시장에 큰 영향을 주지 않아요. 하지만 미분양이 적정 수치를 넘어섰다면 매수를 다시 고민해야 하죠.

미분양 물량에 영향을 주는 건 바로 공급이에요. 공급 물량이 수요에 비해서 크게 쏟아지는 상황이라면 미분양 물량도 많을 가능성이 크거든요. 앞서 부동산을 배추에 비유했듯, 주택도 지나치게 공급이 많아지면 부동산 시장에 혼란을 가져올 수 있어요. 대표적인 부작용이 바로 미분양이죠. 특히 지방에는 미분양 주택이 갈수록 쌓여 가고 있어요. 이건 단순히 그 도시만의 문제가 아니라, 수많은 건설업계가 무너질지도 모른다는 위험을 안고 있어 사회적으로 반드시 관심을 가져야 하는 부분이에요.

부동산 시장에 낀 '거품'의 정체

부동산 가격의 폭등현상은 전 세계적으로 일어나고 있는 현상이에요. 우상향 곡선 안에서 약간의 오르고 내리는 변동이 있을 뿐, 전반적인 부동산 가격은 계속 오르고 있죠. 주택 가격이 오를 때마다 경제기사에는 '부동산 시장 거품론', '집값에 거품이 꼈다'는 표현을 자주 쓰는데요. 현재 부동산 시장에 거품이 껴 있는지는 몇 가지 지표로 확인할 수 있어요.

부동산 시장에서 말하는 '거품'은 부동산 가격이 비정상적으로 부풀어 있는 상태라는 걸 말해요. 앞으로 집값이 계속 오를 거라는 기대 심리로 정상적인 시장 가격 수준을 넘어서는 가격을 의미하죠. 예를 들어 정상 가격이 5억 원인데 지금 집값이 7억 원이면, 2억 원은 거품이라고 볼 수 있는데요. 문제는 정상 가격이 얼마인지 알아내기 어렵다는 점이에요.

하지만 거품이 꼈는지 버블 징후를 파악할 방법은 몇 가지 있어요. 물가에 비해 집값이 어느 정도 뛰었는지 확인하는 방법, 소득 대비 주택가격비율을 확인하는 방법이 대표적이죠.

경제시장에서는 부동산도 하나의 상품이에요. 경제시장에서 다른 상품에 비해 집값만 유독 폭등한다면 무언가 문제가 있는 거죠. 이때 '주택가격지수'와 '소비자물가지수'를 비교하면 그 여부를 확인할 수 있어요. 주택가격지수가 소비자물가지수보다 크고, 그 둘 차이가 크게 벌어지면 거품이 꼈다고 판단해요.

비교하는 방법은 간단한데요. '지수'는 어느 시점의 가격을 100으로 놓고, 비교되는 다른 시점의 물가를 표현한 걸 의미해요.

주택 가격을 가구당 연평균소득으로 나눈 비율인 PIR를 활용해서 버블 여부를 확인할 수도 있어요. PIR은 Price to Income Ratio의 약어로, 가구의 소득 수준에 따라서 주택 가격의 적정선을 나타내요. PIR이 10이라면 10년 동안 소득을 한 푼도 쓰지 않고 모아야 집 한 채를 살 수 있다는 뜻이에요.

보통은 PIR이 4를 넘어가면 거품이 꼈다고 보는데, 2024년 초반 대한민국 전체 PIR이 8.9, 서울의 PIR이 24.9를 기록했어요. 즉, 한국 전체 기준으로는 8.9년간, 서울 기준으로는 24.9년간 한 푼도 쓰지 않고 저축해야만 집을 살 수 있다는 뜻이에요. 가파른 금리 인상 이후로 부동산 거품이 많이 걷혔다는 평이 있었지만, 여전히 거품이 끼어 있다는 걸 알 수 있어요.

그 외에 버블 징후가 있다고 보는 경우로는 '총 통화량 대비 집값이 너무 높을 때', '경제 규모 대비 집값 총액이 높을 때', '대출상환 능력에 비해 대출이 많아 부담이 커졌을 때' 등이 있어요. 언론에서 거품이라고 하니까, 다른 사람들이 지금은 부동산에 거품이 많이 꼈다고 하니까 '그렇구나' 하고 고개를 끄덕이는 건 그만하자고요. 거품이 뭐고, 정말 거품이 낀 게 맞는지 알고 있어야 부동산 시장의 흐름을 파악할 수 있어요.

마무리

부동산은 삶에서 꼭 필요한 3요소인 '의식주'에서 '주'에 해당할 만큼 우리 삶에서 결코 떼어 놓을 수 없는 존재예요. 하지만 내 집 마련을 하는 게 평생의 꿈이라고 말하는 사람들조차 정작 부동산 시장이 어떻게 굴러가고 있는지는 모르는 경우가 많죠.

모든 경제요소가 그러하듯, 부동산도 혼자 가격이 오르고 내릴 수는 없어요. 앞서 살펴본 것처럼 금리와 통화량, 환율, 주택의 공급 등 다양한 것이 부동산 가격을 움직이고 있죠. 이런 경제 흐름이 어디로 향하고 있는지, 어떻게 움직이는지 읽을 수 있다면 내 집 마련은 결코 다른 세계의 얘기가 아닐 거예요. 적어도 아파트 야경에 눈을 질끈 감는 일은 없어지겠지요. 이건 다른 세상 얘기가 아닌 우리 얘기니까요.

9장

/

AM
0:00

당신의 하루에 안부를 묻는
경제지표

〰〰〰〰〰〰〰〰

대학교 강의실 책상 위에 종이와 펜 대신 노트북과 태블릿 PC가 놓여 있는 세상이에요. 사람들은 이제 종이와 펜이 서서히 사라질 거라고 예상했죠. 그런데 역시 유행은 돌고 도나 봐요. 다시 아날로그 다이어리를 찾는 사람이 많아졌어요.

특히 2023년도부터 열심히 사는 문화가 확산되면서 아날로그 다이어리, 스케줄러, 노트 상품의 수요가 부쩍 늘었는데요. 이 시기에 G마켓의 아날로그 다이어리 매출은 전년 대비 47%나 올랐다고 하고요. 에이블리에서는 다이어리 꾸미기, 일명 '다꾸' 아이템이 전년 동기 대비 60% 증가했어요. 직접 손으로 쓰는 가계부 책을 찾는 2030세대도 부쩍 늘었는데요. 경기침체가 길어지면서 소비내역을 하나씩 기록하며, 한 푼이라도 더 아끼기 위해 노력해요.

학창 시절 생활기록부를 조회해 보는 것도 한동안 인기였어요. '언어 구사 능력이 있고 자기의 주장을 곧잘 내세우며, 주변의 모든 일에 앞장서서 자발적으로 해결하기도 하며 특히 글쓰기에 소질이 많음.' 실제 제 생활기록부의 일부인데요. 이 정도면 미래를 내다보신 게 아닌가 싶을 정도로 현재 제 모습과 유사해서 새삼 선생님들의 통찰력에 놀랐답니다.

사람들이 이렇게 기록에 다시 열광하는 이유는 각자의 삶이 안녕한지에 대해 돌아보고 싶은 욕구 때문이 아닐까요. 매일 저녁잠을 청하기 전에 오늘을 돌아보는 것처럼요. 아침에 세운 계획 중에 이루지 못한 것은 없는지, 오늘은 무탈한 하루였는지, 스스로 물음을 던지고 점수를 매기는 것은 저에게도 중요한 루틴인데요. 이 기록이 쌓여서 내가 '잘살고 있나'에 대한 비교적 객관적인 답을 말해 주는 것 같아요.

그런 면에서 '경제'가 사람이라면 자기관리 끝판왕이라고 표현하면 되겠네요. 우리에게 있는 성적표라고는 고작 다이어리, 가계부, 생활기록부 정도잖아요. 경제는 자신을 설명할 수 있는 경제지표가 한둘이 아니거든요. 지금부터는 경제가 자기 자신을 어필하는 수단인 다양한 경제지표에 대해서 알아봅시다.

돈의 흐름, 경제지표로 읽자

말이 전혀 안 통하는 나라로 해외여행을 떠났던 경험이 있으신가요. 요즘은 워낙 스마트폰 번역기가 잘돼 있으니 일단 떠나기만 하면 문제될 건 없는데요. 언어가 통하지 않을 때 느껴지는 미묘한 불편함은 어쩔 수가 없더라고요.

메뉴판을 봐도 뭐가 뭔지 알 수가 없어서 옆 테이블에서 먹는 음식을 가르키며 같은 걸로 주문한다거나, 유명한 관광지에 안내판이 있어도 눈뜬장님 신세이니 그저 "멋있다!" 같은 단조로운 감탄사만 내뱉게 되는 상황. 공감하시는 분 많으실 거예요. 심지어는 화폐단위와 현지 시세를 잘 모르는 탓에 '사기당하는 거 아닌가?' 눈 뜨고 코 베이는 듯한 찜찜한 기분이 들어도, 좋은 게 좋은 거라고 어물쩍 넘기게 되기도 하고요.

경제지표를 볼 줄 모른다는 건 그 나라 언어를 모른 채로 여행을 떠나는 것과 마찬가지예요. 여행할 수는 있겠죠. 하지만 100% 그 나라를 이해하고 즐기기는 어려워요. 실제로 경제지표를 활용하는 사람은 정말 드물어요. 아예 해독할 수 없는 외계 언어로 쓰인 문서쯤으로 취급하면서 보려는 시도조차 하지 않는 경우가 많죠. 경제에 관심이 있는 사람들조차 경제기사에 인용된 지표만 겉핥기식으로 보니까요.

경제지표는 절대 어렵지 않아요. 전체를 다 이해할 필요도 없어요. 이 지표를 왜 봐야 하고, 어떤 포인트를 봐야 하는지 정도만 알아도 충분한데요. 경제지표라는 단어 자체에서 이미 거리 감이 느껴지니까 뜻부터 알고 갈게요.

'지표'는 경제활동의 결과를 통계 숫자 그대로 발표하는 걸 말해요. 반면 유사한 개념으로 '지수'가 있는데요. 지수는 기준과 비교해서 나온 숫자예요. 기준시점의 지표를 100으로 두고 변화의 폭과 속도, 방향성이 어떤지 살펴보는 식이에요. 이 두 개념을 모두 합친 걸 '경제지표'라고 하고요.

사실 우리가 보는 경제지표는 경제상황을 그대로 보여 주는 건 아니에요. 특수한 상황을 반영해서 조정을 하는데요. 대표적으로 '계절 요인' 반영이 가장 흔히 하는 조정이에요. 명절, 휴가철, 농업수확기 등 계절적으로 특수한 상황을 그대로 경제지표에 반영하게 되면, 자칫 경기에 대해서 과대 해석할 수 있거든요. 이런 상황을 방지하는 거예요.

쉽게 예를 들자면, 학창 시절 매달 치르는 시험이 있다고 가정해 봐요. 6월에 유독 난이도가 낮아서 평소보다 점수가 잘 나왔지만, 7월에는 어려운 문제가 섞여 있어 점수가 내려갔다고 했을 때 '성적이 떨어졌다'고 보기는 애매하잖아요. 성적표를 볼 때 6월 시험은 특히 쉬웠다는 걸 고려해서 봐야 성적을 제대로 파악할 수 있겠죠.

그 외에도 불규칙 요인, 추세 요인, 순환 요인을 반영하여 경제지표를 가공하는데요. 겁먹지 마세요. 다 외우지 않아도 돼요.

한 뼘 그늘 밑, 길고양이들을 보면 떠오르는 얼굴이 있다.

이러다 돌아가신다, 에어컨 좀 틀라고 잔소리해도

괜찮다며 선풍기 옆에서 여름을 버티시던 우리 할머니.

고양이로 환생한 건 아닐까 하는 생각에

자꾸만 신경이 쓰인다.

'우리가 보는 경제지표는 한번 조정을 한 상태구나.' 정도로만 알아 두시면 돼요.

%와 %P는 무엇이 다를까?

수학에서 더하기 빼기를 모르면 제대로 풀 수 있는 문제가 없잖아요. 경제지표도 %와 %P를 정확하게 구분할 수 있어야 속뜻을 제대로 이해할 수 있어요.

%(퍼센트)는 백분비라고도 부르는 백분율 지표예요. 전체 수량을 100으로 두고 그중 몇이나 되는가를 가리키죠. 반면에 %P(퍼센트 포인트)는 백분율로 나타낸 수치 간의 차이를 표현한 거예요. 이 전에 비해서 수치가 얼마나 늘거나 줄었는지를 나타내는 것이 핵심이지요.

예를 들어 3월에는 100명 중 30명이 아이폰을 사용했어요. 그런데 한 달이 지나 4월에는 사용자 수가 60명으로 늘어났어요. 우리는 이 상황을 %와 %P를 사용해서 이렇게 표현할 수 있죠. "아이폰 사용자 수가 전체의 30%에서 60%로 늘어났다." 혹은 "아이폰 사용자 수가 30%P 증가했다."라고요.

특히 경제지표는 같은 결과라도 어떻게 표현하느냐에 따라 체감하는 정도가 달라질 수 있는데요. 경제학자들 혹은 기자들은 이를 위해 %와 %P를 자신들의 입맛에 맞게 사용할 때가 많아요. 가령 이 예시는 아이폰 사용자 수가 2배로 늘어난 거잖아요. 이걸 "아이폰 사용자 수가 한 달 만에 100% 증가했다."라고도 표현할 수 있는데요. 결과는 같지만 '100%'라고 표현하니까 증가폭이 훨씬 크게 느껴지죠.

경제기사를 보다 보면 %와 %P가 정말 많이 나와요. 엄연히 다른 개념이라서 두 가지를 명확하게 구분하지 않으면 자칫 경제지표를 잘못 해석하게 될 수도 있어요. 방금 살펴본 것처럼 경제지표를 어떻게 표현했는지 미묘한 차이를 알아채기만 해도 보는 재미를 더할 수 있답니다. 사소한 한 끗 차이를 놓치지 말자고요.

경제 분야의 1인자를 찾습니다

여기 A와 B가 있어요. 이 두 사람을 깊게 알아보기 위해서 몇 가지를 비교해 보려고 하는데요. 우선 둘 중 누가 더 키가 큰지를 알아보기 위해서는? '자'가 필요하겠죠. 또 두 사람 중에서 누가 더 공부를 잘하느냐가 궁금하다면? 성적표를 보면 돼요. 성적이 높은 사람이 공부를 더 잘하는 쪽일 테니까요. 이처럼 상황에 맞는 '도구'만 있다면 비교하는 것쯤 일도 아니지요.

미국과 우리나라의 경제 규모를 파악하는 것도 크게 다르지 않아요. 한 해 동안 두 나라에서 만든 물건, 나라 안에서 발생한 유료 서비스의 가격을 모두 합쳐서 비교하면 되는데요. 이 결과로 각 나라의 경제가 어느 정도의 크기로 굴러가고 있는지 가늠할 수 있어요. 이 모든 가격의 합이 바로 국내총생산 GDP예요.

지금부터는 구체적인 예시를 들어 볼 건데요. 기억하실 건 '일정 기간 동안', '각 나라의 영토에서', '최종적으로', '새로' 생산된 것에 대한 합이 GDP라는 거예요.

손흥민 선수가 올해 '사나이 울리는 라면'의 광고 모델이라고 가정해 볼게요. 올해 대한민국에서 촬영하고 광고비를 받았어요. 손흥민 선수의 광고비는 올해 우리나라의 GDP에 포함될까요? 네. 포함돼요. 우리나라 안에서 유상으로 제공된 서비스니 올해 우리의 GDP에 해당하겠죠.

또 손흥민 선수는 영국의 토트넘 홋스퍼 FC 소속으로 활약하며 막대한 수입을 벌어들이고 있는데요. 해외에서 활동하는 손흥민 선수의 수입은 우리나라 GDP에 포함될까요? 아니요. 포함되지 않아요. 손흥민 선수가 분명 우리나라 국적의 선수인 것은 맞지만, 이 수입은 우리나라 영토 안에서 발생하지 않았어요. 그러니 '국내'의 생산이라고 보기는 어렵죠. GDP는 영토가 기준이라는 걸 꼭 기억해야 해요. 그런 면에서 삼성전자가 미국 텍사스에서 만들어 판 반도체도 우리나라 GDP가 아니라 미국 GDP에 포함되죠.

당근 중고거래는 어떨까요. 일단 중고거래는 그 해에 '새로' 생산된 물건이 아니에요. 또 비공식적으로 개인 간에 거래하는 거라서 증명도 어렵고요. 당근 중고거래는 우리나라 GDP에 포함되지 않아요. 예를 들어 200만 원짜리 삼성전자 노트북을 미개봉 새 상품으로 중고거래하는 상황이에요. 이때 GDP에는 삼성전자가 최초의 구매자에게 판매한 200만 원만 포함되죠.

'최종적으로 생산된 것'만 GDP에 포함된다는 것도 중요해요. 많은 분이 사랑하는 엽기떡볶이에는 떡, 어묵, 메추리알, 비엔나소시지를 비롯한 많은 재료가 들어가잖아요. GDP를 산정할 때는 최종적으로 판매되는 엽기떡볶이의 가격만 산정한다는 게 포인트예요. 엽기떡볶이를 만드는 과정을 거꾸로 생각해 보세요.

각 재료의 생산 및 구입 과정이 있잖아요. 예를 들어 떡을 넣기 위해서 엽기떡볶이 사장은 떡을 구매했을 거고요. 떡을 판매하는 상인은 떡을 만들기 위해서 농부에게 쌀을 샀겠죠. 쌀 판매가, 떡 판매가, 엽기떡볶이 판매가 이 모든 비용이 GDP에 산정되면 중복 계산으로 경제 규모가 몇 배로 불어날 거예요. 따라서 이때는 최종적으로 생산된 엽기떡볶이 가격만 GDP에 포함하죠.

한 대당 5,000만 원인 자동차를 생산했을 때도 마찬가지예요. 자동차 가격에는 타이어, 엔진, 가죽 값이 다 포함돼 있잖아요. 타이어 판매가, 엔진 판매가, 가죽 판매가 등 중복 계산을 막기 위해서 GDP에는 최종 생산품인 자동차 가격만 포함되는 것이죠. GDP에서는 무조건 최종만 생각하면 돼요.

'경제성장'의 진정한 의미

GDP가 반드시 다른 나라와의 비교 수단으로 쓰이는 건 아니에요. 우리나라 경제가 이전에 비해 얼마나 커졌는지 보여 주는 지표이기도 하죠. 어릴 적 커 가는 내 키에 맞춰서 벽지 위에 하나씩 추가되던 눈금. 다들 기억나시나요? 사람이 이전보다 커졌다는 걸 표현할 때도 '성장'이라는 단어를 쓰잖아요. 지난달에 키가 120cm였는데 이번 달에는 130cm가 됐다면 '10cm 성장했다!'고 표현하는 것처럼요.

경제도 GDP가 이전에 비해서 얼마나 오르고 내렸는지에 따라서 '경제성장률'을 가늠해요. 지난 2023년 대한민국의 전년 대비 경제성장률은 1.4%였는데요. 이 지표는 2023년 대한민국의 경제가 1년 전보다 1.4%만큼 커졌다는 걸 의미해요.

<물가> 파트에서 물가가 올라가면 '실질임금'이 줄어든다는 얘기를 한 적이 있어요. 내 월급은 250만 원 그대로인데 물가가 올라서 전반적인 물건 가격이 올랐어요. 이전에는 신발을 10켤레 살 수 있었던 돈으로 이제는 8켤레밖에 살 수 없다면 월급이

줄어든거나 마찬가지잖아요. 이렇게 물가 변동상황을 월급에 반영한 걸 '실질임금'이라고 부르는데요. 마찬가지로 GDP도 물가를 반영한 '실질 GDP'와 물가를 반영하지 않은 '명목 GDP' 두 가지로 나눌 수 있어요.

예를 들어 우리나라에서는 매년 노트북 한 대만 만든다고 가정해 볼게요. 작년 노트북 한 대 가격이 200만 원이라면, 작년 대한민국의 GDP는 200만 원이겠죠. 올해도 여전히 노트북 한 대만 만들었지만, 그 사이에 물가가 올랐어요. 노트북 한 대 가격이 220만 원이 된 거예요. 이에 따라 올해 대한민국 GDP는 220만 원이 돼요.

그럼 작년과 올해의 GDP는 1년 사이에 20만 원이 늘어난 건데요. 경제성장률을 계산할 때는 작년에 비해서 증가한 GDP 금액을 작년 GDP 가격으로 나누면 돼요. 즉, 증가한 금액 20만 원을 작년 GDP 가격 200만 원으로 나눠 보면, 결과는 10%. 올해의 전년 대비 경제성장률은 10%라는 결과 값이 나왔네요.

그런데 물가가 오른 이 상황을 '경제가 성장했다'고 표현할 수 있을까요? 1년 전이랑 비교했을 때 만든 물건의 양은 같은데 물가가 올라서 GDP가 덩달아 올라간 거잖아요. 학교 시험에서 3번 문제의 점수 배점을 4점에서 5점으로 올리는 바람에 89점이었던 점수가 90점이 된 상황이에요. 점수가 1점 오른 건 내 실력이 향상된 덕분이 아니죠. 물가가 올라서 GDP가 오른 것처럼 마찬가지로 실력이 올라간 것처럼 보이는 것뿐이에요. 그래서 이런 오류를 바로잡기 위해서 '물가'를 반영한 실질 GDP를 활용해요.

경제성장률 값을 구하려는 대상 연도의 최종생산물 수량과 비교하는 기준 연도의 가격을 곱하는 거죠. 즉, 올해의 실질 GDP를 구하기 위해서는 노트북 한 대의 가격을 작년 가격인 200만 원으로 적용해서 계산해야 해요. 그럼 그 결과 값은 200만 원으로 나오네요. 물가가 GDP에 반영돼서 착시현상이 생길 수 있으니까, 진짜 GDP 값을 구하기 위해서 기준이 되는 작년 가격으로 물건 값을 매겨요. 보통 경제기사에서 경제성장률을 논할 때는 대부분 실질 GDP를 활용해요.

GDP는 한국은행 웹 사이트에서 확인할 수 있는데요. 웹 사이트 메인 화면의 검색창에 '국내총생산'이라고 검색하면 분기별 실질 국내총생산 자료를 볼 수 있어요. 매 분기마다 GDP를 보면 우리나라 경기 흐름이 어떤 방향으로 가고 있는지 알 수 있어요. 또 GDP를 알면 한 국가의 경제 규모와 성장 추세를 파악할 수 있어 개인과 기업 모두 중요한 경제적 의사 결정을 내리는 데 도움이 돼요. 예를 들어 GDP 성장률이 높다면 기업은 투자를 늘리거나 확장을 고려할 수 있고, 개인은 주식이나 부동산 투자에 유리한 시기를 판단할 수 있겠죠. 반대로 GDP 성장률이 낮거나 감소한다면 소비나 투자를 줄이거나 위험을 관리하는 전략을 세울 수 있을 거예요.

얼마나 클지 가늠하는 성장판 검사, 잠재성장률

키가 클 때마다 벽지에 눈금이 추가됐던 어린 시절에 성장판 검사를 했던 때가 떠오르네요. 중학교 진학을 앞두고 문득 내 키는 얼마나 크게 될까 궁금해지더라고요. 떨리는 마음으로 병원에 갔죠. "학생은 이 추세라면 5cm 정도 더 클 것 같네요." 대한민국 여성 평균 키 정도로 성장할 것 같다는 결과는 분명 최악의 상황은 아니었어요. 하지만 내 안에 잠재된 키가 고작 5cm에 불과하다는 사실이 어린 마음에는 다소 충격적이었죠. 눈물 콧물을 줄줄 흘리면서 나왔던 기억이 선명해요.

병원에서 성장판 검사를 하면 이 사람의 키가 얼마만큼 더 크게 될지 숨어 있는 키를 예상할 수 있잖아요. 경제도 잠재력을 수치로 나타낸 지표가 있어요. 우리는 이걸 '잠재성장률'이라고 부르는데요. 한 나라가 투입할 수 있는 생산요소를 최대한 사용한 상황에서 달성할 수 있다고 보는 경제성장률을 의미해요. 이때 생산요소는 물건을 만들어 팔고 수입을 올리기 위해서 꼭 필요한 노동, 자본, 토지가 대표적이고요. 전문적인 의학검사, 골격, 부모의 키를 포함해서 여러 가지 요인을 고려한 후 잠재적인 신장을 예측하는 것과 비슷하다고 볼 수 있어요.

그런데 예상했다고 해서 무조건 그 결과 값만큼 성장한다는 보장은 없어요. 병원에서 A에게 180cm까지 클 것 같다고 예상치를 알려 줬다고 해서 무조건 180cm까지 크는 건 아니죠. 예상치에 미치지 못하는 177cm까지 성장할 수도 있고, 반대로 185cm까지 클 수도 있을 거예요.

다만 결과를 통해서 지나온 과정을 추측해 볼 수는 있어요. 예상한 것보다 키가 더 컸다면 지금까지 밥도 잘 먹고, 영양제도 잘 챙겨 먹고, 운동도 잘 해 왔다고 볼 수 있을 거예요. 반대로 키가 생각한 것보다 덜 자랐다면 식사량이 부족했거나 성장판에 자극을 줄 만큼 운동을 충분히 하지 못했던 것 같다고 추측할 수 있겠죠.

마찬가지로 경제성장도 잠재성장률과 비슷한 성장세를 보이면 경기가 잘 유지되고 있다고 봐요. 예상한 잠재성장률보다 실제 경제성장률이 더 높다면 경기가 좋다는 증거가 될 거고요. 또 반대로 실제 경제성장률이 예상하는 잠재성장률보다 낮다면 경기에 뭔가 문제가 생겼다는 얘기에요.

보통 실제 경제성장률을 실질 GDP, 예상하는 잠재성장률을 잠재 GDP라고 칭하기도 하는데요. 이 두 지표의 차이를 'GDP 갭'이라고 해요. 현재의 경기 상태가 과열인지 침체인지를 알려 주는 온도계라고 할 수 있어요.

실질 GDP가 잠재 GDP보다 높은 상황을 '플러스 갭'이라고 부르는데요. 플러스 갭은 지금 경기가 뜨겁게 달아오르고 있어

나이가 들면
떠날 준비를 해야 한다고,
어린 내게 할머니는
말씀하셨다.

그때는 그게 무슨 뜻인지
몰랐다.

서 물가가 오를 가능성이 크다는 인플레이션의 신호예요. 잠재성장률 지표를 계산할 때 중요하게 여기는 게 '물가를 자극하지 않는 선'에서 최대한 달성할 수 있는 지표인지 여부거든요. 키를 좀 더 키워 보겠다고 과도하게 운동하다가 치명적인 부상을 입으면 안 되잖아요.

반대로 실질 GDP가 잠재 GDP보다 낮은 상황은 '마이너스 갭'이라고 칭해요. 이건 물가상승의 압력은 없지만 그렇다고 좋아할 수는 없는 상황이에요. 경기 자체가 가라앉고 있다는 신호라서 어디가 잘못됐는지를 빠르게 파악해야 하거든요. 분명 병원에서는 180cm까지 클 가능성이 있다고 했는데 180cm는커녕 아직도 160cm라면 문제가 있는 거잖아요. '언젠가는 크겠지'라고 기다릴 것이 아니라 해결 방법을 찾아야죠.

급격한 성장을 했던 1970년대 대한민국의 잠재성장률은 10%를 넘었어요. 점차 하락세를 보이다가 2020년대에는 2%대 초반 혹은 1%대 후반을 기록하고 있는데요. 사람의 키도 40대 이후로 노화가 진행되면서 조금씩 줄어든다고 하잖아요. 각 국가의 잠재성장률이 둔화하는 것도 자연스러운 현상이에요. 우리나라만의 이상 징후가 아니라 다른 선진국들도 비슷한 모습을 보이고 있죠.

하지만 키가 줄어드는 현상도 운동을 하고 굽은 허리를 곧게 펴는 자세 교정을 하면서 조금씩 그 시기를 늦춰 갈 수는 있잖아요. 경제성장이 점차 느려지고 완만한 곡선을 그리는 것도 다각도의 노력으로 그 속도를 늦출 필요는 있어요. 우리가 이렇게 경제를 공부하고 시야를 넓혀 가는 것도 그 노력에 포함될 수 있고요.

경제의 과거, 현재, 미래를 보여 주는 거울

경기 판단과 예측에 활용할 수 있는 가장 기본적인 경제지표가 GDP인 건 맞아요. 그런데 GDP 지표는 분기마다 발표되고 2~3개월이 지나야 확인할 수 있다는 치명적인 단점이 있죠. 그래서 우리나라에서는 경제의 과거, 현재, 미래를 보여 줄 수 있는 경제지표로 '경기종합지수'를 활용하는데요.

경제상황을 미리 내다볼 수 있는 경제지표를 '선행종합지수', 경제의 현 상태를 반영하는 경제지표를 '동행종합지수', 경제 동향을 추후에 점검할 수 있는 지표를 '후행종합지수'라고 불러요. 앞서 '지수'는 기준치와 비교해서 나온 숫자라고 했잖아요. 이 책을 집필하고 있는 현재는 기준 연도가 2020년인데요. 2020년도의 경제상황을 100으로 두고 비교 계산해서 값을 구하는 거예요. 기준 연도는 5년마다 바뀌고요.

선행종합지수는 앞으로 우리나라 경제가 어떻게 흘러갈지를 예측해요. 실제 경기순환보다 한걸음 앞서서 움직이는 재고순환지표, 건설수주액을 포함해서 총 7개 항목을 활용하고요.

전월 대비 증감률을 지수로 나타내요.

예를 들어 기업의 상품 재고가 얼마나 빨리 팔리고 채워지는지 보여 주는 '재고순환지표'는 대표적인 선행종합지수예요. 기업은 재고관리를 잘못하면 막대한 손해를 입을 수 있어 경기 흐름에 굉장히 민감한데요. 경기가 좋다면 고객이 받을 물건과 쌓여 있는 재고가 동시에 증가해요. 기업은 상품이 잘 팔리니까 그만큼 물건을 많이 만들겠죠. 생산을 늘렸으니 재고가 늘어나고 쌓는 족족 팔리니 출고량도 늘어요.

반면에 경기가 가라앉고 있다면 기업이 몸을 사려요. 물건을 만들어도 안 팔릴 가능성이 높잖아요. 창고에 물건을 적게 쌓고, 이미 쌓아 둔 물건이 있다면 최대한 빨리 팔아 치우기 위해 노력하겠죠. 그래서 창고에서 물건을 내보내는 출하증가율이 상대적으로 높아요. 이미 경기가 가라앉아 있는 상태라면 창고에 쌓아 두는 물건도 적고 나가는 물건량도 줄어들게 되고요.

보통 선행종합지수는 짧게는 3개월 길게는 6개월 후 경기를 내다볼 수 있다고 해요. 선행종합지수가 좋으면 '3~6개월 후쯤 경기가 좋겠구나'라고 생각하는 거죠. 여기서 선행종합지수가 '좋다'는 의미는 지수가 100 이상이면서 지수가 점점 커지는 걸 의미해요. 예를 들어 2024년 6월은 130.5, 7월은 131.1이라고 가정한다면, 지수가 전달보다 높아진 상황이잖아요. 이런 상황이 연속되면 앞으로 경기가 좋아질 가능성이 높다고 보는 거죠.

동행종합지수는 현재의 경기 상태가 좋은지 나쁜지를 보여

주는 지수예요. 광공업생산지수, 서비스업생산지수, 소매판매
액지수를 비롯한 총 7개 지표로 경제의 현 상황을 반영하는데요.
지금 당장 경제가 어떤 상태인지 볼 수 있도록 공급 측면과 수요
측면을 골고루 고려해서 지수를 만든다는 게 특징이에요.

대표적으로 서비스업생산지수는 공급 측면의 지표인데요.
서비스업 매출이 커지는 상황이라면 현재 경기가 좋다고 보는
거예요. 코로나19 이후로는 경기가 계속 가라앉으면서 미용실,
목욕탕 같은 서비스업 벌이가 크게 줄어들었어요. 결국 자영업
자들의 폐업 소식이 연이어 들려왔는데요. 이 같은 상황은 동행
종합지수에 포함돼서 당시에 경제가 얼마나 심한 몸살을 앓고
있었는지 잘 보여 주는 지표로 활용됐어요.

반면에 소매판매액지수는 동행종합지수 중에서도 수요 측
면의 지표예요. 경기가 좋다면 사람들은 주머니를 열기 시작해
요. 그럼 덩달아 마트나 시장 같은 소매판매업의 매출이 올라가
요. 경기 흐름이 좋지 않다면 뉴스 보도를 통해서 시장 상인들은
"오늘도 하나도 못 팔았다."며 인터뷰하겠죠. 소매 판매업의 대
표주자인 시장 상인들의 줄어든 매출은 동행종합지수에 반영
돼서 경제의 현 실태를 보여 줘요.

마지막으로 후행종합지수는 경기가 예측한 대로 흘러갔는
지 보여 주는 지표예요. 시험을 보기 전에 내가 예상했던 점수와
실제 시험 점수가 얼마나 차이 나는지 확인하고 보완할 점을 찾

는 거죠. 재고, 취업자 수 등 경기를 사후에 확인할 수 있는 요소들을 활용하는데요. 대표적으로 취업자 수가 경기 흐름을 사후에 확인할 수 있는 지표예요. 직전의 경기상황이 좋았다면, 고용계약 기간이 1년 이상인 상용직 근로자와 짧은 기간 동안 계약직으로 일하는 임시직 근로자의 수가 모두 늘어나게 되는데요. 이 결과 값을 보고 '우리가 예측한 대로 경기가 흘러갔구나!', 혹은 '예상과는 다르게 움직였구나!'라는 걸 확인하죠.

후행종합지수 중 하나인 소비재 수입액은 명품 가방과 수입 자동차를 떠올리면 돼요. 지난 경기가 좋았다면 값비싼 명품 가방과 고가의 수입 자동차 같은 소비재 수입액이 늘어나요. 소비재는 사람들이 욕망을 채우기 위해서 직접적으로 소비하는 재화를 가리키는 말이거든요. 살림이 빠듯한 상황에서 명품 가방을 산다는 건 상상도 할 수 없는 일이잖아요. 소비재가 그만큼 많이 수입돼 들어왔다는 건 해당 시기에 나라의 살림살이가 좀 나아졌다는 증거라고 볼 수 있어요.

경기가 어려울수록 매운 음식이 잘 팔린다

어려운 경제용어가 마구 쏟아져서 정신이 혼미해졌나요. 그럼 이번에는 경제전문가가 아닌 우리가 일상에서 경기를 판단할 수 있는 '체감'지표들을 같이 살펴봐요.

가장 유명한 건 아무래도 '립스틱 효과'일 것 같은데요. 경제가 어려울수록 옷은 잘 안 팔리지만 여성들이 립스틱 같은 저가 화장품은 많이 구매하는 현상을 가리키는 말이에요. 아무래도 지갑이 얇아지면 비싼 옷과 가방, 구두를 사기는 어렵잖아요. 그 대신에 돈은 아끼면서 심리적으로 만족감을 얻을 수 있는 수단으로 립스틱을 선택한다는 거죠.

립스틱 효과는 1930년대 미국경제를 주저앉게 했던 대공황 때 산업별 매출 통계를 근거로 만든 경제용어인데요. 실제로 2001년 미국의 9·11 테러 이후와 2008년 세계 금융위기 이후 립스틱 판매량이 크게 늘었어요. 우리나라에서도 경기침체가 본격화된 2008년 하반기에 백화점 립스틱 매출이 20~30% 정도 늘어났다고 하고요. 화장품 브랜드 에스티로더는 립스틱 판매량으로 경제상황을 판단하는 립스틱지수를 만들어서 발표한 적도 있어요.

한편 세계에서 가장 유명한 투자자 워런 버핏은 쓰레기 배출량을 보면 경기가 살아났는지 아닌지를 알 수 있다고 했어요. 경기가 좋다면 다들 소비도 많이 하고 기업도 새로운 물건을 많이 만들어 낼 테니 쓰레기량이 많아진다는 건데요. 반대로 경기가 좋지 않다면 먹고 쓰는 양을 줄일 테니 쓰레기가 잘 나오지 않겠죠.

비슷한 개념으로 경제학자 마이클 맥도널드가 개발한 '쓰레기지수'라는 지표도 있는데요. GDP와 쓰레기 매립장으로 향하는 쓰레기차 대수의 상관관계를 파헤친 지표예요. 경기가 좋은 상황일 때는 쓰레기가 많이 나오고 반대 경우에는 쓰레기가 줄어든다는 것이지요. 2001~2010년 쓰레기량과 경제상황의 상관관계는 82.4% 부합했다고 해요.

맛있는 감자튀김으로 경기를 점치는 방법도 있어요. 소비자들이 식당에서 감자튀김을 주문하는 비율을 '감자튀김 애착률'이라고 하는데요. 경기가 안 좋아서 금전적인 압박을 느낄 때는 소비자들도 불필요한 지출을 줄이기 마련이잖아요. 고객이 감자튀김 주문을 건너뛰지 않았다는 건 주머니 사정이 나쁘지 않은 상황이라고 보는 거죠. 실제로 미국에서는 코로나19 팬데믹 때보다 엔데믹으로 넘어가는 시기에 감자튀김을 주문하는 '감자튀김 애착률'이 높아졌다고 해요. 즉, 감자튀김의 판매량이 경기 및 소비와 함께 오르고 내린다는 시각이에요.

월트디즈니 회장은 디즈니랜드의 예약률로 경기가 어느 정도인지 가늠한다고 했어요. 형편이 빠듯할 때 놀이공원에 간다는 건 사치로 여겨질 수 있겠죠. 줄어들었던 디즈니랜드 예약률이 슬금슬금 올라가기 시작하면 그제야 "경기가 풀리고 있구나!"라는 걸 체감한다고 해요.

경제상황과 음식의 연관성을 분석한 통계자료도 있어요. 사실 한국 음식들이 맵게 된 역사는 그리 오래되지 않았어요. 해방 이후 산업화 시대에 접어들면서 본격적으로 매운 음식이 등장했고, 산업화와 함께 대중화되기 시작했는데요. 이후 1990년대 말 경제위기를 시작으로 경기침체가 지속되면서 매운맛은 더욱 강해졌어요. 실제로 1997년 IMF 이후로 매운 짬뽕, 닭발, 떡볶이가 크게 유행하기도 했죠. 열심히 살아야 한다는 강박과 스트레스를 없애는 하나의 저렴한 수단으로 매운맛이 퍼져 나간 거예요.

특히 경기가 어려울수록 매운맛을 내는 요리가 더욱 인기를 얻는다고 해요. 불황, 불경기처럼 경제가 침체되는 시기와 스트레스가 극심해지는 주기에 따라서 매운맛 열풍이 분다는 통계도 있어요. 매운맛은 미각이 아니라 통각, 즉 고통을 자극하면서 맛을 느끼게 하는 거라서 매운 음식을 먹으면 통증을 줄여 주는 엔도르핀이라는 호르몬이 나오는데요. 엔도르핀은 뇌하수체 전엽에서 분비되는 호르몬이에요. 경제가 가라앉아서 전반적인 상황은 암울하더라도, 잠시나마 기분은 좋아질 수 있으니 나도 모르게 자꾸만 매운 음식을 찾게 되는 거죠.

우리나라가 누구나 인정하는 선진국인 이유

'우리나라가 왜 선진국이지?' 혹시 이런 생각해 본 적 없으신가요? 경제를 잘 모르던 시절의 저는 이 작은 나라가 어딜 봐서

지구본을 보다 보면 너무 많은 나라들이 있어 놀라고는 한다.
어떤 나라는 들어본 적도 없는데, 어떤 나라는 죽기 전에
가 보고 싶은 버킷리스트 속 여행지다.
한국 역시 그럴 것이라 생각하니 익숙한 세상이
새롭게 느껴진다.
내가 먹고, 자고, 살아가는 이 땅이
누군가에게는 꿈의 여행지일 수도 있다는 것에
가슴이 울렁거린다.

선진국이라는 건지 도통 이해가 안 됐어요. 이거 괜히 국뽕에 차서 혼자서 북 치고 장구 치고 있는 건 아닌지 괜히 민망한 마음도 들었고요.

그런데 다행히도 혼자서 "우리는 선진국이다!"를 주장하는 건 아니더라고요. 세계의 많고 많은 나라 중에서 세 허들을 모두 뛰어넘고 도착지점에 일곱 번째로 들어온 나라가 대한민국이었죠. 허들 하나는 1인당 국민소득이 3만 달러 이상인 나라, 두 번째는 인구가 5,000만 명 이상인 나라, 마지막 허들은 무역액이 1조 달러 이상인 나라인데요. 이 모든 허들을 뛰어넘은 나라는 미국, 영국, 프랑스, 독일, 일본, 이탈리아 그리고 다음이 한국이에요. 그야말로 누구나 인정하는 선진국이 맞는 거죠?

특히 인구가 5,000만 명 이상이면서 1인당 국민소득이 3만 달러 이상인 국가들을 '3050 클럽'이라고 부르는데요. 3050 클럽에 진입한 2017년에는 온 나라가 축제 분위기였죠. 6.25 전쟁 직후 1953년에 1인당 국민소득이 67달러로 아프리카 국가보다 낮았던 나라가 70년 사이에 국민소득을 500배로 불렸으니 그럴 만도 하지 않나요? 여러분 월급이 10배로만 늘어나도 얼마나 기쁘겠어요. 꿈꾸는 미래의 그림 자체가 달라졌잖아요. 국가도 이제 우리나라가 더 잘살게 됐다는 생각에 들뜬 거예요.

앞서 살펴본 국내총생산 GDP가 한 국가의 경제 규모를 파악하는 데 유용한 지표인 건 맞아요. 하지만 GDP가 높다고 해서 그 나라의 국민들도 잘 먹고 잘산다고 얘기하기는 어려워요. 동네에서 손님을 다 끌어모으는 대박 맛집에서 일하는 직원이라고 해서 무조건 수입이 많다고 볼 수는 없잖아요. 가게 규모가 큰 만큼 직원의 수도 많아서 인건비를 최저임금에 간신히 맞추고 있을지도 모르죠.

그래서 각 나라 국민들의 지갑이 얼마나 두꺼운지 보기 위해서는 GNP와 GNI를 활용하는데요. GNP는 국민총생산으로, 한 나라 국민이 1년간 생산한 재화와 서비스의 합을 의미하고요. 작년에 비해서 물가가 오르지 않았다는 가정하에 계산하는 지표가 GNI예요. 그러니까 GNP는 명목소득, GNI는 실질소득이라고 할 수 있어요.

앞서 살펴본 GDP는 영토가 기준이지만 GNP와 GNI는 사람이 기준이에요. 그래서 해외에서 일하고 있는 국민의 임금과 국내 기업이 해외에서 창출한 가치는 GDP에는 포함되지 않지만, GNP에는 포함돼요. 앞서 예시로 들었던 손흥민 선수가 토트넘 홋스퍼 FC에서 받는 수입은 GDP에는 포함되지 않았죠. 하지만 GNP에는 포함돼요.

사실 예전에는 GNP를 주요 경제지표로 활용했어요. 그런데 요즘은 전 세계가 다 연결돼 있잖아요. 국제화가 급속도로 진행되면 국내 경제성과를 측정하는 데는 사람의 국적보다는 지역이 더 중요하다는 판단을 내리게 된 거예요. 손흥민 선수가 영국에서 돈을 벌어 현지에서 차를 사고 쇼핑을 해도, 우리 기업이나 상점에는 별로 도움이 안 된다는 점을 생각해 보면 그 이유를 알 수 있죠.

특히 GNI를 해당 국가의 전체인구로 나누면 '1인당 국민소득'이 계산돼 나오는데요. 중국은 생산량도 많고 경제 규모도 크지만 인구가 많아서 1인당 국민소득이 낮아요. GDP로는 세계 2위의 국가지만, 인구가 13억 명 정도라는 걸 감안하면 1인당 국민소득은 1만 달러대에 불과하거든요. 이런 이유로 중국을 선진국이라고 부르지 않는 거예요. 반면 스위스는 경제 규모 자체는 크지 않지만 인구가 적어서 1인당 국민소득 규모가 큰 편이에요. 그래서 스위스 뒤에 '부유한 나라', '국민들의 만족도가 높은 나라'라는 꼬리표가 따라다니곤 하죠.

우리는 이미 세 허들을 뛰어넘은 나라라고 했지만, 안정적으로 진입한 것은 아니에요. 2017년에 1인당 국민소득 3만 달러를 넘기기는 했지만, 2022년에는 그 지표가 대만보다 뒤처지는 일도 있었어요. 20년 만에 일어난 일이었죠. 2020년대 들어서 줄곧 1인당 GNI가 3만 달러에 머물러 있는 것도 우려스러운 부분이고요. 당장 내 주머니가 얇아지는 것에만 관심을 가지지 말고, 우리 모두의 주머니 사정을 함께 들여다봐야만 하는 이유가 여기에 있습니다. 그 시작이 바로 관련 경제지표를 보는 거죠.

순서대로 줄 서세요! 신용등급 순으로요

앞서 <경제> 파트에서 미국의 J.P. 모건이 자신의 '신용'으로 영국에서 금을 조달해 왔다고 얘기했었죠. 영국은 평소 J.P. 모건의 금융거래 규모나 상환 이력, 자산 등을 바탕으로 금을 빌려줘도 되겠다고 판단했을 텐데요. 바로 이 신용하면 절대 빠지지 않는 이솝우화가 있어요.

옛날 옛적 어느 마을에 양치기 소년이 살았습니다. 평소처럼 들판에서 양들이 풀을 뜯고 놀고 있는데, 소년의 장난기가 발동합니다. 마을을 향해 "늑대가 나타났다!"라고 소리를 친 거죠. 마을 사람들은 놀라서 모두 들판으로 달려왔지만, 늑대는 없었습니다. 소년의 장난이라는 걸 알고 화를 내며 돌아갔죠. 그 후로도 소년은 같은 장난을 몇 번이나 쳤고, 마을 사람들은 소년이 하는 말을 다시는 믿지 않겠다고 생각합니다. 그런데 이번에는 정말 늑대가 나타났어요. 소년은 마을 사람들에게 도와달라고 소리쳤지만, 한 사람도 나타나지 않았습니다. 결국 양치기 소년의 소중한 양은 모두 잡아먹히고 말았죠. 양치기 소년은 마을 사람들에게 신용을 잃었던 겁니다.

경제에서 신용은 거래한 재화의 대가를 앞으로 지불할 수 있음을 보여 주는 능력이에요. 실제로 은행에서 고객에게 대출을 해 줄 때도 신용 점수가 높은 고객은 대출한도를 넉넉하게 책정받잖아요. 대출금리도 상대적으로 낮고요. 반대로 신용도가 좋지 않다면 대출을 아예 받을 수 없을지도 몰라요. 은행은 고객이 연체할지도 모르는 미래의 리스크를 떠안지 않기 위해서 '대출 거절'이라는 결단을 내리죠.

신용등급은 애초에 돈을 빌리는 사람과 빌려주는 사람 간의 '정보의 비대칭' 문제 때문에 생긴 개념이에요. 돈을 빌려주는 사람은 돈을 빌리는 사람이 과연 제때 돈을 갚을 수 있을지 확신이 없잖아요. 그래서 자신이 감내해야 하는 리스크를 비용으로 환산하기 위해서 '신용등급'이라는 지표를 만든 거예요.

각 나라에도 신용등급이 있어요. 세계경제에서 국가별 신용등급은 특히 중요한 경제지표인데요. 나라도 개인처럼 돈을 빌리고 갚는 행위를 반복하거든요. 개인도 신용도가 낮으면 은행에서 대출이 어려운데 나라는 오죽하겠어요. 신용등급이 높으면 너도나도 돈을 빌려주겠다고 안달이 나고 투자도 많이 받을 수 있어요. 반면에 신용등급이 낮은 나라는 외면받을 수밖에 없겠죠.

그럼 신용등급이 낮은 나라는 돈이 필요할 때 아예 방법이 없는 것이냐. 그건 아니에요. 신용등급이 낮은 만큼 높은 이자를 부담하면 되겠죠. 신용등급이 낮다는 건 그 나라가 돈을 갚을 능력이 그만큼 낮다는 증거잖아요. 그래서 빌려주는 나라에서 리스크를 부담하는 만큼 많은 이자를 받아 가요.

세계 각 국가에 신용등급을 매기는 곳은 세계 3대 신용평가사예요. 스탠더드앤드푸어스, 무디스, 피치. 경제기사에서 굉장히 자주 언급되기 때문에 한 번쯤 보셨을 수도 있어요. 이 신용평가사들은 무려 19세기 중반에서 20세기 초반에 설립된 곳들이라고 해요. 이 세 신용평가사들은 각기 다른 방식으로 신용평가를 하는데요. 신용도를 나타낼 때는 영어 알파벳과 숫자를 사용하고요. A가 많을수록 좋다고 보면 돼요.

학교에서 성적 발표를 앞두고 있을 때 굉장히 초조하고 예민해지잖아요. 단 1점 차이로 기분이 오락가락하기도 하고요. 국가들도 바로 이 세계 3대 신용평가사가 신용등급 발표를 하기 직전에는 어떤 결과를 내놓을지 온 신경을 곤두세우고요. 결과가 나오고 나면 반박하면서 핏대를 세우기도 해요.

각 국가가 3대 신용평가사의 평가에 얼마나 예민한지 잘 보여 주는 예시로는 2023년 피치사의 미국 신용등급하락 사건을 꼽을 수 있는데요. 당시 피치사는 미국의 등급을 기존 AAA에서 AA+로 한 단계 낮추면서, 미국의 재정 악화와 국가 채무 부담 증가를 강등 사유로 꼽았는데요. 미국의 재닛 옐런 재무부 장관이 공식 반발을 할 정도로 그 파장이 엄청났어요.

'고작 한 단계'라고 표현하기에는 신용등급하락으로 입을 국가적인 타격이 상당하리라고 예상한 거죠. 전 세계에 "아아~ 여러분! 미국의 상황이 악화됐습니다."라고 공표가 된 거나 마찬가지잖아요. 실제로 신용등급이 오르고 내리는 것에 따라서 채권의 가격도 출렁이기 때문에 전 세계 투자자들 역시 신용평가사의 결정에 희비가 엇갈리곤 해요.

나라별 신용등급을 매길 때는 여러 항목을 기준으로 삼는데요. 경제성장률은 기본이죠. 한 나라의 경제가 성장하지 못하고 계속 하락세라면 이 나라에 돈을 빌려주는 나라는 불안할 수밖에 없잖아요. 외환보유 상태도 빠지지 않아요. 앞서 <외환> 파트에서 외환보유고를 적절하게 유지할 수 있느냐의 여부가 나라의 재정 상태가 얼마나 건강한지 보여 준다고 얘기했었어요. 미국 달러를 포함한 주요 외국 통화가 금고에 적정량 보관돼 있지 않다면 그 나라는 재정 상태를 의심받을 수밖에 없는데요.

대표적으로 <외환> 파트에서 살펴봤던 1997년 우리나라의 외환위기 때를 꼽을 수 있죠. 당시에 우리나라의 신용등급은 B 등급이었는데요. 대학교 학점을 떠올리시면 안 돼요. 학교 학점은 'B 정도면 괜찮네~'라고 생각할 수 있겠지만, 국가신용도에서 B등급은 '투기 등급', '투자 위험도 높음' 정도로 평가되거든요. 아주 치명적이죠.

이외에 정부 재정과 국가 채무 상태, 해당 국가의 기업경쟁력 같은 여러 가지 사항을 고려하면서 신용등급을 책정해요. 특히 우리나라는 분단상황 속에 있기 때문에 늘 '코리아 디스카운트'를 감내해야 한다는 특수성도 있고요.

한편 신용을 잃는 건 자국민에게도 해당하는 얘기예요. 2021년에 베네수엘라는 볼리바르 화폐의 표면적인 숫자를 100만

대 1의 비율로 줄이는 '리디노미네이션'을 단행했어요. 리디노미네이션을 하면 눈에 보이는 숫자는 작아지니까 마치 물가가 떨어진 것처럼 보이는 효과가 있죠. 2008년과 2018년에도 베네수엘라는 화폐 개혁을 단행한 적이 있는데요. 정부는 포퓰리즘 정책에 필요한 자금을 마련하기 위해서 통화량을 무차별적으로 늘렸어요. 그 결과 화폐에 대한 신뢰를 잃고 높은 인플레이션을 유발하게 됐죠.

인플레이션을 잡기 위한 화폐 개혁이 오히려 인플레이션을 심화시키자 베네수엘라 국민은 달러화와 금 같은 안전자산을 더 선호하게 됐어요. 실제로 베네수엘라의 어떤 호텔은 하루 숙박에 금 0.5g을 받을 정도로 볼리바르 화폐와 베네수엘라 정부의 정책은 국제적으로 신뢰를 잃었어요. 국가의 신뢰하락은 외부에서 신뢰를 잃은 것뿐만이 아니라, 자국민도 등을 돌리게 했죠.

마무리

그 나라 언어를 조금이라도 공부하고 떠난 여행에서는 한마디라도 더 해 보고 싶고, 하나라도 더 눈에 담고 싶은 갈증이 더욱 커져요. 아는 만큼 더 보이니까요.

이번 파트에서 우리는 나라의 경제 규모를 나타내는 GDP, 국민들의 주머니 사정을 설명하는 GNP, GNI와 경제성장의 흐름을 설명하는 다양한 경제지표를 배웠어요. 지금부터는 뉴스, 경제신문이 더 잘 들리고 보일 거예요. 더 이상 경제지표는 여러분에게 알 수 없는 외계어가 아니라, 삶의 방향을 가르쳐 주는 나침반이 될 거예요. 될 대로 되라는 식으로 정보에 휩쓸리는 것이 아니라, 이제는 그 흐름을 스스로 파악하고 더 나은 선택을 할 수 있게 되겠죠. 경제를 볼 줄 아는 눈이 곧 삶을 더 풍요롭고 자유롭게 만들어 줄 열쇠라는 것을 잊지 마세요.

이제 '경제'라는 나라의 언어 '경제지표'에 익숙해졌으니, 하나라도 더 공부하고 싶고 깊이 알고 싶은 재미를 느낄 차례입니다. 어느새 '한국은행 웹 사이트'를 SNS만큼이나 자주 들여다보는 나를 발견하게 되는 날이 올 걸요? 지식을 실천으로 옮길 때만큼 짜릿한 순간도 없답니다.

돈을 많이 벌고 싶은 사람이라면 더욱 경제를 알아야 해요. 경제를 알고 재테크를 하는 사람과 경제를 모른 채로 하는 사람의 내일은 다를 수밖에 없어요. 감으로 주식 투자를 결정하고 종목을 고르는 사람과 금리의 변동 가능성과 경기 흐름을 읽으면서 투자를 하는 사람의 결과가 어떻게 같을 수가 있겠어요. 저축과 투자의 비율, 내 집 마련의 시기처럼 이 모든 것은 경제를 알아야만 현명한 선택을 내릴 수 있는 문제예요.

지금까지 저와 경제가 무엇인지, 금리가 경기를 어떻게 움직이는지, 우리나라 경제에서 무역이 얼마나 중요한지 공부했어요. 모두 머릿속에 남아 있지 않아도 괜찮아요. 시작이 반이라고 하죠. 한 번 보면 두 번은 쉽고, 세 번은 더 쉬워요.

책 제목에 '서른 살'이라는 특정 나이가 들어가기는 했지만, 사실 '시작'에 나이가 무슨 상관이겠어요. 무엇인가를 시작한다는 건 그 자체로 가치 있는 일이지요. 선택의 연속인 우리 인생에서 경제와 친해지기 시작했다는 건 선택 난이도가 낮아졌다는 의미와도 같아요. 경제를 가까이 하면서 하루하루 우리 앞에 놓인 선택을 더 쉽게 하고 삶을 알차게 꾸려 가는 재미를 느껴 보세요. 경제를 모르는 사람보다 한발 앞서가는 뿌듯함도 느낄 수 있을 거예요. 제가 장담할게요!

이 책은 저에게도 중요한 전환점이에요. '금융'을 풀어내는 사람을 넘어 '경제'를 얘기하는 사람으로 거듭나는 발판이지요. 흐릿한 시야가 당연한 줄 알고 살았던 제 과거가 '경제'를 알게 되면서 선명한 현재가 되었던 것처럼 '경제'로 더 많은 사람에게 또렷한 미래를 보여 주고 싶거든요.

우리 인연은 여기서 끝이 아닙니다. 경제를 공부하다 막막해지거나 함께 공부할 친구가 필요하면 언제든 유튜브 '개념 있는 희애씨' 채널로 오세요. 항상 두 팔 벌리고 기다리고 있을게요. 이 책을 시작으로 더 나은 일상을 꾸려 갈 여러분을 응원합니다. 끝으로 사랑하는 가족, 친구들, 유튜브 구독자 식구들 모두 감사드립니다.

지금까지 '경제' 크리에이터 개념있는 희애씨, 손희애였습니다!

★Thanks to 메히트 서포터즈★

구주애	김수민	김유정	김희진	민난희	민체화
박윤혜	박지협	신주희	안중선	이강은(여)	이강은(남)
이철승	임유정	임하윤	조민지	조윤채	하유진
한 별					